文物古建
遗踪集萃

王世仁◎著

WENWUGUJIAN
YIZONGJICUI

中国出版集团 现代出版社

图书在版编目(CIP)数据

文物古建遗踪集萃 / 王世仁著. -- 北京：现代出
版社, 2022.2
ISBN 978-7-5143-9669-0

Ⅰ.①文… Ⅱ.①王… Ⅲ.①文物-介绍-世界②古
建筑-介绍-世界 Ⅳ.①K86②TU-091

中国版本图书馆 CIP 数据核字(2022)第 025451 号

文物古建遗踪集萃

作　　者	王世仁
责任编辑	杨学庆
出版发行	现代出版社
通讯地址	北京安定门外安华里 504 号
邮政编码	100011
电　　话	010—64267325　　010—64245264(兼传真)
网　　址	www.xiandaibook.com
电子信箱	xiandai@cnpitc.com.cn
印　　刷	北京荣泰印刷有限公司
开　　本	787 毫米×1092 毫米　1/16
印　　张	25
字　　数	460 千字
版　　次	2022 年 2 月第 1 版　2022 年 2 月第 1 次印刷
书　　号	ISBN 978-7-5143-9669-0
定　　价	128.00 元

《文物古建遗踪集萃》
编纂编委会

著　作　人： 王世仁

编委会单位：

北京市建设教育协会文物古建园林分会

北京松梅斋文化发展有限公司

主　　编： 张卫星

编委会委员（以姓氏笔画为序）：

许　伟　宋　柏　张立和　张卫星

姜月泉　晋宏逵　韩　扬

文稿收集： 王　葵　傅欣沛

编　　辑： 苏梦婕　张雁丽

主　　审： 宋　柏

1946年初中时期的我

1944年兄弟姊妹五人与亲戚(左一为小学时期的我)

1948年14岁的我还是青涩少年

1949年志成中学更名为
新生中学,这面校旗留下纪念

1950年市立男五中高三乙班同学

1956 年参加工作

1953 年毕业设计小组

1953 年清华大学运动会建筑系获穿梭接力跑冠军,我代表领奖,授奖者师(只摄出手臂)为马约翰教授

1956 年参加工作后第一次调查古建筑——山西永济永乐宫的脚手架上

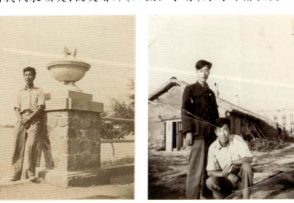

1954 年哈尔滨实习,在松花江畔

哈尔滨实习工地半地下工棚集体宿舍前

记录台基构造

1960年骑着骏马在
帕米尔高原上驰骋

在蒙古包中喝奶茶

1957 年
调查蒙古包

1959年,一匹老马驮我在甘南雪山中跋涉

1958年冬摄于敦煌

1963年,一匹蹇驴陪我调查长城到黄河边　　　爱妻慧敏,初为人妇,幸福蜜月　　　1962年在山西万荣黄河边秋风楼上

执子之手　与子偕老
——人到中年

1979年,《宣南鸿雪图志》获北京市
哲学社会科学优秀成果特等奖,作者在
京味书楼签名售书,做宣南文化介绍

三个女儿的母亲(作者爱人)　　　　　　　　1965年9月王世仁、金慧敏结婚

结婚40周年　在"仿膳"御座前

　　1992年门头沟爨底下村,这是一个保存完整的原生态山区村落,调查时几乎无人居住,由我向北京市文物古迹委员会提议公布为文化遗产予以保护, 最终由市政府公布为"历史文化名村",这是北京市第一处,也是全国第一处"名村"。自此以后旅游火爆,成为北京重要景区,村民返回,从此脱贫致富。当年那位满脸愁容的村长老韩,曾答应3万元把全村卖给我,后来一直对我感念。10年后,我陪外宾重访,他送了我一只大南瓜

1985 年 12 月在通州燃灯塔顶勘察塔刹

2003 年 7 月勘察东城半亩园垂花门

2004 年勘察门头沟灵岳寺，在院内记录残碑

2005 年勘察圆明园西洋楼残迹

2003—2006 年经市文物局返聘，主持指导圆明园遗址保护工程

圆明园遗址保护工程——鉴别残件原位归安

圆明园遗址保护工程——整修恢复的殿基　　　　圆明园遗址保护工程——整修后的房基和假山

2008 年作者主持整治复兴的前门大街完工，在大北照相馆楼上留影，背景是在原址恢复的正阳桥五牌楼

1984 年赴瑞士巴塞尔参加国际会议，会后参观古迹——古罗马遗址

1984 年,日本及东亚近代建筑国际研讨会在东京大学举办,作者应邀在会上做了中国近代民族形式建筑学术报告

1989 年访问俄罗斯建筑遗产科学院,与院长普鲁金博士在院工作室合影

1989 年受国家外经贸委派遣,赴斯里兰卡对援助修塔进行可行性考察,援助意见获得批准,拨款得以实现

1986年在苏联建筑大师舒舍夫墓前

三次赴日本考察现代建筑代表——代代木体育馆

1998年在圣彼得堡夏宫前

在斯里兰卡国家文物局局
长西尔瓦博士陪同下考察古迹

1956年与清华大学赵正之
教授在永乐宫后山。赵教授是梁
思成第一代学生,我的中国建筑
史、古建结构启蒙老师

2000年在美国考察古遗址

2000年在美国考察古遗址

1987年与李泽厚(中)、徐恒醇(左)于天津。李泽厚大名鼎鼎,徐恒醇是他的研究生,现在是天津社会科学院知名专家

20世纪80年代的古建界精英,前排由左至右,张家泰(河南古代建筑研究所所长)、孟繁兴(河北古代建筑研究所所长)、罗哲文(国家文物局)、王世仁(北京古代建筑研究所所长)、柴泽俊(山西古代建筑研究所所长),后排中晋宏逵(北京古代建筑研究所副所长)

与清华大学王炜钰教授(中)合影。她是我的设计启蒙老师,摄影时已年过七旬,如今年近九旬仍在工作。左为我女儿王葵,算是再传弟子

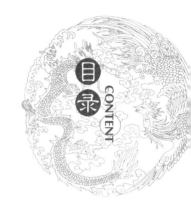

目录 CONTENT

壹　评书论人

捌　高层建言

玖　遗址考据

拾　附　录

壹

评书论人

大师与经典

——写在《刘敦桢全集》出版之前

刘敦桢先生的全集终于出版了。付梓之前，先生哲嗣叙杰教授嘱我写一篇纪念文章，藐予小子，没有这个资格，因而坚辞。但叙杰教授说，先生晚年付出心血最多，陷入困惑也最多的是编写《中国古代建筑史》，而我和傅熹年作为助手，对他付出的心血和困惑了解得最多，写出的文章可能更为切实。应当说这也是实情。但是，先生的心血和困惑，绝不是一篇短文所能道尽，有心的读者从收入文集中致傅熹年和我的信里所感触到的，远比 40 年后的追忆更接近事实。我在这里只说一点，当此书历经八稿，终于完成送审时，却受到一些别有所图的权力人物不公正的批判，全盘否定加以封杀，这是刘先生当时有所觉察但又难以公开揭陈的。他在给我们的信中写道："从个人的得失出发，确实丢面子，但从严肃的任务看问题，就无所谓面子不面子了。鲁迅说的'俯首甘为孺子牛'就是这个意思（我有一颗孺子牛的印章）。至于受批评那是应该的，我没有任何情绪……"受了不公平的批判却"没有任何情绪"，这是多么沉郁的心情。就在这封信的后面，先生钤了他从未用过的"孺子牛"印章，血红的颜色就是一腔情绪！1964 年后，在阶级斗争狂风的扫荡下，建筑史自然成了为帝王贵族唱赞歌的毒草，首当其冲。建筑史的研究机构，包括从 1953 年起刘先生一手创建培育起来的中国建筑研究室，人员遣散，资料封存，图书外调，彻底连根拔了。在这个过程中，我曾经受命做了一件极不情愿做的事，到南京接收全部建筑史的文稿图片，带回北京以备批判或销毁。面对先生，我真不知道该说什么好。而当先生得知我在受批判后外调广西，反而给我写了一封长信，仍是鼓励有加。1966 年"文化大革命"初起，先生又成为"造反派"批斗、抄家的对象，身心受到巨大的伤害。先生彻底绝望了，终于在写了"孺子牛"的信 3 年零 6 个月后，即 1968 年 4 月 30 日饮恨去世。4 年后梁思成先生也含冤而去，两位大师，都只享年 71 岁。今天看来，"文化大革命"在建筑界的最大恶果之一，就是直接戕害了刘敦桢、梁思成两位大师的生命。至于我自己，却已经是"此情可待成追忆，只是当时已惘然"，真的无话可说了。这篇短文就算是"为了忘却的纪念"，献给先生的一瓣心香吧。

但是，我还是愿意借先生文集出版之际，向中年和青年的学者们说一句：你们面前的这部书，是永远的经典；这个人，是永远的大师！

时下"大师"满天飞，各色头衔令人眼花缭乱，但真正够得上大师的又有几人？清华大学有一位教授说过，梁思成先生一生中有过数不清的头衔，但是现在有几个人记得住呢？最终留在人们心目中的，还是《宋〈营造法式〉注释》等几部经典著作和保护文化史迹的真知灼见，以及由此树立起来的大师形象。我想这些话用在刘先生身上也是恰当的。

刘、梁是两位真正的大师，中国建筑文化的双子星。我们年轻时曾经随侍一时，私下里作过比方，说他们就像是杜甫和李白。唐诗是中国诗空前绝后的高峰，李杜是唐诗的高峰，"李杜文章在，光芒万丈长"。（韩愈《调张籍》）刘、梁的著作肯定是空前的，是否绝后不敢说，但在他们身后的近40年里，还没有一人可与比肩。谓予不信，请看下面几端。

第一，关于实物调查。从20世纪初至20年代，外国人已经对中国古迹做过不少调查，出版了一些颇有影响的著作。但是自从中国营造学社这两位年轻的学者登场，那些皇皇巨著中，有些不过是旅游画报的水平，有些涉及研究，也不免是皮相之见，隔靴搔痒不得要领。而从30年代开始，刘先生和梁先生合作，开创了科学调查的典范。他们根据调查对象的不同价值和不同状态，创造了四种调查报告的模式：一是以大同古建筑调查报告为代表，有详细的测绘图，有完整的文献引录和深入的法式研究，可称为"研究报告"模式；二是以对苏州、河北省西部和北部、云南、四川等地古迹的调查报告为代表，只侧重于对其价值的判断、年代的鉴别和重要部分的测绘，可称为"调查纪略"模式；三是以对智化寺、护国寺、明长陵、清西陵、四川汉阙等古建筑的调查报告为代表，侧重于历史和形制的考证，附有较详细的平面图和其他阐明形制的图，可称为"调查报告"模式；四是以对桥梁、住宅、园林等为对象的分类调查报告为代表，侧重于综合比较，测图可简可详，以阐明类型的特征为主，可称为"综合报告"模式。我在这里归纳的名称可能并不恰当，但重要的不是名称，而是这四种调查方法和依此方法写出的报告，至今还很少有超过先生水平的新作。当然，用洋话语、洋式样包装起来的旧货另当别论。

第二，关于文献考证。由工科院校出身的建筑师从事建筑史研究，对文献史料的掌握是先天不足的弱项，但恰恰在这一点上又是刘先生的强项。刘先生在考古界、历史界之同样受到尊重，是和他深厚的史学素养分不开的。他担任中国营造学社的文献部主任绝对不是浪得虚名。他既有以《大壮室笔记》《东西堂史料》为代表的钩稽古制的巨作，又有以《同治重修圆明园史料》《万年桥述略》和以"译注"形式校订外人著作为代表的文献与实物互证的研究文章。这些文献考据，在建筑史学界恐怕已经成为广陵绝唱了。另外，刘先生大概是最早关注丝绸之路和南亚史迹的学者，在当时的条件下，他只能全部依靠文献——中国的和外国的，古代的和现代的进行研究。我记得在一次讨论嵩岳寺塔原型的时候，刘先生引经据典，给我们讲述印度的金刚座、窣堵婆、伽蓝、天祠等形成的过程，他手里拿着几本写满了字，画满了图的厚厚的笔记本。

第三，关于古建筑的法式研究。先生对于宋《营造法式》、清工部《工程做法则例》、清官式石桥、明《鲁班经》和江南《营造法原》均有深入研究，正式出版过清《牌楼算例》和《鲁班经》版本考证，校订过《营造法原》。我还见过先生手订的宋、清法式的权衡表。先生晚年潜心研究苏州园林，除精心考证诸园沿革外，对造园布局法则和吴式园林建筑法式，亦有精辟的归纳。迄今研究苏州园林的书籍文章多多，即使不论沿革考证，只就法式规则而言，也没有一部超过《苏州古典园林》。虽然先生在主持编著此书的过程中，也受到过许多不公正的责难，产生过巨大的困惑，但仅其中大量经先生亲自指点绘制的精美测绘图和经先生现场指导拍摄的可读性极强的黑白照片，就不是时下大谈构图意境、大拍风光照片的著述可以望其项背的。

第四，关于文物保护。先生也是最早运用科学理念进行文物保护的先行者和奠基人之一。20 世纪 20 年代末他主持修整的南京栖霞寺舍利塔是中国近代文物建筑保护的开篇之作。30 年代，作为顾问之一，指导北京（故都）明长陵、天坛等重要修缮工程，形成了至今沿用的一套工作方法。至于 50 年代指导修缮的苏州虎丘塔，60 年代的南京瞻园，直到今天仍然是中国文物保护的典范，是"不改变文物原状"最好的例证。

第五，关于建筑史教材。刘先生是中国建筑教育的开辟者之一，20 世纪 40 年代以后一直从事建筑史教学，但始终没有一本通用的中国建筑史教材。早在 20 世纪 50 年代初，我曾见过刘先生写的中国建筑史油印本教材，现在我还保存着一本 1953 年由先生编辑，内部出版的《中国建筑史参考图》，它们可以说是最早的中国建筑史教科书。过了半个多世纪再看这本《参考图》，其纲目之清晰，取材之精当和现在的教材相比也毫不逊色。

《春秋·左传》有言："太上有立德，其次有立功，其次有立言，虽久不废，此之谓不朽。"用在先生身上，其德、其功、其言，确实达到了"虽久不废"的不朽境地。北京大学的宿白先生也是当年参加过编史的学者，他的一位博士研究生在他的指导下写了一篇论文《刘敦桢先生关于〈中国古代建筑史〉的二封信》。因为要核实一些事实给我写信，其中有几句是这样的：

> 在我的文章中，我动情地写道："从刘先生用红笔改写的稿本中，我看到了他的心血。"……所以刘先生，我也把他算作我的恩师，他的人格和人生使我不能释怀，于是有了现在寄给您的文章。要是让南工的人知道，也许人家会感到突然，人家一定不会相信有我这样的人竟然敢认刘先生为恩师。但心里的事往往难以言说，大概如此吧。

这位研究生的导师已经是当今考古界的泰斗学者，似乎没有必要再拉起刘先生当大旗包装自己，何况又仅是私人通信（发表这段文字已征得本人同意）。论年龄和资历她应当是先生的孙辈，而竟然能从"心"里认定先生为恩师，原因只有一个：这就是大师的不朽力量。

（原文刊载于《刘敦桢先生诞辰110周年纪念暨中国建筑史学史研讨会论文集》东南大学建筑学院著，东南大学出版社2009年11月出版）

姑妄记言

——记于得祥宣南竹枝词

    得祥老友贻我新赋竹枝词200余首，古今宣南，淋漓咏叙。拜读竟日，如饮醇醪。复嘱为序，以我之浅陋，愧不能当。得祥说，不为别的，只为10多年前共同编著《宣南鸿雪图志》之缘故。回忆当年与得祥及诸同人，踽踽于隘巷蔽屋间，寻求故迹遗存，辨识雪泥鸿爪，筚路蓝缕，拳拳友谊萦系，终生难释。因遵所嘱，姑妄记言于兹。

    我不懂诗。皮毛所知，竹枝词者大约由来已久，其源应为民间歌谣。所谓"诗言志，歌永言"，歌者，即以有韵有调有节奏之文叙事抒情，并不讲究多么深刻的内涵。《诗经》之"风"，汉魏之"乐府"，就是经过文人加工过的民歌。延拓至唐，高深如李、杜，亦常作浅白之七绝，或竟以俚语入诗。而自元、白倡导"新乐府"，以歌行体之浅白诗句代言，或评点时政，或记述人物，或描写景物，大抵亦含讽喻之意。虽直白浅显，但毕竟出自文人，因而清丽隽永，耐人寻味，浅而不薄，直而不陋。宋元以降，某些小令杂剧，尚可见到民歌的影子。这种延绵不断的传统，始终植根于民间的歌谣，竹枝词即其中之一种。词名竹枝，可能开始是以打击竹枝为节拍，后来的快板也许和它有某种关系。但是真正成为一种体例，还是在清代。七言四句，一首一事，不拘平仄，京韵为主，由于是文人创作，所以又夹杂一些文言典故。北京百业繁盛，古迹众多，市井喧哗，文人浪迹，创作竹枝词成为一时风尚，留存作品何止千百，实际上是一部生动的社会历史，民风典章。然而在近世新文化以及继起之无产阶级文化浪潮冲击下，这种夹杂着旧文化印记的市井小调就被"一刀切"掉，式微了七八十年。旧调已泯，新声未继，竹枝词快成"绝学"了，没准哪一天也要成为"申遗"的对象。

    现在好了，"国学""传统文化"出现了走红的苗头。不少文化名人或名人之后又顺应时势，撑起了弘扬民族文化的大旗。以其身居官方或准官方要津，挟话语权之优势，大讲古事之优良，古屋之重要，慷慨陈词，咸以保护传统文化之先知先觉自居。但是，话说过了，谱摆过了，饭吃过了（请名人或名人之后发表高见必备饭局），他们却像轻盈的蜻蜓一样掠波而去，还不如南飞的大雁，在泥雪上留下几个爪印。真到了请他们拿一点干货出来时，又哈哈一笑，顾左右而言他。看来，只依靠这些场面上的人物，国学也好，传统文化也好，也只能停留在会堂里，饭局上，终于还是朦胧恍惚不得要领。

就在这朦胧恍惚之中，却有一批非文化名人或非名人之后在切切实实地劳作着，对传统文化做着发掘、鉴别、整理、阐释、保护的工作。得祥就是其中杰出的奇人。说他奇，一奇是他的职称是土木建筑高级工程师，却又是一位可以登台演出的京剧票友，还是一位很入道的书法绘画家。二奇是他曾身为区建委主任，本职是建设新的，却又醉心于古迹寻踪，很多精力用在保护旧的方面。三奇是他学的是理工科，却精于文史掌故，其修养见识足令某些号称文史专家汗颜。他顶着压力，利用七品芝麻官的有限权力，调人拨款，完成并出版了《宣南鸿雪图志》，获得北京市哲学社会科学优秀成果特等奖；又在大拆大建的风气中保护了一批有价值的古迹，修建了一批重要的历史标识。他主持参与宣南文化博物馆的展陈和文物搜集，挖掘出了一大批重要的古迹，廓清了许多讹误的史实。现在，他又拿出了200多首记录宣南文化的竹枝词，从形式到内容，拯救了这门绝学。这些，就是这位非文化名人的奇人对传统优秀文化的弘扬。须知，弘扬优秀传统文化是要花精神、花力气、花智慧，要拿出干货来的。得祥卓尔不群，做了奇事，堪称奇人。

我虽痴长得祥几岁，但在文化素养方面，他是我的老师。钦羡之余，狗尾续貂，也仿其例诌了一首竹枝词以记其人。题名"枣林奇人"，以得祥家居枣林前街，而藤花枣林又向为宣南古意代表，因以用之。

枣林奇人

枣林奇人氏于公，菊圃歌罢挥丹青。

脱口竹枝二百首，翻得新声胜旧声。

2007 年 11 月 王世仁谨记

关于刘敦桢遗稿《中国封建制度对古代建筑的影响》的说明和认识

　　此遗稿原是刘敦桢主编《中国古代建筑史》绪论的第四节,写于 1964 年 7 月。《中国古代建筑史》的编写,起始于 1957 年,历时 7 年,经过 8 次修改,于 1964 年初完成。当打印订册送审之际,正是大批"封、资、修"之时,刘先生预感到这本书稿很可能成为建筑界批判的靶子,踌躇再三,采纳了汪季琦等先生的建议,在书稿中"加"一些批判的内容。但书已写成,难以整体改动,只好在绪论中单列一节加以批判。因为在编史的后期,我经常充当刘先生的文字助手,所以先生命我先写一个初稿。但是我既没有思想准备,又缺少知识储量,只好按照当时的主流基调,用大约一个星期的时间来了个"急就章"。初稿原名"中国古代建筑的历史局限性",用当时的文风套路,引用两段《毛泽东选集》中的论述,又从"阶级斗争"的角度批判了统治者,赞颂了劳动人民。这节文字在 1964 年 8 月的学术鉴定会(梁思成主持)后,又经过刘先生修改,更名为"中国封建制度对古代建筑的影响"。1977 年建工总局(今建设部)决定正式出版此书,在送审的稿本中即正式收入了这一节,但在审查后决定删去。这里发表的就是 1977 年送审本的全文,我只改正了打印稿中个别的错字和缺字。1964 年我写的初稿,也曾正式打印成文,但原单位档案和我本人保存的,经过"文化大革命"浩劫,已经都散失了。

　　今天重新发表这篇遗稿,是希望达到两个目的:其一是"立此存照",给今天的学者、读者们看看,40 多年前一位正直的学术大师和追随他的年轻人,在当时极左的、迷信的空气中被扭曲的文风。《毛泽东选集》和阶级斗争的观点不是不能引用,问题是当时几乎所有的引用,包括制造这种文风的权力人物,大都未必当真,只不过是贴上标签,涂上保护色罢了,其实都是废话套话,对于严肃的学术有百害而无一利。其二,更重要的是这篇短文在今天仍有学术的启迪意义。这个题目的本身就揭示出一个在建筑史学术界长期被忽略了的现象,提出了中国建筑发展史中一些深层次的问题：中国的封建社会究竟对建筑产生过什么影响？中国封建社会有哪些制度，在哪些方面制约着或者促进着建筑的发展？建筑是被动地被制度左右着，还是也影响着制度的完善或改进？对此遗稿试图作出回答而又难以展开，这是和文章的主题有直接关系，不能苛求前人。但是，我们如果从矛盾的同一性剖析（这里倒可以引用《毛泽东选集》中《矛盾论》的观点），"祸兮福之所倚"，反而从另一个侧面深化了对制度的认识，也就是遗稿中的三段论述。

第一，中国古代建筑从秦汉以后一直是在"制度"的框架中发展，因此形成的体系非常稳固，只要还有封建制度，这个体系就不能突破。而当近代资本主义兴起，封建制度瓦解以后，这个体系便立刻崩坏，势如摧枯拉朽。遗稿中举出的建筑类型、典章规制、美学观念、地理（风水）学说，都物化成为各自的制度，有国家的、家族的和一部分宗教的权力做保障。中国是一个统一的多民族国家，相对稳定的皇权、族权、神权至高无上。由权力而构建制度，由制度而派生体系；而这个体系反过来又对制度、权力作出物质的诠释，这是中国封建社会建筑发展的一条规律。

第二，中国古代建筑技术发展缓慢有其深刻的制度因素。建筑技术发展的标志是，建筑材料由直接从自然索取向人工制造进展；结构由自然材料的简单构架向多种材料组合的大跨、高层进展。中国建筑总体是小体量的平面铺展的纯木结构，极少大跨（净跨很少超过 10 米）、高层（最高很少超过 70 米），构造单一，而有一些有悖力学原理、技术高超的砖石结构和砖木混构往往一闪即逝。究其原因，还是制度的制约。这就是"工官制度"，即权力垄断技术，它也控制着掌握技术者的人身。正如遗稿中引用宋人岳珂《愧郯录》中的记载。工官制度在明中叶以后有所松动，但松动的力度远不足以与在长期制度中形成的体系抗衡，"以银代工"反而导致质量下降。中国古代大型建筑往往工期很短，经常只用十几年就能建成一座都城，这是和实行工官制度分不开的。这个制度虽然限制了技术进步，但也促进了技术熟练，施工运作简单，质量、速度都有保证。

第三，创作难以创新的根源还是制度。工艺合一也是工官制的结果。建筑的设计者有皇帝，有官员，但大多数还是工匠。封建社会一切制度的本质就是维持皇权的稳定，防止创新。在制度的框架里，一切创新理念都被视为异端，直至亮出"僭越"的罪名加以制止。更何况作为设计者的工师工匠，本身没有独立人格，仰人鼻息，端人饭碗，保守技艺唯恐不及，事实上不可能出现创新意识。遗稿中引用了李笠翁的一段话，就很说明问题。

遗稿写于 40 多年前极左统治的时代，肯定带有时代的烙印。但这些烙印丝毫无损刘先生的大师人格，倒是从另一个侧面展示了先生在学术上的前瞻性。中国建筑史的研究，在技术、艺术方面已经成果累累，但在社会学、心理学层面上还很薄弱，重印此文也就是希望后继者能在先生提出问题的基础上有所拓展。

（原文刊载于《刘敦桢先生诞辰 110 周年纪念暨中国建筑史学史研讨会论文集》东南大学建筑学院著，东南大学出版社 2009 年 11 月出版）

历史界标与地方色彩

——评梁思成著《中国建筑史》①

  一切学术著作都是由硬件和软件两部分组成。硬件就是知识，包括材料、考据、阐释、逻辑等等；软件就是智慧，包括观念、命题、视角、方法等等。一般来说，只要不失平实认真，后代著作的硬件都会超越前代，如要获取硬件的学问，当以后代著作为主。然而学术的生命首先是软件，在这一点上，后代就未必能超过前代，只要后代的学术智慧一天不能超过前代，则前代的就能永葆其生命的光辉。梁思成写于1944年的《中国建筑史》就属于至今在软件上仍处于同类著作前端的著作，因此可以一版再版，常读常新。

  欧洲自19世纪中叶，中国自20世纪20年代以来，对于建筑历史的重视可说是一种很奇特的文化现象。本来，随着生产力的发展，城市功能在扩展，人居质量在改善，结构材料在更新，这是社会进步的潮流，建筑在这个潮流中，完全可以摒弃传统，除旧布新。然而，"复古"的潮流却也同步涌起，而且愈演愈烈。调查、发掘、考证、测绘、展览、出版，以至大学设置必修课程，公私建立专门研究机构，把古建筑的地位提到颇高的程度。在人类一切物质生产的知识和技术储备中，绝对没有比建筑更重视其历史状态的领域。这说明古代建筑在客观上有被社会人群需要而存在自身的价值。对于中国古建，虽然早在21世纪初，不论其背景如何，已有一些外国学者注意调查研究，并出版了一些著作，然而只有到了30年代，少数具有近代科学精神的中国学者才开始涉足这一领域；也正是由于他们的涉足，才使得中国人对中国建筑史的研究，一出马便占据了这一学科的前沿，此前的和以后的外国著作便显得黯然无光。究其原因，就是他们研究中所显示的智慧——对中国建筑历史的视角和研究的方法水平很高。其中，梁思成便是主要代表人物之一，他所著

<hr />

  ① 《中国建筑史》，梁思成著，1944年完稿，1954年清华大学建筑系油印本。1985年3月收入《梁思成文集》第三集，中国建筑工业出版社出版。1998年百花文艺出版社出版单行本。

《中国建筑史》便是主要代表著作之一。

这是当年的一部文字初稿，约 16 万字。条理清晰，材料精当，基本讲清了从上古直到近代中国建筑的脉络。从硬件说，在 70 年代以前它一直是世界上知识量最大最精的一部中国建筑史。但更有价值的是它的软件，主要体现在作为"代序"的"为什么研究中国建筑"一文中显示的智慧。

为什么要研究中国建筑？这是聚讼数十年，至今仍然众说纷纭的一个学术的症结，其中，"古为今用"是 50 年代以来被奉为圭臬的权威口号。但，凡论古事者皆为今人以古事尚有可用而为之，古者已矣，为之焉用？所以这其实是一个并无对立命题的大实话，真正的症结是"用"什么和怎样"用"。然而几十年来，一到这个症结，大抵言不及义，或顾左右而言他，最终还是不如半个多世纪以前梁思成说得透彻。

首先，梁思成把"古建筑"用英文表述为"历史的界标"（Historical landmark），这真是一个充满智慧的创造。他写道：

"一切时代趋势是历史因果，似乎含着不可免的因素。……中国建筑既是延续了两千余年一种工程技术，本身已造成一个艺术系统，许多建筑物便是我们文化的表现……"

历史有阶段，时代有特征，能够形象地表示出各个历史时期特征的，在地面上只有建筑。它们既是工程技术，又是造型艺术，更是物化了的社会结构、生活方式、典章制度、美学时尚。西方人说"建筑是石刻的史书"就不如"历史的界标"揭示得深刻。或问，我们今天不要这些"界标"，只管向前创造有何不可？答案是，你如果认为失去记忆的民族还算是一个完整的民族，身强力壮的文盲还算是一个完整的人的话，当然可以抹去这些界标而去"创造"；然而你的这些"创造"，却又给后代留下了一段失去记忆的历史界标。

因此，我们可以看到，本书的体例是以时代（王朝）为经，以类型、实物、细部为纬，其用意就在于指明——何朝何代的界标为何物，有何特征，显示出了何种技术和艺术，以及何种社会意义，"界"和"标"一目了然。这就是"古为今用"。

其次，梁思成又把这些历史界标的主要价值归结为它们的"艺术特殊趣味"，他用英文表述为"地方色彩"（Local color）。宇宙间最丰富的现象莫过于色彩，中国古建筑的艺术生命也在于它们有着丰富的时代的、地方的、民族的、社会的、类别的、环境的，以及工匠风格的种种趣味，形成了五彩斑斓的色彩。对构成这些趣味、色彩的古建筑进行研究总结，正是为了当今的和未来的新建筑创作使用，也就是梁思成所说，是为了"将来复兴建筑的创作"。梁文反复申明，"艺术创作不能完全脱离以往的传统基础而独立";"一个东方老国的城市,在建筑上,如果完全失掉自己的艺术特性,在文化表现及观瞻方面都是大可痛心的"。梁思成是一位工艺敏感度很高的建筑师,他认为,当代建筑在技术方面,"必须要用西洋方法",但"在科学结构上有若干属于艺术范围的处置必有一种特殊的表现",这就是"美感同智力参合的努力"。技术越新越好(智力),但处理的方法必须有地方民族色彩(美感),两者"参合",才能"复兴"中国建筑。于是,我们从书中可以看到对"中国建筑之特征"的精辟论述,对各个时代的代表作品和各种式样布局、细部的详细分析。这又是"古为今用"。

正如一切学术著作的观点都有可以讨论的地方一样,本书中的某些分析、论断也并非"终极的真理",例如对中国古建筑的特征,此后就有不少新的说法。但是,把研究中国建筑史的目的,也就是"古为今用"的主要方面清楚地指点出来,此书却是迄今为止最有价值的一部著作。研究建筑史,一是为了保存历史的界标,二是为了创造地方(民族)的色彩,前者在实践上就是保护文物古迹,后者就是规划与建筑创作。几十年的实践证明,这两个目的还没有被新的理论取代。

(原载《北京文博》1999 年第 4 期)

评《宣南文脉——一个街道主任眼中的城市性格》

　　摆在我面前的这部书叫作《宣南文脉》，副标题是"一个街道主任眼中的城市性格"。书的作者白杰，是北京市宣武区广安门内街道办事处主任。在我的印象里，泱泱首都的这种七品芝麻官，不过是一个"听喝"的角色。国家安全、经济转型、"神六"上天、奥运夺金这类党国大事，轮不到他们考虑。可是，上面千条线下面一根针，从预防煤气中毒到疏通堵塞的下水道，凡是关系到老百姓生活的事，上面有多少部署，他们就得接多少"活儿"。一条"属地问责"的绳索就勒得他们寝食不安，哪里还有精力去做学问写文章？可是白杰偏偏书生气十足，放着安稳清闲的机关不坐，偏偏要"下海"去当什么街道主任。当然，组织的安排是必须服从的，可是组织上并没有要求你去写书。起初我以为，大约就像海鲜吃腻了，要换个口味吃川菜；年轻人换个岗位，在新岗位上弄一把潮，也是人之常情。然而，当我读到他的这本书时，我发现我错了。这个小官不寻常！他任职的切入点比我的理解要深刻得多。他把一个地区（街道）看成一个社会，要透过纷纷扰扰、琐琐碎碎的现象去发掘城市的性格，从中寻找构建和谐社会的人文基础。他认为，城市在发展，人口在流动，旧貌换新颜是不可阻挡的潮流。人可以一茬一茬地换，房子可以一片一片地拆，性格却是代代传袭，长期稳定的。北京实际上是一个移民城市，谁也说不清三代以上的"老北京"还有多少，但北京人的性格基本上没有什么本质的变化。广安门内街道恰是"宣南"的主要组成部分，是北京建城、建都的中心地带，是人文历史最长、积淀最深的地方，从这里寻找北京的城市性格可谓得天独厚。

　　在读这本书的同时，我也在思考几个概念。一是"文化"。何谓文化？时下的说法很多，但好像都不得要领。我认为，在古文中，文者纹也。《考工记》说，"青与赤谓之文"；《说文解字》说，"文，错画也"；《文心雕龙》说，"虎豹无文，则鞟（皮）同犬羊"，可见文就是对外形的装饰。化，《说文解字》说，"教行也"，意思是人为地改变。两字组合，就是把合适的形式转化到事物的本质中去。比如要表达某种思想，就要选择合适的文体；要表达某种情感，就要选择合适的艺术。不同的文体、不同的艺术门类，也就构成了不同的文化。二是"文脉"。这是近年来流行的一个词，但至今也没有确切的定义，大约就是说文化的延续形式。如果说："文化"是对形式的判断、选择，那么"文脉"就是具有传承关系的表现形式。三是"性格"。性格可以说是心理的一种表现形式。心理学专门研究人的情感活动规律，但遗憾的是当今脑神经的研究中许多深层次的问题研究得还不够透彻，许多心理现象还处于经验描述阶段，或是依靠社会统计学的手段来探求规律。因此对"性格"的界定，也只能提出一个大家都认可的或大体上接近事实的朦胧的概念，不是几句话能说得清楚的。但不管怎么说，作者提出了城市性格这个命题，指出性格源于"文脉"，其构成为建设和谐社会的人文基础，既讲了历史又讲了现实，有境界了。

性格也是一个社区、一个城市，乃至更大范围地域和谐结构的润滑剂，甚至可以成为道德取向的潜规则，因此在今天构建和谐社会的实践中需要理性判断，取其精华。比如我们常说，北京人大度宽容，这种性格有它的好处，就像本书中说的：有包容性、时尚性、讲理、互助等等；但过分了也有可能变成妄自尊大，不求上进，甚至"犯傻"成了"殃子"（老北京对不谙世事的大少爷的贬称）。又比如说，上海人精明干练，精明到锱铢必较、六亲不认的地步；但同时在投入（包括感情投入）与回报的关系中能做到公平、透明，"门槛精"得对方无话可说，这也成了上海人构建和谐社区的一个准则。由此可见，性格作为一种客观存在的社会现象，其研究也需要去粗取精，与时俱进。

现在我们常说，看一个国家、一个民族的前途，首先要看它的"魂"是不是立得正，"根"是不是扎得深。而这个魂，这个根，就是在这一片土地上生生息息的人民对待自己历史的态度。学历史不能解决当前的实际问题，但学了历史可以使解决实际问题的人（例如街道主任）聪明起来，把实际问题（例如建设和谐社区）解决得更好。书本上的历史很枯燥，有些也难辨真伪，但承载历史的文物古迹却很有趣，很真实。有鉴于此，作者下了大量功夫，用了大量篇幅介绍广安门内地区从西周到现代3000多年的史迹、故事。这些资料不仅显示了作者历史常识的功力，更重要的是他找到了最有价值的切入点。

20世纪90年代中期，我曾经和宣武区的同行们一道，对宣南地区的史迹做过一次较为详细的调查。那时白杰也刚刚研究生毕业到宣武区工作，他对这些史迹同样表现出很高的兴趣，提供信息，和我们不断探讨，我俩也成了忘年之交。今天看到这本书，我觉得当年那个白白净净的书生成长起来了，真有些"沉舟侧畔千帆过，病树前头万木春"的感觉。古老而又年轻的首都需要更多这样的研究者，也需要有更多这样的好书。

（原载《北京日报》2006年4月24日）

于平实处见精奇

——对刘致平先生学术风范的再认识

致平先生谢世已经两年了。一年以前，先生哲嗣康龄女士邀我写一篇纪念文章，我却迟迟没有动笔，主要原因是，作为他的学生，尤其是1956—1957年间，曾随侍先生到山东、陕西、内蒙古、山西、甘肃、河南等处调查古建筑，前后近一年，在先生指导下学习勘测、绘图、读碑、鉴别年代、查阅文献。1959年以后又在建筑科学研究院历史所共事8年之久，而竟然长期未能领悟先生的学术风范，甚至随波逐流，颇多误解，实在是汗颜惭愧。藐予小子，何敢赞一辞。然而，人生易老天难老，天者，天道之真性情也。当我这个学生也将进入暮年之时，回首往事，先生为人处世，研讨学术之真性情，正是其学术风范的支柱，确有必要重加认识，这也算是献给先生的一瓣心香吧。

我生也晚，对先生早年的经历和学术不甚了了。仅看50年代以后，当诸多学人被政治风暴打击得左右摇摆，许多学术被揉搓得怪异苍白，在他的周围，不惜自毁以求保全者有之，追风下石借以邀功者有之，即以我这样初涉学术的年轻人，也被异化得失去独立思考的能力。经过几十年的风风雨雨，反过来看，先生却是始终如一地主张学术研究的创新和自由精神，坚持历史研究的独立学术地位和为现代创作提供借鉴的主导作用。他鄙视学术研究的庸俗政治化和权力垄断化。他念念不忘恢复营造学社，就因为它是20世纪三四十年代中国唯一的纯粹建筑学术研究机构，在抗战以前短短的七八年中，成果累累，人才济济。所以能有这样的成绩，主要原因就是这个机构一贯坚持学术自由独立，严肃高效；不唯上，只唯学；既疑古，也质洋；重调查，严考据。这种学风、这种体制和由此而产生的成果人才，理所当然令后人钦慕怀念，只不过先生的信念更执着，敢于坦言而已。1957年反右后期，清华大学教师人人过关、个个检讨，大字报铺天盖地"揭发批判"，又组织实为围攻的"大辩论"，上述先生的主张自然成为批判的靶子。但是，平时宽厚谦恭，讷于言辞的先生，这时却表现得铮铮特立，不写一字检讨，不贴一张大字报，拒不参加辩论会，直到愤而辞职，失业达半年之久。据我所知，在风雨如晦的 1958 年，教授中敢为学术而出此举者，举世无二。只此一点，足以表现出先生的人格风范。

至于先生的学术成就，他是东北大学的高才生，中国自己正规培养的第一代建筑师。他是规划、设计的高手，曾任职于著名的设计事务所（华盖事务所）。他英文很好，学贯中西；精于美术，学生时的素描作业就曾登载于建筑杂志中，以后的建筑表现画（主要是线图）飘逸洒脱，一直是我们摹习的范本。他对中国传统文化有很深的造诣，著文夹议夹叙，流畅明白。诸多成就远非一篇纪念文字所能说全。我这里只说一个方面，就是他始终紧紧把握着以建筑师的眼光、从建筑创作的角度去认识古建筑，研究历史的目的是为当前的创作服务。这一点，不仅在当时具有开创性，在今天仍然具有启示性。

重视研究古代建筑遗存，可远溯至欧洲文艺复兴时期，自 19 世纪以后，逐渐形成两种研究方向或两种价值取向：一种是把古建筑作为一种艺术现象，侧重于解剖其社会背景，风格源流，在研究方法上又有偏于美术考古和偏于审美分析两类，这一倾向在营造学社（主要是 30 年代）的成果中占主要地位；另一种是把古建筑作为现代建筑创作的依据，侧重于解剖其构图、法式、装饰、式样，在研究方法上又有偏于抽象的形式美和偏于具体的式样典范两类。这两种方向有一个共同点，即都重视大型的、豪华的典章建筑，而忽视小型的、灵活的民间建筑。致平先生在读书和工作初期，无疑也是重视前者，但在实践中，特别是抗战以后，他的目光更多转向后者。作为一名建筑师，职业的天赋使得他不会满足于在美术考古和美学分析中精雕细刻，而更执着于开拓创造。于是，他早就指出，古建筑是新创作的重要源泉，考古不能忘新，创新不能失古。是他，最早与梁思成先生合作，编纂《建筑设计参考图集》（共 10 集，后 5 集为刘先生独立完成）；最早提出外来建筑必然"华化"（民族化）的命题；最早进行园林、民居和少数民族建筑的研究；最早从方志的角度研究地域建筑。在调查和撰写报告时，先生最常引用的一句成语就是"运用之妙，存乎一心"。他说：创作不能是无源之水，历史建筑是创作新建筑尤其是民族形式新建筑的重要源泉；但切不可抄袭，不可盲目模仿，要学习古建筑，更要消化古建筑。所以，他主张研究者只能把最有生命力的东西，最能启发人的妙处推荐给建筑师。凡事点到为止，说多了，说过了，活的东西也会变死，妙处也会变得无趣。过去，我们对先生这一极高哲理的论断很不理解，总认为他写的文章多是平铺直叙，浅尝辄止，缺少精奇理论，现在看来真是皮相之见。这种平实的点到为止，恰恰是指导创作的正确方法，实可谓于平实处见精奇。

在先生的诸多成就中，我认为还有两个方面有重要意义。一方面是他在 40 年代编写《广汉县志·建筑篇》。这是国内第一次运用科学的方法对一个地区的建筑进行全面著录，用建筑的形象记载人文地理和历史，其在地缘文化学、社会学的价值，远远超过建筑本身，这一点直至今天也没能引起学术界足够的重视。只是我本人在60多年以后，从文物保护的实践中多少认识到这一领域的深刻内涵，于1995—1997年，在有关方面的支持下，我和同人们对北京市宣武区的建筑史迹做了一次较详细的调查记录，出版了一部《宣南鸿雪图志》，算是给予先驱者一点迟来的响应。

另一方面是他的专著《中国居住建筑简史——城市、住宅、园林》。这本书的价值远不在于其中收录的资料（现在发现的资料肯定大大超过原书），而在于第一次对古代建筑作出了正确的分类。从根本上来说，一切历史上的建筑其实只有两大类，一类是为人服务的，可以称为人居类；另一类是为鬼神服务的，可以称为神道类。前者是先生著作中收录的城市、住宅、园林和相关的实用型建筑，后者则有坛庙、陵墓、宗教祠祀建筑。从现象上看，后者往往辉煌壮观，但从类型的本质上看，前者却更具有活力，更贴近人性。回想从20世纪60年代初开始，在官方主持下编写建筑史，常常为古代建筑的分类争论不休，根本原因就是对建筑类型的内涵模糊不清，直如盲人摸象。而先生却早已洞悉其中根本，类型的本质分明，评述分析自然就很明畅了。

正如一切学术的开拓者都未必斤斤计较个别细节一样，囿于客观条件，先生的著作中必然也会有某些可以商榷、修正的地方，但是，他的学术创见和人格风范却永远闪烁着灿烂的火花，给后人以永久的启示。

（原载于王世仁《王世仁建筑历史理论文集》，中国建筑工业出版社，2001年版）

说自己的话　走自己的路

　　几年前，有几位"民间文保志士"通过一些报刊对我进行了一次围剿，把我描绘成一个为了贪图个人私利而主张拆毁四合院的"拆派"代表。虽然经过澄清，围剿暂时停止，但在文物保护的圈子里我却落下了一个"有争议"的名声。在这场围剿中，令我百思不得其解的是，给我加冕"拆派"的志士们，至今举不出哪怕一处四合院是在我的主张下拆掉的；相反，经过我呼吁"刀下留人"，在危改规划图中抢救出来的文物古迹何止几十处，经过我和同事们调查，载入原宣武区文物调查报告《宣南鸿雪图志》和原东城区文物调查报告《东华图志》中几百项有价值的文物建筑，因为被我载入史册绝大部分都安然无恙保存下来。确实，对于既没有文化价值，又阻滞公共发展，还是几经翻改失去了原貌的大杂院棚户区，我是主张要拆去更新的，我估计不少人都愿意当这个"拆派"，但这又和他们加给我的帽子不大一致。总之，糊里糊涂，实在无聊。

　　前些时我看到一篇著名文化学者的专访，大意是说，在受到攻击时，可以有下、中、上三策对应，下策是应战辩驳，中策是不予理睬，真正的上策是充实自己，多出精品，说自己的话，走自己的路。1986 年，我在自己的建筑美学论文集《理性与浪漫的交织》后记中，针对 20 世纪 60 年代的"大批判"（我是被批判者之一）写道，要"用自身理论上的强大去抵制那些苍白幼稚的批判"。薄薄的一本文集居然再版 3 次，还被指定为专业研究生的必读书，比起针锋相对的反批判来，效应要大得多了。20 世纪 80 年代初，我和李泽厚先生在中国社会科学院哲学所美学研究室共事，他那时已经是很著名的哲学家，在之前却也曾经被争议过。他对我说："走自己的路，由他们去说。"

　　由是，梳理、归纳我一个 80 岁被"争议"的老人是怎样既伏案写作绘图，又策杖深入工地，怎样面对古城保护与城市更新的工作经历，就有了实际意义。这些工作经历可说的两方面：一是理念考量，二是实践例证。前者为知，后者为行。理念考量力求脚踏实地，不说谁都能说的空话、套话、片汤儿话；实践例证则重在其可行性、可操作性，不提供画饼充饥、空中楼阁的方案。在这里着重提出以下几个问题。

必须直面的矛盾

一座城市（村镇）的形成、发展、衰败、再生或消亡，都是直接依附于它的经济社会条件。经济社会发展越快，城市的古风古貌消失得越快；反之，越是闭塞落后，古风古貌保存得越好。发展是硬道理，不仅是一项政策导向，还是一条规律；但是，无论怎样变化，也不会是突然"万丈高楼平地起"，总是一步一步在变，无论是跨越还是渐进，总会留下一些印痕和信息，这也是一条规律。要发展，不免就要拆掉一些历史遗物；要保存，就可能要阻滞发展。有专家说，发展和保存并不矛盾，保护也是发展。诚然，保护好文化遗产，提升了城市品质，增加了文化含量，陶冶了公众素质，改善了投资环境，宏观上的确是发展。但现实中却是大量发展的"硬"道理需要更多的"硬"空间。举北京的交通为例，一条平安大道把内城劈成两半，又一条两广路把外城劈成两半，几十米宽的马路拆了多少胡同宅院？8 条地铁贯穿旧城，大约有 50 个站点，140 多个出入口，一个出入口占地少则 200 多平方米，多的达到七八百甚至上千平方米，又拆了多少胡同宅院？还有许多体制内非营利的大片用地，又拆掉了多少胡同宅院？你能说发展与保护没有矛盾吗？有一位规划专家说，根本就不应该在旧城内修地铁，坐而论道可以，可实际上解决每天几百万的人流，办得到吗？我们的城市就是在发展与保存的博弈中或跨跃、或稳步、或蹒跚着前进，即使已经公布成为历史文化名城的也绕不开这个矛盾。从根本上说，名城保护的根本任务就是解决这个矛盾，其他的都是技术层面的措施。

既要感情，更要智慧

在时下呼吁保护文化遗产的人群中，除了某些别有所图的"志士"以外，确实有不少对文化遗产充满感情的人士。我亲眼见过一位专家因为在长城上建索道破坏了历史环境而痛哭流涕，也见过不少市民对在危改中拆去旧宅院老胡同向政府慷慨陈词。他们热爱故土，眷恋乡愁，我对他们充满敬意。但是还有另外一种感情，那就是面对着几代人挤住在破败的平房大杂院里，冬天踩着冰雪去上公共厕所，夏天在逼仄的棚屋里生火做饭，他们渴望改善居住条件的企盼目光难道不能触动我们的感情之弦吗？对他们迫切希望早日过上宜居生活的感情是不是也需要尊重，或者更需要支持?

顾眷乡愁,当然希望不拆或者尽量少拆老街老屋;而民生愿景,又恨不得早日危改,一步登楼。怎么办呢?我们常说,凡事不要感情用事。规划师、建筑师、文物工作者、专家学者和决策者们,都不要用感情代替政策,而应当运用智慧使发展与保护、历史与民生达到"双赢"。说起来,既能这样,又能那样,也是老生常谈的套话了。但是套话细说有学问,"双赢"的另一面是"双输",凡事不可能有百利而无一弊,在建设现代化宜居城市的过程中保护文化遗产,本身就是一件在夹缝中求生存,委曲求全的事。现代化不相信眼泪。要调动起智慧,把方方面面的诉求分析透彻,找出一个大家都不满意,但也能对付着接受的方案来。

保护的硬道理是保存记忆

城市在不断更新,老街老屋在不断消失,要求保护的声音越来越高,新建的楼盘也越来越多。挖地下,蠢高楼,架立交,占绿地,"上天入地求之偏",接下来只有向古老地段开刀了。一纸规控,在强大的经济利益和体制权力面前,恐怕就面临着不断"修编"的尴尬。痛定思痛,还是我们自身有问题,问题在哪里?答案是我们至今拿不出保护文化遗产在建设现代化宜居城市中有什么作用的硬道理。

诚然,登上月球、数字网络、纳米技术等现代科技都和保护文化遗产扯不上关系,科技部也不关心国家文物局干什么。但是这类高科技的研发者、制造者、操作者、运营者、决策者,这些人的智慧能量却不能只靠高科技本身供养。人之成为有智慧的人,不能离开历史的陶冶。一个具有"人格"意义的人,就是一个沉淀着历史记忆的人。一个人失去记忆就是植物人,一座城市失去记忆就没有了灵魂。城市的记忆对于塑造其中人的气质品格、作风气派,乃至伦理价值、思维方式,虽然不会立竿见影,但从北京这座移民城市来看,大约最多经过三代,就会把一个湖南倔头、江南佳丽塑造成有北京"范儿"的爷们儿、姐们儿。

所以,我们必须紧紧把握住保护古迹的目的就是保存记忆,保存记忆的目的就是塑造人格。在处理发展与保护的矛盾时,凡是有利于保存、恢复、延续记忆的对象原则上都要保存,但在处理方式上,只要不突破保存记忆这条底线,其他诸如环境、景观、空间形态、交通路线等都可以通融。有些重要的记忆还需要恢复,重现记忆的载体,只要有记忆的价值,有确实的依据,重建已消失的古物,就不能一概视为造假古董。须知,"古董"虽假,记忆是真。

有所为有所不为

历史遗产中有精华也有糟粕，有正能量也有负能量。我反对主张凡是古的都有价值，凡是古的都要保护这"两个凡是"。我非常拥护一位领导人在处理诸多矛盾时，主张有所为有所不为的原则，我也主张在处理发展与保护的矛盾时，有所为有所不为，对于遗物，有所保有所不保。"保"，就是保存、恢复有价值的乡愁记忆；"不保"，就是可以拆除、更新既无文化价值又阻滞发展宜居的破屋隘巷。"两个凡是"不但思想方法谬误，实践中也行不通。与其兵临城下，迫不得已，不如未雨绸缪，坚守底线。对于历史遗存，无非是保、改、拆三途，我们的原则是，保要保得住，改要改得好，拆要拆得值。要针对不同对象的不同实际，制订详细可行的计划。保，包括必须保存的现状，也包括修复后的原状，还包括恢复记忆的重建，非地标功能的迁建；改，包括改造环境、改进结构、改换装修，改变功能，但不能改变原风貌；拆，必须是有利于公共发展，有利于宜居生活。这就必须过细再过细，切不可大而化之，大笔挥洒。有所为，要"为"得坚决；有所不为，要"不为"得理智。

文化不灭，文脉不绝

我们要坚持一个根本认识，这就是文化遗产首先是一种文化现象，粗暴地毁掉一处遗产，不仅是毁掉了一处可供欣赏怀旧的古董，更重要的是绝灭了一项文化传承。没有文化价值的古老房屋，不过是一堆砖木构件，只有被赋予了它固有的和应有的文化内涵，才可以成为一种文化现象。古城、古镇、古村、古街中的古巷、古屋、古河、古树，他们传递出来的信息，就是文脉。时代在前进，城市（村镇）在更新，但只要这些古字号的东西没有全部灭绝，文脉就不会断绝。拿北京老城区来说，尽管高楼大厦、立交大道占据了几乎一半的地面，但还有故宫、六海、御苑、王府、寺观、坛庙等明清遗存，再往前，还有大运河道、天宁寺塔、鱼藻池水、"龙脉"斜街、妙应寺塔这些"雪泥鸿爪"可以连缀起来的千年文脉。只要我们精心保护，科学再现，北京的文化就不会绝灭。我们不可能阻止现代化发展，但是我们可以使文脉延续下去。

我们还应当看到，文脉不仅应当在乡愁中保存，更应当在现代化建设中延续。还是以北京为例，如果细心体察，你就会发现，北京的城市格局和经典古建筑中有一种"气场"，那是一种恢宏大度、讲究规矩、追求完整、亲切包容的800年大国首都的文脉精神积淀。那么，在时下"现代化"大建设中，由外国设计师和喝足了洋墨水的中国设计师创作的种种怪异形象，实际上是在逐步吞噬着北京的文脉，这倒是更加令人担忧的事情。

生命在于创作

国际主流对保护文物古迹有一条重要的原则，叫作"最小干预"。这对于严格意义的以砖石结构为主的"古迹遗址"（monumet 和 site）是非常正确的，但对于广义的文化遗产，特别是生活居住场所，就需要对"干预"有特殊的界定。其实，遗物放在那里，自然界也在天天"干预"，有的已经干预了千年以上。实施保护就是干预。作为古董，只要防止继续损伤就应当选择最小干预的手段，但是如果还有实用功能，还需要改善条件，特别是还需要它延续文脉，恢复记忆，那就不能简单地用"最小"加以限制。哪些方面必须干预，哪些方面允许干预，哪些方面禁止干预，有的干预要使它带病延年，有的干预则要使它焕发青春，这都需要对遗产分门别类，科学评估。唯物史观指出，一个真正意义的人，也就是一个具有"本质力量"（思维、情感、判断、制作）的人，他的一切行为都是创作，人就是在不断创作中完善着自我，也完善着世界。对于文物古迹，只要实施保护干预，就是实行了创作。创作必然改变现状，必然有创新，规划、设计、施工是创新，环境、形态、式样也是创新。运用3D打印，完全"克隆"古迹是可能的，但是不经过思维，人不去动手，则是没有生命的。经过干预，必然改变了原来的形态，只不过改变的程度有大有小，只要延续的记忆是原来的，创作就是有生命的。古诗有云"无可奈何花落去"，以新代旧不可逆转；又云"似曾相识燕归来"，经过创作，恢复了记忆，又获得了新的生命。这就是我们的追求。

2014 年暮春

[**编者注：**本文系作者在《文化遗产保护知行录》（2015 年中国建筑工业出版社）文集中的自撰序文。在本文集中略有修改]

貳

古建赏析

塞上明珠 古建精华

——承德避暑山庄和外八庙

一曲"环境设计"的乐章

承德避暑山庄、外八庙的园林和建筑群，坐落在北京东北 250 千米、长城古北口外的燕山深处。这里既有诗情画意的林泉美景，也有巍峨辉煌的宫阙壮观。它们分布在面积约 20 平方千米，海拔 320～350 米的群山之中。湍湍武烈河（热河）水自北而南流过盆地中间。河西，湖泊星罗棋布，间隔出几处洲堤岛屿。水面以西是几条相对高度在 150 米左右的小山脉，自西北向东南倾泻而下。河东，沃野平畴，背倚着起伏的丘陵台地，顺河流展开，宛如一带苍绿屏障。奇峰异石似乎有意给这块秀美的山川增添特殊的标志。独立擎天的磬锤峰，早在 1400 年前的地理名著《水经注》上已有著录，当时称为"石挺"。"石挺"以北，天际仿佛一栈飞架，名天桥山；以南，又似乎一只巨大的蟾蜍昂首欲跃，名蛤蟆石。河东壁立的山冈间，突出一尊状如参禅入空的坐佛，名罗汉山。南眺，鸡冠山尖峰参差，僧冠帽山突兀高耸，确象山名所示景象；北望，金山、黑山双峰并峙，后人将它们比作天宫双阙。就在这山山水水之间，清朝皇帝爱新觉罗·玄烨和他的孙子弘历（康熙、乾隆两帝），相继擘画经营，终于把这里建设成兼有文物之盛和园林之美的风景胜地。

建筑、人、环境，是当今规划学、建筑学、社会学和美学探讨的重大课题。1977 年 12 月 12 日，来自世界各地的规划设计师们聚集秘鲁首都利马，他们在郊外马丘比丘古城废墟上签署了一项宣言——《马丘比丘宪章》（*Chapter of Machupicchu*）。宣言的命名象征着人们决心恢复和创造人与环境的协调，重视环境设计。它强调城市的整体性、空间的连续性、环境的有机性，以及人在环境中的创造性。《马丘比丘宪章》高度评价了文艺复兴时期大师们（如米开朗琪罗等）对上述这些原则的贡献。但我们可以毫不夸张地说，18 世纪承德的园林、寺庙群的规划和建筑，则表现得更宏伟、更完整、更有意味。

避暑山庄是清朝皇帝北巡塞外和军事围猎的产物。为了加强北部边防和联络蒙古少数民族首领，康熙、乾隆几乎每年出长城巡视，并在距北京千里的丛山莽林中建立了面积达 10400 平方千米的猎场（围场）。康熙在 1702 年亲自勘察这里的地形，认为这是一处适合于建造行宫的地点，并确定了修建原则："随山依水""宁拙舍巧""自然天成就地势""不待人力假虚设"。一直到乾隆四十六年（1781），又建成了北京至围场间的 20 座园林行宫、避暑

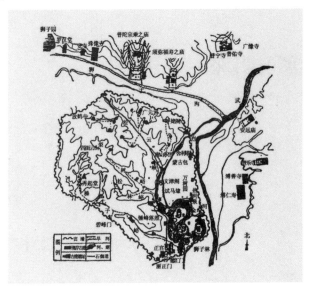

避暑山庄、外八庙建筑分布图

山庄外的中型园林狮子园以及 12 座喇嘛庙，形成了一组空前巨大的建筑环境画卷。

山庄的山区有 40 多处庭园建筑，按照视觉要求，结合山形地貌，规划出了一幅幅情意盎然的画面，并与湖区、平原区取得构图、视线上的协调。山庄以外，有规律地分布着寺庙，在尺度、距离等总体关系上与山庄取得呼应；而形式各异的多民族建筑造型又与山庄形成对比。依靠着这些点线交织的建筑，把这片小盆地的全部山水景物都纳入统一的格局中了。

江南塞北巧安置　移天缩地在君怀

避暑山庄总占地面积 554.4 公顷，大约是圆明园的 1.6 倍，颐和园的 2 倍。围墙总长约 10 千米。原有各类建筑，包括 3 组宫殿、15 所寺庙、50 组庭园、73 个亭子、10 座城门和 23 座桥闸，总建筑面积共约 10 万平方米。它的规模是现存古园林中最大的，景物也是最多的。它与外八庙一同象征着整个中国的形象。山庄的东南部，水面曲折，以洲堤岛桥分隔出如意湖、澄湖、上湖、下湖、银湖、镜湖和内湖 7 个水面，总面积约 60 公顷。著名的热河泉就在澄湖东北角涌出。湖水经宫墙的水闸排出，汇入武烈河内。湖区以北的"万树园"和"试马埭"，当年是一片疏密相间的丛林和青茵绵绵的草原，面积约 88 公顷，树林中还布置着一组蒙古包，好像是北方广

阔的蒙古草原。其余的地带,是峰峦起伏的山区,占整个园林面积的80%,以松云峡、梨树谷、松林峪和榛子峪4条山沟间隔出相对独立的几条小山脉,又似乎是昆仑山迤西的西北和西南高原山区。建在山脊上的西北部宫墙,顺山势蜿蜒起伏,简直就是万里长城的缩影;人们都称它是小八达岭。祖国地理特征基本上包括无遗了。在这中间,又移来典型名胜,精心加以安排,使它的象征意义更加明确;泰山是"五岳之长",绝不可缺,于是在北部山峰上仿泰山顶的碧霞祠建广元宫(已毁),在它东面又仿斗姥阁建了同名的小庙,在约500米的范围内就勾勒了泰山风貌。与它相对应,在山下万树园东北角建永佑寺塔,这塔仿自南京报恩寺塔,八角十层,高达67米,它那触目的形体,又把人们的眼光带进了江淮平原。往南,"芝径云堤"联系着三个岛,堤上碧草白沙,高柳扶疏;岛上庭院深深,殿宇参差,短短800米的堤岛使人自然联想起西湖的十里长堤和湖中景色。东侧桥闸上的"水心榭",一组亭子的构图再现了江南的风雨廊桥,使这部分模拟水乡的风味更浓。湖区周围,有仿苏州狮子林的文园(已毁),仿镇江金山寺的金山上帝阁组群,仿嘉兴烟雨楼的同名楼阁。内湖一带,有从松林峪瀑源用石渠引来的水流,自悬崖泻下而成瀑布;瀑布两侧是大型佛寺珠源寺和小佛庵涌翠岩。湖的周围,是以《庄子》"濠上观鱼"为题材的"石矶观鱼",以王羲之等"兰亭修禊"为题材的"曲水荷香",还有仿自苏州寒山寺的"千尺雪"和笠云亭,以及模仿宁波天一阁的藏书楼文津阁。文津阁的布局意境更远追北宋书法大师米芾晚年的住所丹徒(镇江)宝晋斋;山上的两个放鹤亭则直接是苏州、杭州、徐州等地放鹤亭的摹写。然而遗憾的是,内湖已被填平,许多景物只能从凭吊遗址中去遐想了。

还必须提到山庄的植物和动物。园中的树木主要是松,当年几乎每处风景点、线上都布满了古松,虬枝浓荫,格调古雅。同时,在山区一些小范围内又成片种植其他树木,既丰富了景物的内容,又增添了色调的层次。万树园的古榆古槐、堤上的垂柳、湖中的荷菱、岸上的金莲花、庭院的书带草等植物,都带给山庄无限生机。它也是许多景物命名的题目,如"万壑松风""松鹤清越""梨花伴月""青枫绿屿""古栎歌碑""甫田丛樾""金莲映日""采菱渡""冷香亭"等。而在林间、山坡、草原、湖畔,则驯养着鹿群(马鹿、羊鹿、鄂伦鹿、犴达罕鹿等),还有狍子、小野猪、驼水驴、鹨鸡、仙鹤等,把山庄的自然风景渲染得更加有声有色。

如果说避暑山庄内主要还是内地的一般景色,那么"小八达岭"以外的外八庙,则从内容上、形象上更加浓重地描绘了祖国的边疆风貌。所谓外八庙,原来指的是全部12座庙中驻有喇嘛的8座。这些喇嘛都由在北京的理藩院喇嘛印务处委派,按月领取粮饷,因在京师以外,所以称外八庙。其中的殊象寺专驻满族喇嘛,诵习满文佛经，另外 7 座庙驻蒙古族喇嘛，还有 4 座庙纯是象征性纪念物，由驻兵看管。12 座庙共占地约 44 公顷，建筑面积近 6 万平方米。最盛时期有喇嘛 2000 多名。

康熙五十二年（1713），为庆祝他的 60 岁生日而建的溥仁寺和溥善寺（已毁），坐落在武烈河东岸的平地上，都是传统式样，以黄色琉璃瓦顶显示出它们的尊贵地位。往北，是建于乾隆三十一年（1766）的普乐寺。这寺前对避暑山庄，后面正对磬锤峰。寺的前半部是传统式样，而后半部是一个标准的喇嘛教"坛城"（曼荼罗）。两层高台上建一个圆殿，体态端丽，仿佛是天坛祈年殿的缩影。它的北面是建于乾隆二十九年（1764）的安远庙，这庙仿自伊犁河畔蒙古准噶尔部大寺固尔扎庙。它没有太多的陪衬，只突出了一座高达 28 米的城楼式大殿，体形凝重，三层黑琉璃瓦顶更加使它显得庄严。再往北，就是为纪念平定准噶尔部分裂动乱而建的普宁寺。这寺建成于乾隆二十三年（1758），坐落在一个凸出的山冈前部，总体布局和建筑造型都仿自西藏佛教圣地三摩耶庙，象征意义最强。主体大乘之阁是外八庙中最高的一座楼阁。紧邻它东面的是普佑寺（已毁），再往东是较小的广缘寺。由此往西，沿狮子沟北侧山麓，面向避暑山庄分布着 5 座大寺。最东的须弥福寿之庙建于乾隆四十五年（1780），它作为接待六世班禅的行宫，仿自班禅在西藏的驻地扎什伦布寺，巨大的红台，灿烂的金顶，绿色的琉璃塔，显现出一派辉煌的色调。它的紧邻是仿自西藏达赖喇嘛驻地布达拉宫的普陀宗乘之庙，这庙规模最大（占地达 20 公顷），建造时间最长（乾隆三十二至三十六年，即 1767—1771 年），有大小约 60 座建筑物，自由灵活的各类白台、塔、殿，衬托着最高处的主体建筑大红台，显得更加雄伟坚实。它的西面，是由乾隆三十七年至三十九年（1772—1774）建成的广安寺（已毁）、罗汉堂（已毁）和殊象寺。广安寺是为王公受戒的"戒台"，纯藏族形式。罗汉堂仿自浙江海宁安国寺，殊象寺仿自山西五台山同名寺院，它们代表了祖国内地一南一北两种特殊的形式。

山庄里到山庄外，从园林到寺庙，可以说把全国主要地区的主要景物代表都囊括在内了。这是何等的气派，何等的巧思，真是"移天缩地"的大手笔！

科学的艺术　艺术的科学

建筑是有实用目的的物质产品，是靠科学技术来完成的。但是人类从建造第一座房屋开始，建筑又不是纯粹的实用产品或科学技术。优秀的建筑，都是实用与美观的统一，科学与艺术的统一。

让我们先来看普宁寺。这座庙的前半部建筑全依一条中轴线对称布置，前后两个院子的长宽比例大体都是 1∶1.5，接近于人类自古以来认为最美的矩形比例。这种比例按几何作图所得数字为 1∶1.618，在西方称为"黄金分割"。主要殿堂的高度与彼此间距离的关系，也都符合于人的正常视线角度。其他几座布局与它相似的庙宇，也都有这种比例关系，显然都是经过精心设计的。大雄宝殿后面，顺地形高差用条石砌起一堵高达 9 米的墙台，上面布置了 7 组 27 座建筑。它们是按照佛经叙述的世界图像布局的，大乘之阁是世界的中心，叫作须弥山，两侧有代表日、月的台殿。南、北、东、西 4 座台殿，分别为梯形、方形、月牙形和椭圆形，代表"四大部洲"；每一台殿又附两座两层白台，代表"八小部洲"。又在四角置红、绿、黑、白四色喇嘛塔，代表佛的"四智"。外面是两重波纹形围墙，叫作大、小铁围山，据说是世界的边界。如以大乘之阁中心为圆心，则外围墙（大铁围山）恰是一个正半圆形；以一部洲中点为半径，则四大部洲全部在一正圆弧线上，四色塔也全部内接入圆内；以内围墙（小铁围山）为半径，则十二部洲均包入圆内。四大部洲中心连线是圆的外切正方形，四色塔的外边连线是圆的内接正方形。在圆内作一对称的"井"字分隔，则 9 个空间内都有一组（座）建筑。外围圆弧与前面直线围墙结合处，布置了方丈院和御座院两组四合院，形成两个构图间的自然过渡。正因为有这样严密的几何构图，所以尽管这里有大大小小几十个不同的形体，却并不使人感到紊乱，相反地倒有一种特殊的匀称美感。

在全部建筑中，大乘之阁居于主要地位。它依山崖而建，下面 7 间、侧面 5 间，高达 36.75 米，顺地势在正、侧、背面有三个不同高度的入口。阁内周围是三层回廊，中间是贯通上下的空井，放置一尊大悲菩萨（千手千眼观音）和善才、龙女两尊侍者。五个屋顶的正中代表须弥山主峰，周围四顶是护法四天王所住山峰，又代表构成世界的地、金、水、风四种元素（四轮）。全部 7 层不同高度的屋檐，代表须弥山下的 7 层山。阁的基本构架是一个双层排架的筒形框架，回廊是筒壁，中间空井是筒心，整体刚度很强。筒心柱子直贯上下，筒壁柱子则按造型要求逐层收入半间，并向外挑出屋檐。正面屋檐有规律而不呆板。中井柱上用 4 条长达 10.20 米、高 1.02 米的大梁拉接，梁上自由地搭架了 5 个屋顶。结构合理明确，干净利落。

阁中心的大佛是如何构造的，过去一直是个谜。直到 1960—1963 年加固重修时，经过仔细勘测，才揭开了谜底。大佛全部木制，连台座在内总高 22.23 米，一根直径达 67 厘米的中心柱向上直抵佛头，向下埋入台座以下 3.60 米。中心柱周围有 10 根边柱，4 根戗柱，构成一个框架；又分别在头、胸、腰部以厚木搁板横隔成 3 层，以加强框架的刚度。上面的隔层立有 4 根木枋大佛的 42 条手臂就交接在这些木枋上，并用铁拉杆固定在中心柱上。框架外面钉二三层厚木板，组成大佛身躯的大致轮廓，外面再钉衣纹板。整个大佛共用木材达120立方米。但所有木刻构件，如手臂、衣纹、头等还只是粗坯，外面要用麻、布、灰、胶等合成的"地仗"裹塑出细致的线条，最外再贴金箔。大佛比例匀称，面貌慈祥，如果只靠艺匠自由雕塑，特别是在和建筑物同时施工的情况下，是很难保证艺术质量的。原来佛教密宗经典中有

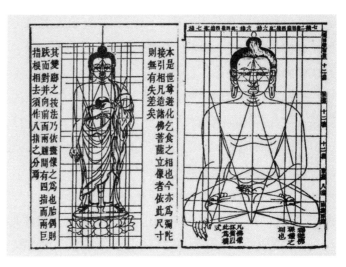

清《造像度量经》佛像比例图

《造像度量经》，记述着塑造佛像的一些基本比例规范。它以佛像的手指为基本度量单位，规定出佛像各部分与手指的倍数。据近人研究，这套比例有完整的数学规律，符合形式美法则。

大乘之阁以后的安远庙的普渡殿、须弥福寿之庙的妙高庄严殿也都采用了与它相类似的结构。这种周围回廊、中间空井、平面方形或近于方形的建筑形制，来源于蒙、藏地区喇嘛庙的大型经堂（藏语名"都纲"），但到承德以后，构架采用了汉族建筑的方式，造型也有了新的发展。

普陀宗乘之庙和须弥福寿之庙的两座大红台也是最引人注目的建筑。它们的形制都是"都纲"的扩大，3层裙楼相当于"都纲"的回廊，中间的亭阁相当于中部空井。裙楼的平屋顶构造很合理，铺砌泥灰、方砖，中间用铅板做防水层，屋面的坡度组合，水槽、天沟的设置，很像近代建筑的做法。这两个庙都是模仿西藏建筑，它们和汉族的不同，总体上不强调绝对对称。虽然是随地形灵活布置建筑，但大体上仍保持着一种匀称的美，这在近代建筑构图法则中叫作不对称均衡。普陀宗乘之庙的大红台，由大小9个台殿组成一个不对称的群台体，顶上还突出几个玲珑的小亭阁，也是一个均衡的构图。它既要在外形上模仿布达拉宫，又要按自己特有的地形、使用要求、交通路线安排建筑物，这在现代建筑师面前也是一个难题。

精致的装饰也是美的建筑的重要手段。外八庙几乎包括了所有古建筑的装饰类型。琉璃、彩画、石雕、木刻，都是当代第一流的精品。而现存的5个镏金铜瓦屋顶和4个木雕藻井更是难得的工艺杰作。妙高庄严殿的金顶上有8条金龙，每条重约1吨；万法归一殿屋脊上模压隐起的夔龙图案千回百转。所有镏金铜瓦都是定型成组

装配，由三瓦、四瓦组成一联，互相勾连，组成整齐的鱼鳞状。200多年来光灿如新，也说明了当时工艺水平之高。藻井是尊贵建筑天花板正中的装饰物。外八庙中的3个方形藻井完全是宫殿的制度，而普乐寺旭光阁的圆形藻井，满占全部屋顶，随结构层层上升，龙凤雕刻与木结构构件浑然一体，全用深浅两色金叶贴敷，精湛、准确、生动，可说是中国古建筑中藻井之冠。

建庙的速度是空前的。普宁寺不足3年（分两期建造）；普陀宗乘之庙头尾4年，但中间大返工一次，实际也是3年左右；其余各庙，包括须弥福寿这样的大庙，不过花1年时间。但它们并不是靠"人海战术"，而是成熟的科学技术成果。至少在唐代后期，中国建筑就形成了一套标准化、定型化、程式化的做法和规则。北宋后期，朝廷组编建筑规则，现在流传下来的是李诚主编的《营造法式》。明清以来，这类规则日趋简单严密。简单说来，就是把单座房屋的类型和它们的构件尽可能地加以简化，并归纳出一定的比例关系，规定出基本度量的单位。清雍正十二年（1734），工部颁发了官方建筑的法规——《工程做法则例》（以下简称《则例》）。关于设计方面，它规定出大式和小式共27种具体的房屋类型和11个等级的基本度量单位——斗口。所谓"斗口"，是指大式建筑支撑屋檐出挑的构件"斗拱"中一个拱（弓形的短木枋）的宽度，也就是斗形小木块"斗"当中嵌木枋的开口宽度。《则例》规定，斗口为1~6寸，每半寸为一等，共11等，但实际工程中只用到4寸为止，即7种斗口。全部大式建筑的构件尺寸和各个部分的尺度（如柱高、开间、出檐等），都是斗口的整倍数。没有斗拱的是小式建筑，是以最外一排柱子的直径为基本度量单位。结构也有固定的方式。屋顶是主要部分，规定了庑殿、歇山、悬山、硬山、攒尖5种基本形式和相应的结构方式。门帘式样、雕刻题材、彩画类型和砖瓦规格（包括琉璃构件）也都有为数不多的定型做法。更重要的是按照朝廷的礼制，各类建筑（包括类型、尺度、式样）基本上都有相应使用范围的规定。所以那时的设计工作主要是布置总平面和安排各等各类建筑的组合。施工方面，各类建筑做法要求、工料定额都有成套规定，大部材料也是预制定型的。这自然可以大大加快建造的速度了。当然，有些特殊的建筑和特殊的要求，还有某些工师自己的独特手法或变通的做法，也不是百分之百地拘泥于《则例》。

说明了这一点，再来看看避暑山庄的园林建筑，我们就更加惊叹这套规则的卓绝成就了。避暑山庄原有的100多处建筑中，除6座庙宇采用大式建筑外，其他都是小式的。它们的单体类型不会超过10种，绝大部分只有三四种，而且多数不加彩饰。它们的美，它们的设计水平，主要表现在选地造景、组织空间和创造群体造型这些方面。以宫殿为例，丽正门内的正宫是主要宫殿，它东侧的"松鹤斋"是皇太后的宫殿，德汇门内的东宫是接见王公观剧宴会的地方，但主要建筑只有歇山式的大殿（包括两层楼）、硬山式的配殿和连接殿堂的游廊；门窗栏杆等装修式样也不多。全用卷棚（没有正脊，又叫元宝脊）屋顶、灰瓦、粉墙或石墙。但各部分的组合都大有文章。主要部分平面尺度的比例、各院子间的穿插过渡和轴线上建筑体量的安排等，都很见匠心。譬如正宫区中轴线上有纵、横等9个院子，两侧各配6个小院，彼此的连接和尺寸关系就处理得很有意趣。正宫主殿"澹泊敬诚"是全部山庄的重心、皇权的象征，但它又不能违背山庄朴素淡雅这个总的前提。它不用大式建筑，不搞彩画，不用琉璃瓦，只是通体以香楠木建造，另在门板、天花板上加了细致繁复的雕刻，以黄色大理石铺地，朴素中见高雅，平淡中显尊贵，真是精彩极了。

1978—1979年重新修复的"万壑松风"和"金山"是两组庭园实例。前者5座殿堂平行排列，只有两种建筑类型，但布置上前后略加错位，用曲廊和围墙加以连接分隔，便出现了丰富的内部空间效果，不少建筑学家认为很像近代的"流动空间"，而且手法简练而准确。后者充分利用一座小山岛的地形，除六角三层的上帝阁比较复杂以外，其余大小四殿一亭都很简单，全靠高低、平斜、曲直的游廊衬托，出现了动人的形象。烟雨楼，月色江声和如意洲岛上的几组庭园也都是最简单的建筑组合。山庄的73座亭子，原有方、圆、长方、六角、八角、十字、梅花等许多平面形式，现存的和新修复的22座，它们的形式极少相同，但结构方式却基本是一致的。

遗憾的是，占山庄五分之四的山区中，原有的40多处建筑全部被毁了，只重建了3座亭子，山区里的庭园是避暑山庄建筑的精粹所在。我们曾根据现存的遗址，结合文献记载，按照《则例》规矩画出一些复原图。下图是我们所绘的避暑山庄秀起堂复原图。它们那构思的巧妙，手法的熟练，形象的动人，足以列入古今中外最优秀的创作之中，但它们也只不过是三四种类型的排列组合而已。

既简单又复杂，既规整又自由，千篇一律而又千变万化，曲折迷离而又秩序井然，这是运用建筑科学的艺术，又是创造建筑艺术的科学。

最后，创造这些杰作的建筑师是谁？由于封建统治者鄙薄工艺劳动，所以官方文献向来不留工师姓名。但据非官方记载，康熙年间有江西建昌人雷发达（1619—1693）供职于工部营造所，其后子孙共7代都担任主管宫廷建筑设计的"样房"掌案，即建筑总设计师，人称"样式雷"。据考证，第二代雷金玉（1659—1729）和第三代雷声澂（1729—1792）时，正值这批建筑修建期间。他们主持过圆明园的设计是有案可查的；而圆明园和避暑山庄用的是同一个《工程则例》，即为适应这两大工程单独编制的定额标准，这也是有确实文献的。由此可证，这杰出的建筑大师就是

秀起堂复原图（冯建逵据作者复原图绘彩墨画）

雷金玉、雷声澂父子。

中国建筑从秦朝起形成了自己完整的技术与艺术体系，经过 20 个世纪的锤炼，到清朝的康熙、乾隆时代已达到了最后成熟的阶段。特别是乾隆中期（18 世纪中叶），在大约 30 年的时间里，仅由官方主持，至少建造了大约 100 万平方米的巨大建筑群，成为当代世界文化史上最触目的高峰之一。而避暑山庄和外八庙，又全面集中了当时建筑的精华，所以可以毫不夸张地说，雄奇秀丽的山庄和宏伟壮观的寺庙群是当今世界人类最宝贵的财富之一。它们不但是属于中国的，也是属于世界的。

（作者当时在承德市文物研究所工作）

（原载《自然杂志》1982 年第 3 期，原文照片均略）

（王世仁《王世仁建筑历史理论文集》，中国建筑工业出版社，2001 年版）

另附：手绘图图释——承德外八庙等多民族建筑形式

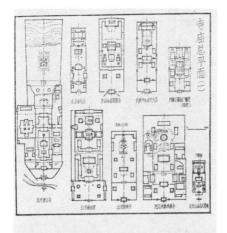

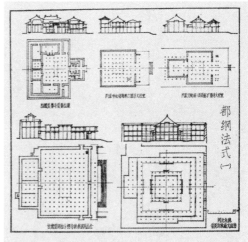

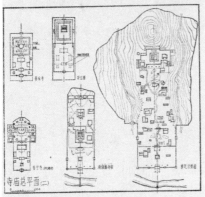

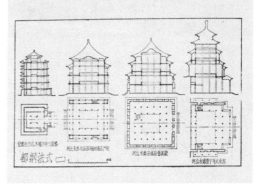

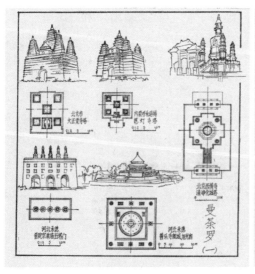

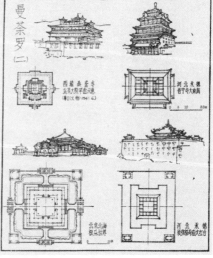

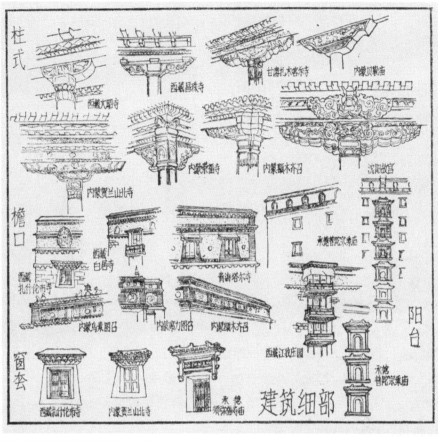

柱式

西藏大昭寺　西藏昌珠寺　甘肃扎木客尔寺　内蒙贝勒庙

内蒙贺兰山北寺　内蒙荣圃寺　内蒙额木齐召　沈阳故宫

檐口

西藏扎什伦布寺　西藏白居寺　青海塔尔寺　承德普陀宗乘庙

内蒙乌素图召　内蒙甫力图召　内蒙额木齐召　阳台

西藏江孜庄园　承德普陀宗乘庙

窗套

西藏扎什伦布寺　内蒙贺兰山北寺　承德须弥福寿庙　建筑细部

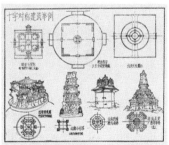

十字对称建筑举例

喇嘛塔

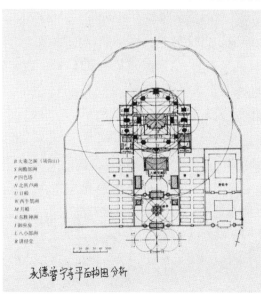

B 大乘之阁（须弥山）
S 琉璃部洲
P 四色塔
N 北俱卢洲
U 日殿
W 西牛贺洲
M 月殿
E 东胜神洲
I 御座房
L 八小部洲
R 讲经堂

承德普宁寺平面构图分析

"勺园修葺图"中所见的一些中国庭园布置手法

北京西北郊区一带，泉流纵横；在平地中间多小丘陵，显然是造园的好地方。更由于地近京师，故自金元以来，皇门贵戚便开始在这里建造离院别馆。降至明清，更多经营。京西名园脍炙人口者不胜枚举。明末米万钟所筑勺园即其一。

勺园，经明清数次兵燹已荡然无存。其所在地据《长安客话》《春明梦余录》《帝京景物略》等所载，在海淀之北。而据洪业《勺园图录考》考证，即今北京大学（原燕京大学）所在地。园之建成系在明万历四十至四十二年间（1612—1614）。清初曾为藩邸，后为集贤院。至英法联军侵略之役焚掠殆尽，沦为村陌。民国九年（1920）燕京大学购得此地建校舍。

勺园在当时是京西很有名的园子，也称米家园。许多明代的记事杂咏对此园描述得很详细。当时京中有将米家园中的景色绘于灯上者，称为米家灯，时人咏为"米家灯是米家园""米家园是米家灯"；一时传为太平佳话，亦足见此园在当时的确是出众的。

园的主人米万钟是明代有名的诗人、画家、书法家、造园家。彭蕴璨《历代画史汇传》："米万钟，字仲诏，号友石，……崇祯初起太仆少卿……山水得倪迂法，花卉似陈淳。多蓄奇石，故画石有襄阳风。行草得家法；尤善篆书。时邢、张、米、董俱以书见称，又有南董北米之称。万钟擅名四十年，书迹遍天下，著'篆隶考伪'。"可见此人的多才多艺。现存的"勺园修葺图"就是他自己的手笔。勺园本身的创作，也是与园主人的艺术修养分不开的。洪叶的《勺园图录考》对此园考订得较详细。根据原图及考证文字约可将该园的平面布置作出部分想象图，并据此试做一初步分析。

《春明梦余录》载："海淀米太仆勺园，园仅百亩，一望尽水，长堤大桥，幽亭曲榭。湖穷则舟，舟穷则廊。高楼掩之，一望弥际……"由这段记载可以知道这个园子的一些特点：首先，这个园子主要是以水面为布景的主题，而以堤坝建筑来分隔水面，使造成迷离曲折的效果。《帝京景物略》关于其水面的描写是："……桥上望水，一方皆水也。水皆莲，莲皆以白……水之，使不得径也。栈而阁道之，使不得舟也。堂室无通户，左右无兼径。阶必以渠，取道必渠之外廊……"就是把园中的建筑和水面有机地联系起来。再由许多游人的杂咏看来，建筑物、水和堤坝的关系更是非常密切：

"到门惟见水，入室尽疑舟。"（袁中道）

"堤绕青岚护，廊回碧水珂。"（叶向高）

"亭台到处皆临水，屋宇虽多不碍山。"（公鼐）

"绕堤尽是苍烟护，傍舍都将碧水环。"（米万钟）

"几个楼台游不尽，一条溪水乱相缠。"（王思任）

而王思任在《题米仲诏勺园》一诗中更把此园以水为胜的特点道出：

"米家亭馆胜京西，胜在干原忽水栖。曲造阿房门不解，撑来泛宅扁难题。"

其次，在这个以水为主的园子内很巧妙地布置了许多景物。如"长堤大桥，幽亭曲榭"以及"中所布景曰色空天、曰松垞、曰翠葆榭、曰林于澂，种种会心，品题不尽"。（长安客话）由图中也可看出各种景物，互相因借，布置得极为紧凑。这个园子的一切建筑物都是非常淡雅的。这一方面可能是由于园主人的官职不很大（三品），财力有限。但另一方面也说明中国优秀的庭园并不在于以华丽取胜。虽然，我们对图上所表现的建筑处理不能完全相信是绝对的真实；但还是可以大致地有一些基本观念。由图上看出，在一些朴素的廊榭亭台之间还夹有荆扉茅亭。这样就更增加了这个园子的自然风味。与勺园相比邻的武清侯李伟的清华园比它大而富丽；但在当时反不如勺园有名。所以《春明梦余录》中说"……傍为李戚畹园，绮丽之甚，然游者必称米园焉"。

由于《勺园修茸图》是一个长手卷，作画的人在绘图时看来是绕着园子在许多不同的角度上画成的，所以把整个园子的平面完整地复原在一张图内是有困难的，

勺园之一部（摹自《勺园修茸图》）

只可能作成三部分。由图上看来，这三部分虽有着一定的联系，但各自都能成为一组较完整的景色，说明一定的问题。

第一组是勺园的入口部分，也就是"风烟里"门内。《帝京景物略》关于这个入口处的描写是："……入门，客懵然矣！意所畅穷目，目所畅穷趾……"说明这个园子在一进门的地方就使人有一种迷离之感。由图上看：在树木丛中的一个荆扉前面是一块驻马的小台地。在这里前望：面前是一汪清水，在桃柳夹道的长堤上矗立着一座拱桥。通过拱桥的桥洞，可望及隔水一带粉垣及亭馆数事。此起彼落，花木交阴；构成一幅美妙的图画。然而这幅图画却是可望而不可即的。一条弯堤，几个建筑，才逐渐把游客引入胜境。这里巧妙地应用了中国造园理论中的"因借"手法，即所谓"不妨偏径，顿置婉转"。游人走在弯曲的堤坝上，随着前进的方向，能看到拱桥桥端的小屋、牌坊所组合成的各个不同画面。堤坝上隔几步栽种桃柳数株。即所谓"溪湾柳间栽桃"。在长堤的尽头又是一个小荆扉。站在门前可望见前面牌坊和拱桥的透视角度。向前走去，则由于路和景物始终不是一条直线，所以永远能看到它们的透视而不是枯燥的正面。这就是"偏径"的妙处所在。

入口部分总的布置是简单朴素的。所采用的是"引人入胜"的手法。只是把游人前进的道路和在道路上"顿置婉转"的几个小建筑巧妙地组合在不同的几个透视中。最后当游人行至桥顶望及隔水墙垣内的层层景色而急欲到达时，这入口部分的任务就告一结束。

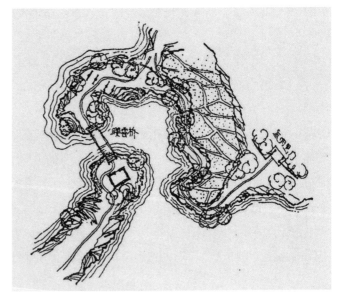

勺园平面想象图之一

第二组是勺园的精粹所在。入门题作"文水陂"。内部景色妙在为一圈粉垣围住。在外面只隐约可窥。而墙内树木楼台又隔墙露出少许，吸引游人。墙外水际安置茅屋数间，竹篱几许。临溪又置虎皮石地面月台一块，伸入水面，形成渡船码头，这就把围墙内的重要性及其入口强调了出来。

入"文水陂"门，立即进入"定舫"中。这是一座水榭式的桥梁，横越水面。

这地方处理得很值得玩味。它很自然地就把游人送到隔岸，毫不觉得生硬。而桥的本身作为一个水上建筑物，明窗洞开，在内边走边眺，也饶有风趣。

出定舫后，到达一块为茂密的树丛所围绕的台地。由这里所看到的是水面、建筑、堤坝、桥梁、树木、山石等组成的曲折景物。这些景物迂回曲折，互相勾连；把一块水面分割成几个区域。各自都独具情趣，但又互相有联系。故使游人毫不觉得分割的烦琐；相反地，在这一块面积不大的水面上布置了这些东西，倒显得紧凑、利落。

第一组水面是由勺海堂侧的水阁、透迤梁和其对岸的四角方亭组成的。由定舫通到勺海堂前的月台须经过一段堤坝，然后走上透迤梁。这个六折小桥，一方面沟通了两组水面；同时也作为两组景物的联系建筑。它和水阁组合在一起，由四方亭望去，相互交错在一起，非常统一。而水阁平面做曲尺状，后靠勺海堂，前临水面，正是"临溪越地，虚阁堪支"。与对面四角方亭一繁一简，一水一陆，隔小堤远远相对，彼此呼应，正是"互相借资"的手法。

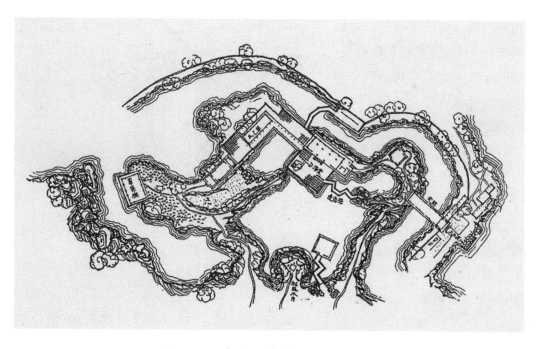

勺园平面想象图之二

第二组是由勺海堂、透迤梁和对岸的"松风水月"、四角茅亭等组成的。所围绕的是一块比较开阔的水面，所以周围也都是些比较大的建筑物。勺海堂是一座大敞厅，前面有一座大月台。月台一侧缀以太湖石一块，高树一株。正是所谓"梧荫匝地""槐荫当庭"。堂旁边的透迤梁与隔水的茅亭又是在水中彼此呼应。茅亭矗立水中，以折桥通岸。桥头是湖石、芭蕉，别成一景。茅亭之侧是"松风水月"。这是一块凸入水面的高台地。上置盘天古松数株，松下石桌棋盘，清雅古朴。在台上通过古松树干可将前面、左右的景色尽览目下。在清明之夜，当松邀月，望及水中倒影，层层叠叠，正合"松风水月"之称。这一块高台地不仅在平面上突出水面，处理得很好；就是在空间上作为全园的一个制高点，无论由其上望全园，抑或由勺海堂、透迤梁望它都很得当。加之台地本身只是自然风格，和它旁边的茅亭互相组合，完全统一在一起，成为一个独具风格的自然景色。

这组水面的左边是由勺海堂左的廊子、太乙叶和临水的湖石组成的另外一组。廊子和月台都是规则的直角形，伸入水面。但其对岸都是斑斓的湖石岸。这就是"临池驳以石块"的处理方法。太乙叶后面的水岸也是如此处理的。这一组和第一组景色围绕勺海堂，虽分成三组，但互有联系。

这三组组合成一个统一的水面景色，参差于中心水面，相互因借，构成统一的、协调的布局。但在这些景物的外围，也同样是丰富多彩的。例如勺海堂的后面通过又一条折桥达到彼岸的一座敞厅。即所谓"架桥通隔水，别馆堪图"。它与勺海堂旁的月台以及四角方亭又组成另一水面景色。又如太乙叶的背后也附有月台。月台前为太湖石凸出水面。它与另一座建筑隔水湾而相对。这座建筑前添敞卷，后进余轩，

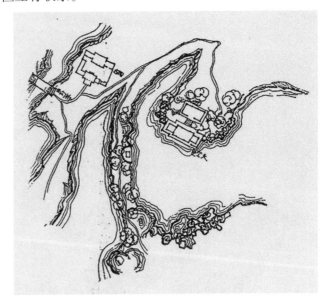

勺园平面想象图之三

也是很别致的。通过这座建筑走上一条短短的堤坝后，就可望见在葱郁的竹林里隐约露出的一座高楼，那就是别具风味的"翠葆榭"。

翠葆榭是一座重楼建筑，半出水面。前面隔水为瘦长的山石屏障。应用了"楼面掇山，宜最高才入妙"的手法。而在楼的左右和后面则是密密的竹林，把楼的底层团团围住。这由外面看来，更增加了翠葆榭的幽静之感。而在其本身则强调了此楼的远眺作用，特别是观望西山一带的风景。米万钟曾题诗"更喜高楼明月夜，悠

然把酒对西山",所以,这座楼是应用了"因借"的手法,即"园虽别内外,得景则无拘远近……俗则屏之,嘉则收之","远峰偏宜借景,秀色堪飧"。试想在月明之夜,凭楼远眺,西山峰峦,莞尔在目,是很有趣的。而在楼的对面,则排列瘦高奇峻的山石。这是园主人有好石之癖,或借之将"俗"的景色"屏之",都有可能。

总之,这第二部分,是充分地利用了水面和建筑物、树木的巧妙组合,把有限的空间,画成无限的景色,各自都有自己的情趣,而同时又构成统一的布局。

最后的第三部分,只有"色空天"和其左侧的堤坝构成的一块水面是一组。"古祠"和"西勾桥"大约都在勺园之外,与园的关系不甚密切,故不赘述。而这一组中"色空天"本身的建筑却值得一提。顾名思义,这是一座佛寺。中国庭园之中颇有佛寺,例如颐和园中的龙王庙。"色空天"的意图也与龙王庙岛的手法相似:前部凸入水中,后部登阶而上台,台上置阁。周围尽山石包围,后面置古松数株,强调了建筑的临水一面。在其侧面的堤坝上则有半圆石台一座,周围亦以高树包围,与"色空天"相对呼应。

勺园是明代名园之一,它与"园冶"几乎同时出现在我国的造园艺术领域中。文中所引之造园手法亦系录"园冶"原文。或者可由此园的一些特点寻出明代造园的一些基本特点来。

最后应当说明:修葺图本身只能约略看出勺园在规划方面的一些手法,至于造园艺术中的又一重要环节——对于建筑物、树木、山石等的本身处理所给予整个园子的气氛(如苏州诸名园)却很难看出来。图的本身肯定受作画者时代的绘画风格的影响,所以即使有些建筑物、山石、树木等能看出一些处理手法,也不太可信。这一点仍是要存疑的。

(原载《文物》1957年06期)

中国古代建筑深度鉴赏

【名词解释】

建筑。是一个外来语（日文），英文 Architecture，广义指经过创意设计的房屋及有关的构筑物；狭义也指建筑艺术。

中国古代建筑。指在封建社会成熟的，以汉族为主，也包括受其影响的其他民族的传统建筑。

【经典提要】

人是按照美的规律来造型。 　　　　　　　　——马克思《1844 年经济学哲学手稿》

希腊式的建筑使人感到愉快，摩尔式的建筑使人感到忧郁，哥特式的建筑神圣得令人心醉神迷；希腊式的建筑风格像艳阳天，摩尔式的建筑风格像星光闪烁的黄昏，哥特式的建筑风格像朝霞。 　　　　——恩格斯《齐格弗里特的故乡》

如跂斯翼，如矢斯棘，如鸟斯革，如翚斯飞。 　　　　　　　　——《诗·小雅》

深度鉴赏应当掌握的基本知识

1. 中国古代建筑是中国优秀传统文化的重要组成部分。

建筑的一个主要特征是它的公众性（西方叫作政治性）和正面性。正常的建筑建成以后，都要面对公众，不可能成为秘密的收藏品，也不可能出现反动的、悲剧的、颓废的、讽刺的等反面形象。所以，留存至今的古代建筑，就其艺术价值来说，绝大多数都是文化的精华，不论其原来的功能如何，都要从正面鉴赏评价。

2. 中国古代建筑是中国传统文化最全面的载体。

建筑的又一个特征是它的实用性和综合性，它是物质生活和精神享受、功能设施和艺术形式、科技工程和文化创意，以及几乎所有艺术都可以在它身上得到表现的综合体。古代建筑基本上分为两大类：一类是人居类，另一类是神道类。无论是生活使用的，或是祭祀祈求的，首先要满足实用，同时要满足审美。绝大多数的建筑是实用功能决定了艺术形式，古代建筑中很少有脱离了实用功能的怪异形式。建筑还必须依靠科学技术手段才能完成，包括材料、构造、工程等，但同样的科技手段也可以创造出不同的艺术形式，包括空间、形态、式样等。建筑是一个三维艺术，在它身上可以包容绘画、雕塑、诗文、园艺、工美，甚至音乐。还有不少建筑可以创造出四维感觉，即从内外流动的时间观赏中获得超越三维空间的艺术感受，这在中国古代建筑中体现得尤其充分。所以，鉴赏中国古建筑，必须要在移动中细致、全面地体会。

3. 中国古代建筑是在长时期民族审美心理积淀中创造形成的，它有鲜明的传统性和延续性。

中国是世界上唯一的传统文化没有中断的国家。从秦代以后形成的以儒家为主、儒道互补的文化传统，在审美心理和艺术创作中形成了以人为尺度，至美至善的人文主义特色。中国人崇尚平衡、圆润、和谐、适度的"尚中"理念；特别注重群体的关联，理性的和谐，以及适当的浪漫，在许多建筑中体现出天人合一、美善合一、刚柔合一和工艺合一。所以，在鉴赏中国古代建筑时，要特别关注其中表现的民族审美心理。

4. 中国古代建筑是在封建社会中形成定型的。封建社会的主要特征是一切行为制度化。

中国古代建筑区别于世界上其他体系建筑的最主要特征是全面制度化，它既是封建社会制度的产物，又是这个制度的组成部分。建筑作为一种制度的载体，成为干预社会生活的重要工具，在世界上中国是唯一的。其中最主要的是等级制度，历代都通过《营缮令》一类的法规，制定了不同等级的人使用建筑的格局、形式、体量、色彩、装饰，直至坟墓的规格。其次是礼仪制度，社会中的各种活动，都规定了必须遵守的规矩和形式，由此也规定了建筑的规矩形式。此外，还利用人们在生活和审美实践中形成的一些约定俗成的观念，加以神秘化，制定出若干"堪舆"制度，即风水制度。在鉴赏中国古代建筑时，必须注意这些制度要素。

中国古代建筑的艺术特征

1. 重视整体环境的经营

从春秋战国开始，中国就有了环境整体经营的观念。《管子·乘马》说，"凡立国都，非于大山之下，必于广川之上"，说明城市选址必须重视环境因素。中国的堪舆学说起源于先秦方士，除去其迷信的外衣，多数是讲求建筑与环境的关系。秦咸阳北包北阪，中贯渭水，南抵南山，盛时东西达二三百里；汉长安包括上林苑，遍布山池宫观，规模更大。中国许多城市都把邑郊包容在统一的城市环境中整体经营，如杭州的西湖等。现存实例中比较典型的有清代北京西郊以"三山五园"为主体的山、河、湖、庙、园和营房群，面积达 130 平方千米。承德的热河行宫（避暑山庄）、外八庙（12 座）和狮子园，以及武烈河及周边奇山怪石，面积达 80 平方千米。还有太原的晋祠，由不同时期、不同类型的祠庙组成，但主次分明，水道与殿阁林木共同构成了秩序井然的景观环境。

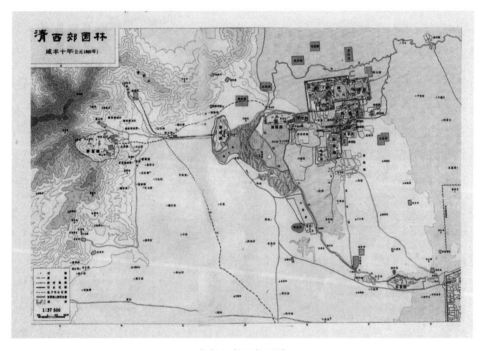

清代北京西郊环境

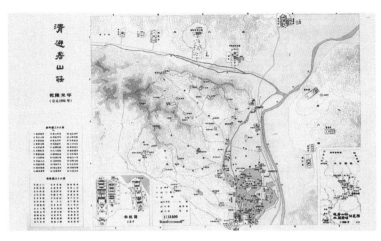

清代热河行宫及外八庙环境

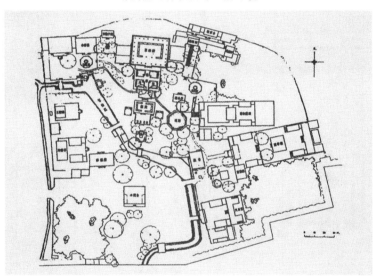

山西太原晋祠总平面

山西太原晋祠鸟瞰

2. 单体形象融于群体系列

中国古代建筑除了某些单独景点的亭阁台榭外，大多数是由若干单体组合而成的群体；即使是独立的景点建筑，也有与其相适应的环境陪衬。古代建筑的单体大部分是定型化的式样，艺术形象主要是通过单体围合的庭院所构成的序列而取得。

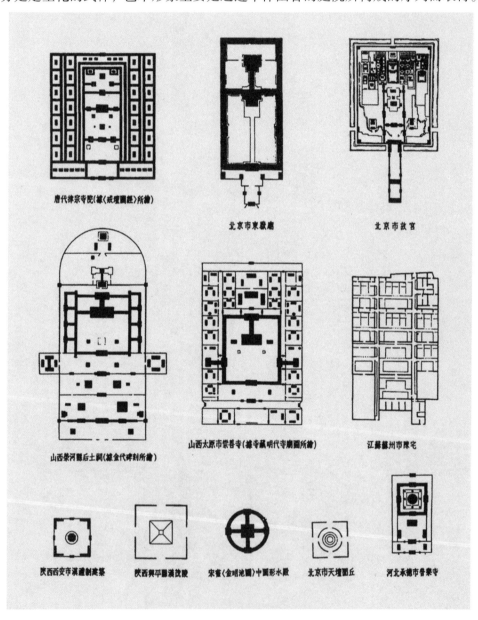

唐代律宗寺院(据〈戒坛图经〉所绘)

北京市东岳庙

北京市故宫

山西荣河县后土祠(据金代碑刻所绘)

山西太原市崇善寺(据寺藏明代寺庙图所绘)

江苏苏州市陈宅

陕西西安市汉建制建筑

陕西兴平县汉茂陵

宋画〈金明池图〉中圆形水殿

北京市天坛圆丘

河北承德市普乐寺

中国古代建筑总平面类型

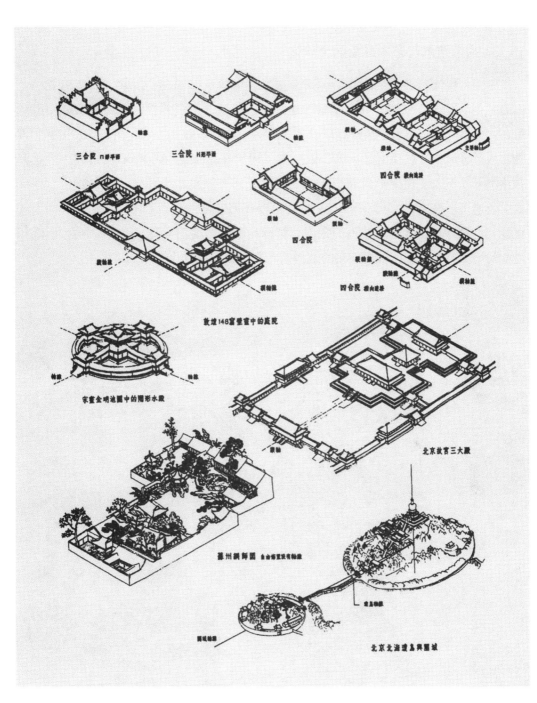

三合院 п形平面　　三合院 H形平面　　四合院

四合院　　　四合院

敦煌148窟壁窟中的庭院

宋画金明池图中的圆形水殿

北京故宫三大殿

苏州网师园

北京北海琼岛与团城

中国古代建筑庭院组合

3. 构造技术与艺术形象融为一体

中国古代建筑以木结构框架体系为主。这个体系以四柱、二梁、二枋构成一个称为"间"的基本框架，可以左右相连，前后相接，上下相叠，或加以变通而成三角、六角、八角、圆形、扇形，以及"十"字、"亞"字、"之"字、"工"字、方胜、双环等形式。屋顶由梁、檩、椽组成，构架有抬梁、穿斗和平顶三种。抬梁和穿斗都可以不改变构架形式而作出曲线屋顶，并在屋角作出翘角；还可以作出多层檐、勾连搭、披檐、"龟头殿"等组合。凡是露明的构件都有艺术加工，没有僵直的直线，也没有不经过艺术处理的截面；结构构件的组合有一定的比例法则，形成和谐的韵律。所以，中国古代建筑的造型艺术美，很大程度也是结构排列美。

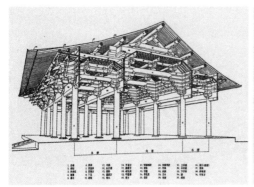

山西五台佛光寺大殿（唐）结构透视

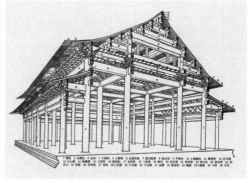

北京故宫太和殿（清）结构透视

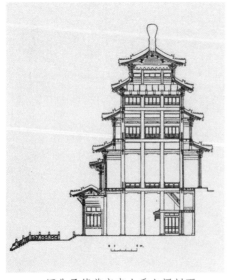

河北承德普宁寺大乘之阁剖面

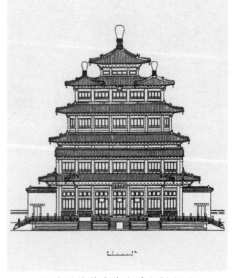

河北承德普宁寺大乘之阁立面

4. 规格化与多样化统一

中国建筑早在春秋战国时的《考工记》中，已经有了规格化、模数化的设计方法。后世由于实施"工官制度"，国家掌控了重要的建筑工程，相应地也颁布了工程规范，最重要的内容就是规格化和模数化。木结构的规格化、模数化至迟在唐代已经成熟，现在存世的有宋元符三年（1100）成书，崇宁二年（1103）颁布的《营造法式》和清雍正十二年（1734）颁布的《工部工程做法则例》最完整。《营造法式》把建筑分为殿阁和厅堂两大类，规定了不同类别建筑的基本平面格局和构架形式。又用"材""分"为基本模数，"材"是斗栱中"栱"的断面，比例为3∶2，共分为九等，最大高9寸宽6寸，最小高4.5寸宽3寸。只要规定了建筑等级，选用了相应的"材""分"，建筑的所有部分都可以设计

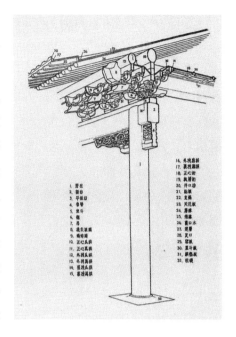

清代官式殿堂斗栱组合

出来。《工部工程做法则例》是把官方建筑归纳成27种形式，用"斗口"为模数，由它决定整个建筑的各部分尺寸。"斗口"是斗栱中栱的宽度，从6寸至1寸共十一等；无斗栱的建筑则用柱径为基本模数。除官方颁布的规则外，还有一些在民间流行的规则，如明代的《营造正式》（又名《鲁班经》），经后人整理的明清江南建筑法式《营造法源》，以及明代造园著作《园冶》中的建筑规则等，都是以模数化、定型化为基础进行多种组合的设计方法。

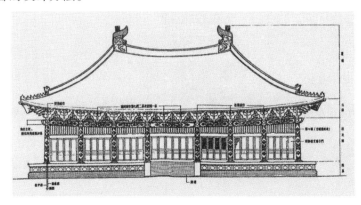

宋《营造法式》殿阁标准立面

5. 赋予建筑形式象征含义

中国古代建筑有着鲜明的政治宣示和伦理教化功能，要求运用一切艺术手段象征出某些含义。秦始皇灭六国，拆运六国宫殿建在咸阳北阪，拱卫阿房宫；宋徽宗在开封造"艮岳"，集中了天然的和人造的一切景物；康熙、乾隆造圆明园和避暑山庄、外八庙，通过景点的形象和题名，囊括了天下名胜、佛道胜境和边陲民族的代表建筑，都是对"普天之

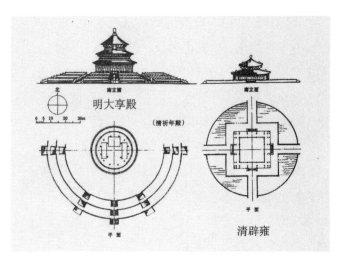

北京清代国子监辟雍及明代大享殿

下，莫非王土"的诠释象征。而在乾隆时盛行的藏传佛教"曼荼罗"（坛城），更是把佛教中对世界构成的描述用建筑形式表现出来，用以象征天上佛国与人间世界，佛祖与帝王同形相应。在更多的建筑中，则是用体量、色彩、式样、装饰，以及匾、联文字和小品配置来"说明"建筑的内容。北京的天坛祈年殿和圜丘，无论总平面、建筑造型和色彩以及构件的数字，都可以说是世界上象征型建筑的最高典范。

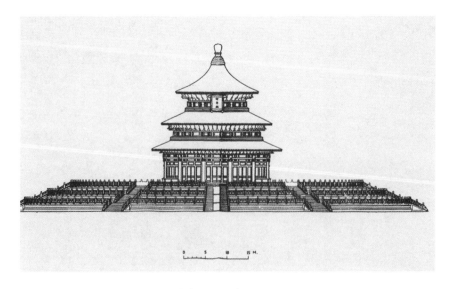

北京天坛祈年殿立面

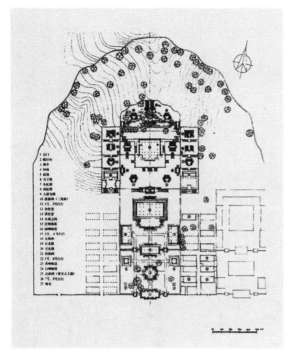

河北承德普宁寺总平面

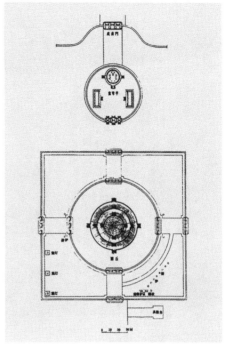

北京天坛圜丘及皇穹宇平面

中国古代建筑的艺术形式

1. 铺陈展开的空间序列

　　中国古代建筑艺术主要是由群体组成的序列构成，它和西方建筑最大的不同是，西方建筑以实体建筑形体显示其艺术，而中国建筑是以"虚体"空间即庭院组合而显示其艺术。庭院（虚体空间）依一条轴线展开形成了序列，主要有三种形式：一是十字轴线对称，主体建筑在庭院正中，多用于规格很高、纪念性很强的礼制和宗教建筑；二是以纵轴为主，横轴为辅，主体在后的"四合院"型，从宫殿至寺庙宅院都广泛使用；三是轴线曲折，多用于园林。现存规整的空间序列最长的是北京的中轴线，长达7.8千米，最丰富的是皇城南门以内的紫禁城，由大清门前棋盘街至景山后墙，长2.9千米。而变化最多的序列是帝王陵墓和大型风景名胜，如明十三陵，由石牌坊至长陵，长达4.5千米。

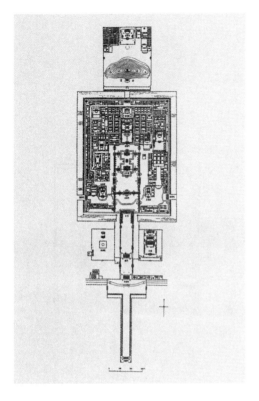

北京故宫总平面

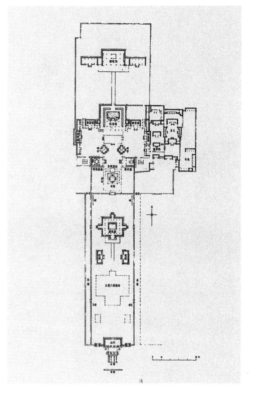

河北正定隆兴寺总平面

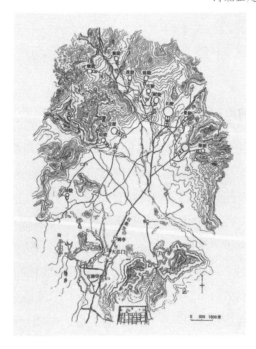

北京明十三陵总平面

2. 规格定型的单体形式

中国古代建筑中的单体名称有十多种，但大多数形式差别不大，主要有三种：一是殿堂，基本是长方形，个别有正方、正圆，很少独立存在；二是亭，基本是正方、八角、六角、圆形，可以独立在组群以外，也可以组合在序列中；三是廊，主要作为单座建筑之间的联系。殿堂或亭上下叠加就是楼阁或塔，前后左右相连就可变化出若干组团。不论何种建筑，都由台基、屋身和屋顶三部分组成。台基由一层至三层，高级台基可做成"须弥座"；屋身开间明确，正中最大，两侧递减，正面布满门窗；屋顶在造型中占主要地位，但只有五种基本形式，即庑殿、歇山、悬山、硬山和攒尖，庑殿等级最高，硬山最低，攒尖主要用于亭顶，也有个别殿堂使用。廊子只是一间的简单重复。

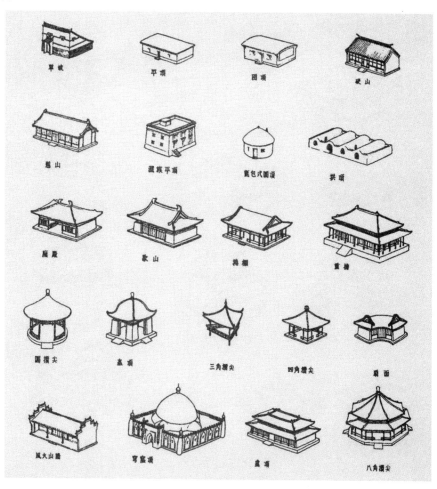

单坡　平顶　圆顶　硬山

悬山　藏族平顶　蒙包式圆顶　拱顶

庑殿　歇山　褡裢　重檐

圆攒尖　盝顶　三角攒尖　四角攒尖　扇面

庑式山墙　穹窿顶　盝顶　八角攒尖

中国古代建筑单体形式

3. 形象突出的曲线屋顶

中国古代建筑形象中最引人注意的是巨大的曲线屋顶，它的高度在整个立面中占了一半左右。由屋顶曲线的陡缓，翼角起翘的高度，出檐的长短，屋瓦的用料，屋脊的装饰中，基本上就可以判别出这座建筑的礼制等级，以及建造时代和地域特征。

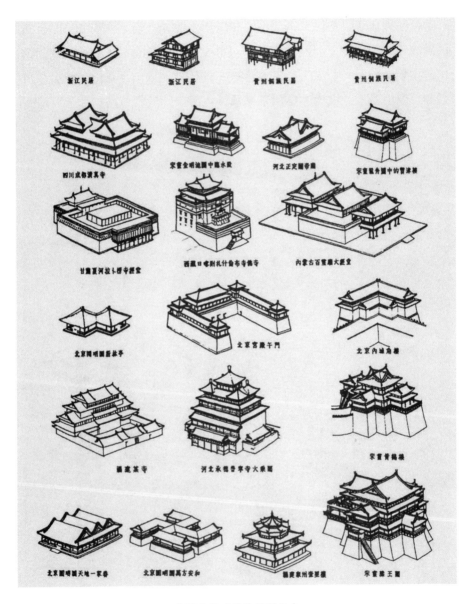

中国古代建筑的屋顶组合

4. 灵活多变的室内空间

由于中国古代建筑是柱梁组合的框架结构，没有承重隔墙，所以可以在框架之间任意分隔，使室内空间灵活多变。许多建筑的制度、礼仪和品位、风格，都是通过室内分隔及其构件的形式体现出来的。使用栅栏、板壁、隔扇（碧纱橱）、帐幔、屏风、花罩、飞罩、博古架等，可以分隔出大小不同、封闭和半封闭的空间，还可以在室内建戏台，起楼阁，叠山引水，又可以在天花板和墙壁上绘"通景"透视画，使空间更加丰富。再加以形式多样、工艺精美的家具陈设，强调出建筑的功能和品位来。

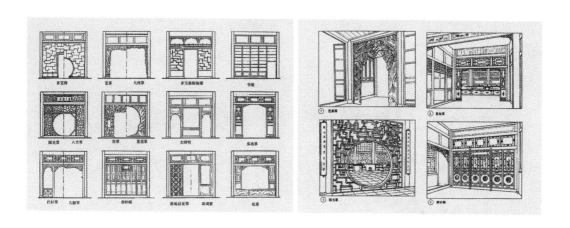

清代建筑内檐隔断种类　　　　　　　清代建筑内檐花罩

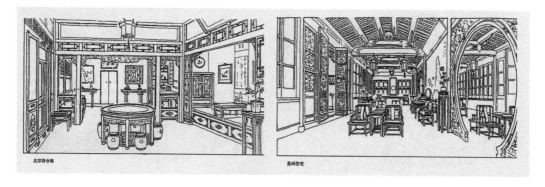

清代住宅内檐装修

5. 个性鲜明的色彩彩画

中国古代建筑的色彩和彩画，首先是建筑等级的表现手段。屋顶的色彩和用料最重要，明黄琉璃是皇宫主体建筑专用，杏黄是皇宫次要建筑和特许的建筑（如孔庙）使用。皇宫以下，按等级用黄绿混合（剪边）、绿色、绿灰混合和灰瓦递减；特殊的祭祀建筑，则用红、蓝、黑瓦；民宅只能用灰瓦。高等级的建筑殿身、墙身用红色，民宅绝不允许用红墙，屋身可用杂色。彩画等级最严，清代官式彩画分为三大类：一是和玺，只能用在皇宫、太庙、皇陵；二是旋子，种类很多，按用金量的多少分等级施用；三是苏式，又分为宫廷苏画和包袱苏画两大类，前者只在皇宫御园中使用，后者不限使用范围。非礼制建筑的色彩和彩画，受地域审美习惯影响很大，只要不违背礼制，尽可以自由发挥。

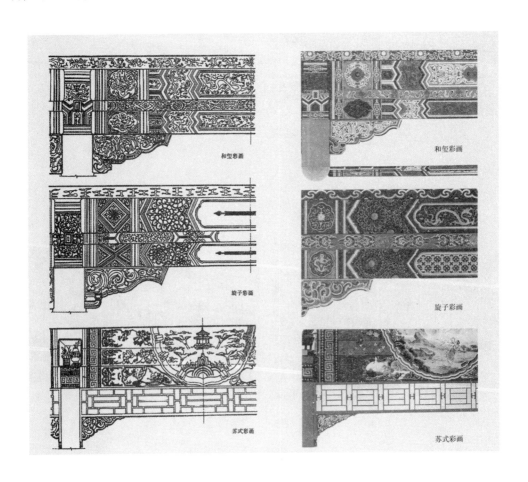

清代三种官式彩画规格　　　　　　清代三种官式彩画色彩

6. 取法自然的园林

中国古代园林分为三大类：一是帝王苑囿，规模巨大，由若干"景"组合而成；二是私家园林，规模不大，多与居住、会客相结合；三是邑郊风景，规模更大，是公共游玩的场所，也是由若干"景"（十景、八景等）组合而成。从造园艺术来看，第一、第三类的"景"也可以说是私家园林。

优秀的私家园林，都是由文人设计，或主人有较高的文化修养，造园的主导理念是"诗情画意"；基本手法是"巧于因借，精在体宜"，即借景要巧妙，形态要合宜，工艺要精致；基本构成是假山、池水和堂榭。私家园林的建筑密度很大，往往达到 30% ～ 40%，设计者就把它们布置得曲折蜿蜒，疏密相间，以求得"步移景异"的效果。皇家苑囿建筑密度大约是 12% ～ 15%，各"景"之间用山丘或水道相隔，以曲折的园路、桥梁相连。

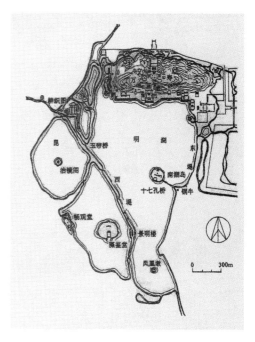

皇家苑囿——北京颐和园总平面

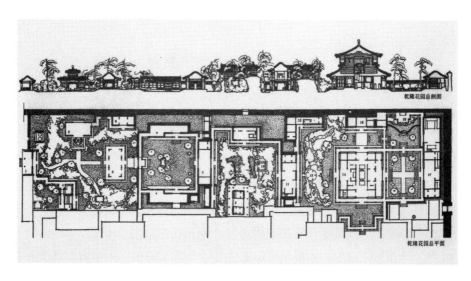

宫廷花园——北京故宫宁寿宫花园（乾隆花园）总平面、剖面

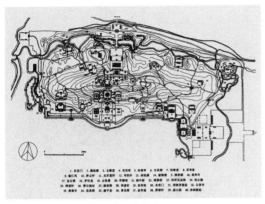

颐和园万寿山总平面

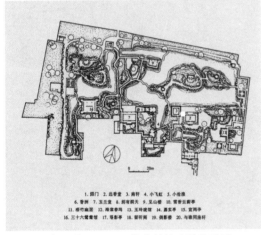

私家园林（一）江苏苏州拙政园总平面

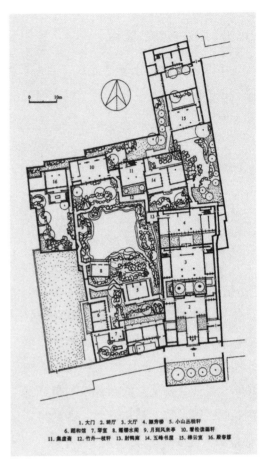

私家园林（二）江苏苏州网师园总平面

中国古代建筑的艺术风格

1. 地方民族风格

中国地域辽阔，自然条件差别很大，在以汉族为主，包括受汉族文化影响的少数民族建筑中，出现了许多不同的地方风格。形成地方风格的因素有 4 种：一是自然条件，包括地形、气候、日照、风向、雨雪及材料供应；二是经济条件；三是审美倾向，如崇尚简朴或繁丽，以及某些传统的审美趣味；四是特殊的社会机制，如客家的围楼、岭南的族居、西北的庄窠等。不同的风格最主要表现在 3 方面：一是庭院的大小和建筑的密度；二是屋顶的坡度和起翘；三是装饰的式样和色调。地方风格大体上分为北方、江南、岭南、西北、西南 5 个区域，还有一些特殊类型，如窑洞、围楼、干阑、平顶等。

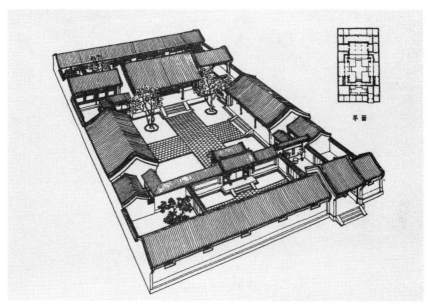

北京四合院

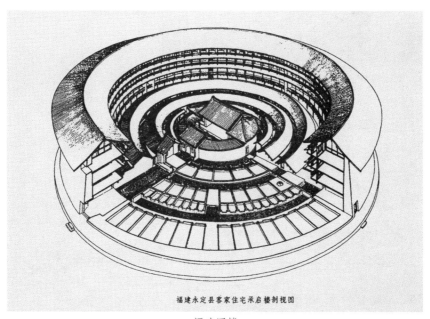

福建永定县客家住宅承启楼剖视图

福建围楼

浙江民居

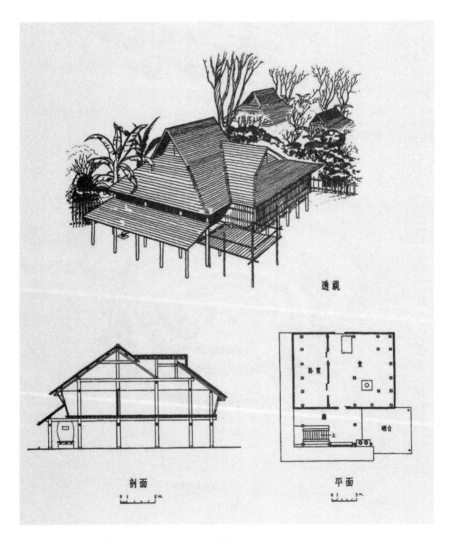

透视

剖面

平面

云南干阑

2. 时代风格

由于中国长期稳定的封建社会所形成的"制度化"，2000多年来古代建筑的基本构造和形式变化不大，时代风格的差异主要表现在文化内涵和审美趣味对形式的影响。商周以后大体上可分为3种风格：一是秦汉风格，其特点是以宫殿、陵墓为代表的高大团块状"台榭"，屋顶无曲线，装饰诡异，审美倾向以阳刚为主；二是隋唐风格，其特点是建筑形象恢宏，屋顶舒展，装饰富丽，既有阳刚又糅入阴柔；三是明清风格，其特点是民间建筑百花齐放，造园之风南北勃兴，官方建筑定型，外形雍容华贵，总体上全面体现出了中华民族和谐包容，既有理性规范又有浪漫情调的审美趣味。

3. 类型风格

中国古代建筑在定型化的制度约束下，通过综合多种艺术手段，能够显示出不同类型的风格。在功能上有人居类和神道类两种类型，每一类又可分出若干种。神道类中有陵墓、祠堂、祭坛、大型寺观、小祠庙等。人居类中从皇宫到民宅都有各自不同的"制度"，从总体布局、建筑形式、色彩装饰至小品配置，各有规矩，风格各异。

4. 近代风格

19世纪中期以后，通过3条渠道，西方建筑开始影响中国传统建筑：一是外国人在华的租界、租借地和占领地中的"殖民地式"建筑；二是外国传教士在内地建造的教堂；三是海外华侨引进的欧式建筑。其中第一种由外国建筑师设计，形式规范，是后两种的"范本"。后两种是由中国工程师设计建造，他们仅靠对这些"范本"的一知半解，再加传统审美趣味的影响，所以出现了中西混合、土洋杂处的形形色色"近代"风格的建筑。过去有人说它们是一种"怪胎"，但实际上是传统建筑在近代化

北京瑞蚨祥绸布店立面

过程中孕育的新生儿。它们是婴儿，有自己特殊的婴儿风格，它们的形式似乎很幼稚，但是文化内涵相当丰富，很值得研究鉴赏。

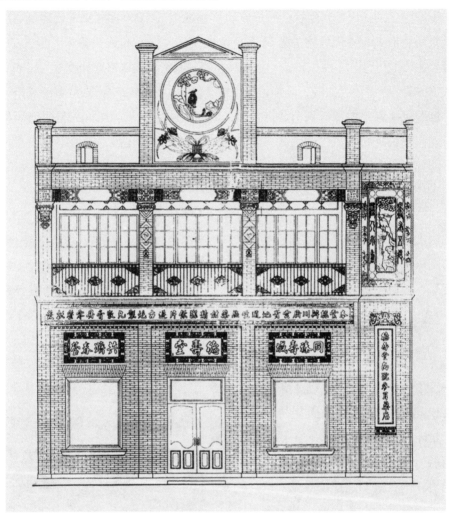

北京德寿堂药店立面

（原载王世仁《理性与浪漫的交织》，中国建筑工业出版社，2015 年版）

叁 域外萍踪

斯里兰卡是如何整修古塔的

随着"一带一路"国际合作高峰论坛在北京成功举办,"一带一路"上许多国家悠久的历史文化也广为人们所关注。令我难以忘怀的是28年前的一次斯里兰卡之行,那是1989年中国援助斯里兰卡整修古塔的前期考察。作为中国外援的第一个整修文物古迹项目,可谓意义重大。笔者时任北京市古代建筑研究所所长兼总工程师,受聘为专家赴现场考察并进行可行性评估。为时一周,见闻颇多……

斯里兰卡古时被称为狮子国
东晋高僧法显称无畏山寺塔为"大塔"

斯里兰卡是南亚古国,中国古时称其为锡兰、狮子国。在斯里兰卡腹地3座古都连线的三角形范围内,集中了从公元前4世纪至19世纪的大量古迹,其中有6处是最早列入联合国世界文化遗产名录的项目。这3处古都分别是位于西部、公元前4世纪至公元10世纪的安努拉达普拉,简称西古城;位于东部、10至13世纪的波洛纳鲁瓦,简称东古城;位于南部、16至19世纪的康迪。斯里兰卡称这个三角地带为"文化三角",是重点保护地区。在西古城遗址中有许多古塔,其中两座最大,一座在无畏山寺,另一座在祇园寺。无畏山寺塔建于公元前1世纪,4世纪时中国僧人法显所著的《佛国记》中称其为

无畏山寺塔刹遗存

"大塔"；祇园寺塔建于公元 4 世纪，法显游历时此塔尚未建成，所以书中未记。

斯里兰卡的"塔"都是半球状的覆钵体，顶部有一个方座，座上立一个叠盘形圆锥体的"刹"。梵名窣（音同"苏"）堵婆，亦译为塔婆、浮屠，简称为塔。这种形制源于公元前 3 世纪的古印度，但体量远大过印度塔。无畏山寺塔底直径 97.2 米，现状残高 72.6 米；祇园寺塔底直径 99.0 米，复原推测高度 123.14 米，两塔基本一致。初步观察，两塔残毁都非常严重，塔下的围墙、门殿、祭坛只剩遗址，塔体坍塌仅存大致轮廓，上面长满杂树。这次的援助就是修复这两座大塔。

在研究修塔方案之前，我们用 4 天时间对"文化三角"所有已经完成和正在进行整修的古迹进行了考察。陪同考察的斯里兰卡国家文物局局长罗兰德·西勒瓦博士是一位建筑师、建筑历史学者，也是有国际威望的资深文物保护专家，当时他是国际古迹遗址理事会的副主席，以后又当选为主席。文化三角的古迹整修就是由他主持的。

古塔修复不是单纯的物体加固
整修古迹旨在保存信息留住记忆

1980 年，联合国教科文组织批准了斯里兰卡"文化三角"古迹整修十年计划，并列为 20 世纪 80 年代最重要的宣传项目和实施项目之一，所需资金的 60% 向国际募集，40% 自筹。由于国内动乱和募集不够理想，十年计划很难如期完成，其中最困难的就是对这两座塔的整修。已完成的许多项目大多花费不多，修整后的效果由教科文组织聘请 8 个国际专家进行中期检查后，给予了高度肯定。

康迪佛牙塔

这次考察遍及三座古都所有的古迹，重点是东西古城和水景园狮子岩古迹遗址。在这里我有强烈的穿越时空的感觉，被浓郁的历史氛围所包围。我体会到这种氛围并不是单纯的自然呈现，而是通过保存、整修和再创作提升的历史记忆。关键是整修的指导理念，这就是整修古迹最主要的目的——保存信息，留住记忆，创造美感，而不是单纯的物体加固。对文物的保护不仅是一种技术措施，更是一种文化阐释。为此，我们采取了许多行之有效的方法：一是净化环境，创造自然趣味，把古迹镶嵌在草坪绿荫之中，使之成为现代的文化公园；二是整修残迹，保护现存遗物，使之成为真实的历史见证；三是整残做旧，把遗址恢复到一定历史时期的"旧"状，使之再现历史的记忆。这个理念也正是国际文化遗产保护公约《威尼斯宪章》的要求，保护古迹的目的是"完全保护和再现文物建筑的审美价值和历史价值"。

高僧法显去印度取经比玄奘早200多年
《佛国记》一书中的狮子国成为重要历史文献

本文作者在斯里兰卡考察古寺

在斯里兰卡文化界，中国僧人法显的大名无人不知。法显（约342—423），是十六国时期的僧人，他在后秦弘始元年（399）以近60岁的高龄由长安出发西行取经，通过河西走廊，穿越瀚海，登上葱岭，途经今巴基斯坦、阿富汗，进入印度，到达恒河下游的佛教中心摩揭陀国，学习梵书梵语，抄写佛经，续写经书。后来搭商船航海东归，历经惊涛骇浪，于东晋义熙八年（412）抵达崂山，次年至建康（今南京）译经传法，在印度和斯里兰卡共待了15年。法显出发时有11人同行，中途或殒或返，归来时仅他一人。法显是真正从天竺取经归来的第一人，比赫赫有名的玄奘早了200多年。他归国后写了一部取经的记录，名曰《佛国记》，又名《法显传》，记载了取经路上的真实见闻，其中关于狮子国的部分已成为斯里兰卡重要的历史文献。

在法显之后200多年，斯里兰卡出了一位名叫不空（705—774）的和尚，对中国的佛教颇有影响。他初从印度密宗大师金刚智学法，14岁随师来华传法，以后得到唐玄奘推崇，与善无畏并称"开元三大士"。他两次归国取经都再度赴唐，得到肃宗、代宗两朝重用，曾在大历四年（769）赴五台山译经修功德，奉命建造金阁寺，这是中国第一座使用镏金瓦的楼阁。我在参观古城考古出土的器物中，居然看到了一片镏金瓦，不禁怀疑五台山金阁寺的金瓦技术是不是由不空带来的，或者是不空从中国带来一片金瓦，被其后人收藏？

不空的又一贡献是为中国创造了一个守护边防的"天王"军神，也就是印度佛教护法诸"天"中的毗沙门天王，中国译为北方多闻天。不空曾翻译（也可能是自撰）《毗沙门随军护法真言》，把毗沙门天塑造成一位军神。据《宋高僧传》记载，唐天宝年间番兵包围安西，唐帝请不空搬来毗沙门天王率领神兵大破番兵，由此敕命各城门上都供奉毗沙门天王，后来各处防守地带也都建有天王堂、天王寺、天王院。《水浒传》里林冲发配沧州军营看守草料场，那里就有一座天王堂；北京的天宁寺在唐代时名为天王寺，延庆四海镇长城下的营盘中现仍尚存一座明代的小庙天王寺，都在边防重地。不管怎么说，法显为狮子国记录了历史，不空为中国带来了密法，两人都为中斯文化交流作出了贡献，他们的名字值得后人记住。

"窣堵婆"历史源远流长
中斯古建专家共同探讨如何"补残如旧"

在和斯方讨论修塔方案时，首先对损毁的原因进行了分析。一、按照力学理论，当松散的固体自由堆积时是一个等边锥体，其斜面与地面有一个 56 度的休止角，呈稳固状态，在这个斜面以外的部分，理论上都是不稳定的。覆钵状塔体的弧形部分都在休止角以外，是通过灰浆的黏合、砖块的摩擦力和抗剪力使之稳定。但塔身用砖强度很低，一旦受外力影响，弧形部分就会坍塌。二、塔身外面原有 14 厘米厚的灰浆抹面，由于昼夜温差较大，热胀冷缩导致开裂脱落致使砖体裸露，又由飞鸟衔来排泄物中夹带的植物种子在其中生根长大，年久成树，根系扎入塔内随风摇摆，加速了塔体表面松坍。三、当

补残如旧的佛殿遗存

地雨量很大，雨水灌入松动的塔体，也使塔身受损。四、英国殖民当局一度修塔，补砌砖身，但由于措施不当，反而引起更大的滑坡坍落。对这些原因，中斯双方认识一致。但对于如何整修，我们对斯方的概念性方案提出了疑虑。比如，未做考古勘探，塔体内部结构不明，塔的体积达 48 万立方米，是全部都为砖筑还是中间为土芯外面包砖？在材料结构都不明的塔体上贸然加上大约 1800 立方米、重约 4500 吨的不可逆混凝土荷载，是不是过于冒险？因此我提出了两点建议：第一，不直接承包整修，而是按照斯方方案援助整修一座古塔所需要的钢材水泥，折合大约为商定援助资金的二分之一。第二，考虑到修缮的风险，建议先修其中一座，以便总结经验。同时以同等规模的资金在遗址附近建造一座小型博物馆或纪念馆，规模约 1500 平方米，用以提升遗址的文化品质，吸引游客，增加收入，也为整修第二座古塔积累资金。我们的意见得到了斯方的认可。

补残如旧的佛牙塔遗址

考察结束后，斯里兰卡总理邀请我们共进午餐。临别之前西勒瓦博士要求我做一次学术演讲，我介绍了中国的佛教建筑演变过程，特别是"窣堵婆"的各种变体。有趣的是听众中大部分人只懂僧伽罗语，而我们的翻译又只懂英语，于是又找来一位二次翻译者，我说汉语，先译成英语，再翻成僧伽罗语，时间增加了两倍。

（原载《北京晚报》2017 年 6 月 15 日）

中国建筑师眼里的苏黎世建筑

从美术馆说起

瑞士的苏黎世，世界瞩目的名城。当火车从点缀着红瓦黄墙小别墅的绿色郊野驶入这座喧闹的大城市时，一个从遥远的东方初次来访的建筑师，有什么观感呢？

漫步商业街区，迎面所见的是一派 19 世纪欧洲古典主义建筑风貌。厚重的墙体，华丽的装饰，严谨的比例，精湛的工艺，处处显示出富足的城市经济和高水平的文化传统。然而使人印象更深刻的，或者说，更能代表这座城市特征的，却是那久负盛名的美术馆。

藏品是欧洲第一流的，从中世纪哥特教堂艺术到文艺复兴、古典主义的世俗作品，从绚烂的印象派绘画到用碎玻璃、破木板组成的现代雕刻，应有尽有。旧馆是古典主义的形式，内部有宽敞、堂皇的大厅、走廊、楼梯，外面用大理石装饰。厚实的大门外立着罗丹的雕刻作品（复制品），气势磅礴，典雅庄重。而紧贴着它的新馆，却是一座标准的现代建筑，结构新颖的钢架，大面积的玻璃窗，没有饰面的混凝

苏黎世旧城内的一座商店，下面是 16 世纪时一座客店的门面，上面是现代新建的住宅。古建筑得到了妥善的保护，又满足了新的使用要求，同时使街道风貌丰富而有趣味

土墙体，再加上高低错落、互相渗透的室内空间，处处散发着现代生活的气息。它的外面也有雕刻，一高一矮，一简一繁，但那造型却使人莫名其妙。旧馆与新馆，

截然不同的形式，鲜明的两代风格，硬是拼凑在一起，但却有着共同的气质，给人以某种程度的谐调感。作为一个同行，在叹服新馆设计者高明的空间组织和构图技巧之余，又不得不深思新旧建筑得以取得和谐的更深的奥秘。确实，类似美术馆这种新旧建筑相连，而又不失整体和谐感的例子，在苏黎世还有不少。它们究竟是凭借什么关系，有什么共同的因素，才取得这种和谐的效果呢？

城市基调

苏黎世和瑞士其他城市一样，都是依托着原有的旧城堡发展扩大的，无论多么繁华喧闹，它们的核心都是那保存得相当完整的旧城。旧城大都建造在临河的高地上，中心是高塔耸立的教堂或城门，周围街道狭窄，建筑密集。而建筑又多是二三层的坡顶半木结构。它们的风格是统一的，很古朴，地方特色很强烈，基本上保留着十五六世纪或更早的面貌，极少或没有现代建筑插足其间。有的街道甚至还保留着石块砌筑的路面。而在它们的外围，则是 19 世纪工商经济大发展时期的商业街区，大商店、大饭店、大银行、大公司，巨大、豪华、庄重，同样是统一完整的风貌。从建筑形式来看，它们之间又有许多相似的手法和构图比例，这样就组成了城市的基调。苏黎世的古城——林登豪夫堡的街道、建筑，真是一幅耐人寻味的中世纪风情画；而它外围的商业区，特别是世界闻名的金融中心区一带，则仿佛是文艺复兴——古典主义的雕刻长廊。在人们的心目中，它们既是建筑物，但更多感觉到的是绘画和雕刻。而那些孤立的现代建筑，即使是跻身在显目地段的"玻璃盒子"、混凝土板块，也只能淹没在整个城市基调的汪洋之中。正如同置身美术陈列馆里，在攫人精神的艺术品中间，谁又会理会房屋的结构呢？更何况，苏黎世的现代建筑，一般体量都不太大，大玻璃本身也很难说有什么性格特征，建筑本身也还是很注意比例构图，并没有特别怪诞的形式，所以，它们与古典形式的建筑仍能取得和谐一致。我们知道，瑞士人很尊重自己的传统文化，也很关心自己的城市建设，一切重要建筑方案，都要经过全体公民投票表决。这，恐怕也是城市得以保持整体谐调的一个重要因素吧。

古建筑的保护

一方面是高度发达的现代化经济和紧张的生活节奏，另一方面又保存着田园牧歌式的古老文化，这是苏黎世给人的一个深刻印象。不但教堂、修道院、市政厅、大学、剧院、美术馆保存着原有的古典面貌，就是街道上的一般房屋，也力求保持原状。那些当年木结构的住宅、商店、作坊，尽管现在改成了新的商店、公司、公寓、旅馆、饭店，但它们的外表还是原来的式样。我们看到，有些建筑的内部正在翻修，连楼板都拆掉了，但外面的墙壁却矗立在那里，显然要被保留下来。我们还看到，在著名的世界金融大道上，因为要扩建银行，一座原有的16世纪的三层老房子竟然整个移动了五六十米，完完整整地保存了下来，它现在是一所展示当年富商生活的博物馆。

苏黎世似乎以自己的城市古老而骄傲。旧时名人故居上挂着显目的标牌，年代久远的房子上精心保存着初建时的年款题记；连扩建、改建过的建筑，只要还有原来的一点遗迹，哪怕是一段旧墙，几块基石，也被精心地保护起来。市政当局为保护古迹花费了不少资金，采取了许多措施。林登豪夫堡虽然不存在了，但那原来的地形和残存的一部分基墙仍被严格保护着，绝不允许在它上面建新房子；私人的住宅正好

苏黎世郊外的古罗马角斗场遗址。看台经过清整补修，但仍保持当初残破的风貌。其余地方全部加以绿化。残毁的基址和整洁的环境引起游人无限退想

压在古堡城墙上，就由市政当局投资，把住宅下面建成地下博物馆，专门保护这段城墙。甚至在修马路、装管道时发现了古代建筑基址，也要严格加以保护，在上面修盖格架，供行人参观。苏黎世郊区有一处罗马帝国时代的斗兽场和一所贵族庄园遗址，有些建筑地面上还有残迹，有些完全没有了。但经过仔细发掘和精心修复，现存的残迹保护得很好，重要的部分还加盖了罩棚；已经不存在的部分，就用石子、草皮按原有的位置在地面上标志出来，使人一目了然。建筑师们还绘制了原状想象图，以供游人追慕想象。

现代建筑师——不论是哪个国家的，都不应该是顽固不化的保守者；但优秀的建筑师，则同时还应当是本民族传统文化的保护者和继承者。久负盛名的苏黎世高等工学院，培养出了许多世界驰名的科学家和工程师，但它那沉重古老的主楼却象征着悠久的文化传统。学院扩大了，新楼宁肯建到郊外去，也不能改拆原有老楼，或把它"现代化"起来。我们想，保护古建筑，保存城市的古典风貌，恐怕不仅仅

是供旅游者赏心悦目，发思古之幽情，它们更是一种民族心里的精神支柱，是生活在现代的人，包括掌握最新科学技术的人的历史感和哲学感的形象的教材，它们是指向未来的一部分力量源泉。

建筑师的苦闷

苏黎世大学校舍是瑞士近 20 年来最重要的一项工程。主持设计者舍林先生却因为为它而感到相当苦闷。

这是一组设计水平很高、设备很先进的现代建筑。它建在一块小丘陵中的高地上，建筑物依地形层层上升。校园没有围墙、大门，只在入口处用 3 个直立的琉璃灯柱作为标志，使人感到亲切新颖。正对着校门是一块凹地，现在正在修建水池驳岸，将来是以水面为主的花园。进校门后以一条大道为轴线，将校舍分为东西两大组群，大道正中顺地形处理成几级台地，台地上设置水池、雕塑。校舍的建筑并不高大，一部分是二层，最高的也只有四层。外形用大面积玻璃和不加饰面的混凝土墙壁组成几个大块，内部空间布局经济合理，特别是利用地形高差组织室内空间，更有独到之处。整个建筑的室内室外、屋顶地坪、树木房屋交错穿插，很有味。

苏黎世旧城内的一条小巷，完全保留了 16 世纪时的风貌。但街灯改为白炽灯光源，增加了交通标志，旧建筑上配有说明牌，标出某年某位名人在此居住

"这已经不完全是当年的构思了！"舍林先生无可奈何地叹息着。他取出 20 年前的规划方案给我们看。确实，当初的方案比现在的更完整，更有机，是一组浑然一体、主次分明的大组群，相比之下，现在的建筑物多少显得有些不够统一。

"没办法。"舍林先生又说，"我们这里一切都要通过全体公民投票。市政当局决定采用原来的方案，可是公民投票的结果，说是能源耗费太大，不同意一次投资，结果只好分期建设，一组完整的建筑规划就被打破了。"

"整整20年哪!"他又说,"中间又经过了几次变动,结果只设计了东面的一组,西侧的一组是别人的设计,所以……"不言而喻,很难体现统一的构思了。

"不过,无论公民也好,市政当局也好,审美趣味也在变化。"他举了一个例子,当进行方案投票时,市政当局希望在中间突出一个高塔式的建筑,但公民们不同意。过了10年,公民们又希望有个高塔了,于是设计了一个混凝土的高层建筑,放在校园中心。这个高塔的方案被公民们投票通过了,可市政当局又认为不美观,不愿投资建造,他们推托资金不够,迟迟不予实施。到现在,公民们又不喜欢那时的现代派建筑了,所以也就不去追问这件事了。可是,谁知道过几年他们又会喜欢什么呢?

建筑师的构思,市政当局的选择,公民们的投票裁决,当然不会是完全一致的。何况随着时间的推移,人们的审美趣味又在不断更新改变……建筑师们何所适从呢?于是舍林先生苦闷了。这苦闷我们是有同感的。建筑构思,本身就是艺术创作,而艺术创作必须是自由的,必须有个人的风格。过多的干预,只能造成千篇一律,千人一面。

一位大学生的建筑审美观

告别了古老而又年轻的苏黎世,坐在火车里远眺郊野风光。远处的阿尔卑斯山雪峰连绵,在落日的照耀下更加晶莹光洁。山脚下流畅的高速公路蜿蜒在绿草如茵的丘陵中间,星罗棋布的小村镇点缀在公路旁边,错落的房舍,美丽的花圃,高耸的尖塔,间或有几处苍苔斑驳的古城堡,真是令人心醉的画面呀!

我的对面坐着一位青年。叫来了一瓶红酒,互赠了一支香烟,一个法语系统的欧洲人,一个中国人,都操着夹生的英语交谈起来。

"喜欢中国烟吗?"我开始搭话。

"……很有味,很新鲜。您是中国人?"他问。

"是中国人。现在是从苏黎世来,您也是从苏黎世来?"

"我是苏黎世的大学生。"他回答,接着笑着说,"中国,太遥远,太大了。瑞士很小,苏黎世也是小城。"

"可是苏黎世很美,很有特色,我喜欢瑞士,喜欢苏黎世。"我这样回答。

"当真?我们很爱自己的城市。中国也一定很美,古老的国家都很美。"听他这样说,我忽然想了解一下现代青年人的建筑审美观,便又问他:"您喜欢现代建筑吗?"看到他睁大了迷惑的双眼,我又比画着说,"立体方块,大玻璃,混凝土,您喜欢吗?"

"啊，绝不！"他断然地说，"那样的东西放在你眼前，是可怕的，令人烦恼的！"他甚至用手捂住了双眼。

"为什么？"

"沉闷，单调，一点也不美。"他沉思了一会儿又说，"瑞士很小，那样的大玻璃、混凝土很快会塞满我们的城市，那和纽约、东京又有什么区别呢？"

"可是现代建筑是新潮流，您不觉得瑞士保留的古代形式太多了吗？"我故意这样问。

"瑞士很小。"他又强调这一点，"可是建筑的形式很多，保留下来的并不多。"接着他给我讲了东部、西部、南部各式各样农舍屋顶的特点。确实，在外国人眼里，那木结构的高大坡顶，虽然样式不同，但一时很难说出它们的明显区别，只有本民族的人们才能从细微处分别出来。

"我们要保留这些旧形式，因此我们喜欢它们。您看，在高山、蓝天、绿草、森林中间，这些小东西不是很美吗？"

"像绘画一样美。"我表示赞同。

"啊！是的，是绘画……"这位大学生眼望着窗外，深情地低声回答。

是的，保持自己的民族特色，不要把所有城市都变成一个模样，又能给人以美的享受，这就是这位大学生朴素的审美观。也许，这也是当代大多数瑞士乃至欧洲人的共同观点吧，至少从苏黎世现在的建筑中能够明显地感觉到这一点。

（原载《建设报》1987 年 7 月 3 日、7 日）

重读列宁墓

语云："建筑是石刻的史书。"但无论中外，历来史书在当代的评注都难得公允。例如列宁墓，在 50 年代苏联主宰社会主义阵营时，它是"社会主义现实主义"创作的典范；60 年代以后，又随着克里姆林宫"红旗落地"而落寞；到了八九十年代，苏联社会动荡，对它的评价也变得含含糊糊，总之都没能示人以真相。我上大学时，第一篇俄文课文就是《列宁墓》，但那时只能用虔诚的心态从书本上去"领会"典范。40 多年过去了，大浪淘沙，光环和尘垢自然消失，我们终于也可以平常的心态到莫斯科去重读列宁墓。

读列宁墓必先读红场。这里是莫斯科的核心区，形成于 19 世纪初，周围集中了莫斯科最重要的也是最华贵的一批建筑。广场西边是克里姆林宫，宫墙内是原枢密院大楼，红墙上高耸着 4 座尖塔；东边是长达 250 米的古典式豪华商场；南面正中是俄国最华丽繁复的华西里教堂；北面是十几个尖塔、钟楼组成的博物馆、喀山教堂和伊维尔斯基教堂拱门

列宁墓全景

（后两座在 30 年代中期被拆，近年重建）。这是一个长约 360 米、宽约 130 米、形态风格完整、历史气息浓郁的纪念性主题广场。在这个已经定型的空间里，安排一座不言而喻是最重要的主题建筑，既要统率历史，又要驾驭空间，还要恰当而充分地显示出它的象征含义——伟大的事业和伟大的人格，这就是出给作者——建筑师的题目。

列宁墓的设计者阿·舒舍夫（1873—1949），无愧为 20 世纪 20—40 年代苏联最

有文化、最杰出的一位大师。1924 年列宁逝世，当局决定将在红场建造陵墓这一任务交给他时，他凭着对红场空间和历史文脉的领悟，对列宁功勋和人格的理解，尤其是凭着多年积累的文化底蕴——对形式判断的准确性，一夜之间便绘出了草图，并很快得到各方面认可。当年先造了一座木制的陵墓，5 年以后（1929—1930）按原状改建为花岗石的永久性建筑。

列宁墓的体量在红场中最小，但感觉上却是最重要、最显赫的。它坐落在克里姆林宫西墙正中一座尖塔（枢密院）前面，正对豪华商场中部，形成广场中心的一条轴线。这就在空间上占据了主导地位，使得宫墙上 3 座本来互不联系的高塔好像是经过有意的安排，连同对面巨大的豪华商场，都变成了陵墓的陪衬，使得它具备了驾驭整个红场空间的条件。

红场周边建筑的特点是巨大、高耸、豪华、繁复，其中三层百货商场，长达 250 米的立面全部是华丽的巴洛克古典装饰；宫墙南端的沙皇塔高近 50 米；广场南端的华西里教堂有 20 个大小不一的尖顶；广场北端的博物馆体量巨大，尖塔门高耸逼人，喀山教堂色彩绚丽。面对这一批"顶尖"级的造型，列宁墓的设计者采取了绝对的反其道而行——"对着干"的对策，选择了矮小、低平、朴素、简单的陵墓造型。真可谓一石激起千层浪，以它"顶尖"级的内涵——时代性、政治性、人格独立性等纪念的个性和这种"对着干"的气魄，戛戛独造，使它具备了统率整个红场历史的条件。

陵墓形式采用阶梯式截锥体状，总体上像一个由方整石垒成的基座。在我看来，它的简单朴素，正象征着列宁的平民风范；方整低平，象征着列宁的坚强性格；阶梯式基座，象征着新政权基础稳固，当然也可以象征是列宁奠定了伟大事业的基础。这个造型恰当地完成了象征意义的要求。

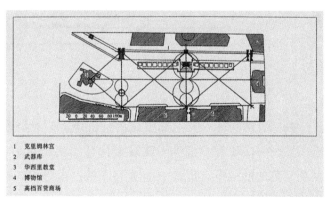

1 克里姆林宫
2 武器库
3 华西里教堂
4 博物馆
5 高档百货商场

红场总平面的几何关系分析

空间、造型的创意形成后，剩下的就纯属造型技巧了。长方形的基本构图与广场格局适应。陵墓总高不超过宫墙雉堞，约 11 米，宽为其 2 倍。阶梯式截锥体形各部分均有古典建筑可资参照。色彩以深红为主，与宫墙协调，但又夹以黑色线条，且表面磨光，使自身相对突出。总的看来，它的造型是现代的，但又是古典的延续；它置身于古典的环境之中，但又显示出现代的气质和活力。

舒舍夫设计草图

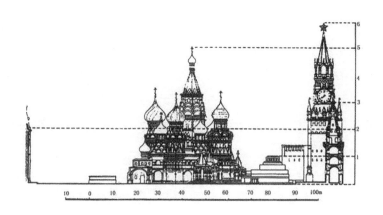

红场横剖图——列宁墓与周边建筑高度比较

列宁墓的功能和技术都很简单，也谈不到经济条件限制，它对建筑师的考验只有一点——文化哲学素养。建筑文化其实就是对形式的判断，也就是形式的哲学。从列宁墓的形式中，我多少读懂了一点：当历史、空间、传统、现代、象征、实用等诸多要求汇集一处时，如何去选择最有力的表现方法，又如何去判断最有效的表现形式。

（原载王世仁《王世仁建筑历史理论文集》，中国建筑工业出版社，2001年版）

肆

美学漫笔

广告牌能美化城市吗

不少城市的通衢要道上竖起了大幅的广告牌，很引人注目。有人说，广告也是一种艺术，它可以引起人们对商品的美感，尤其可以美化城市。所以，广告牌还有继续扩大的趋势。

推销商品，美化城市，都是实用的功利的要求。诚然，艺术起源于实用，美的价值也带有功利性，这是艺术史证明了的事实。然而，狭隘的实用和功利，又恰恰是创造艺术和美的死敌，这也是艺术证明了的事实。其实，真正的名牌商品，口碑流传，主要并不是广告的"美感"的结果。像内联升的布鞋，盛锡福的帽子，王麻子的刀剪，是靠质量和经营风格。广告再美，装潢再精，一旦名实不符，只能成为一种讽刺。至于说到美化城市，就更不是那么简单的事了。

城市，作为几十万、几百万人集中生活的空间，确实需要美的环境、美的面貌。一个城市的永恒的美，是在那里凝聚着的人们对自然美的爱恋和对文化、历史等生活美的遐想。

请看我国的城市美："湖光潋滟晴方好，山色空蒙雨亦奇（杭州）"；"南朝四百八十寺，多少楼台烟雨中（南京）"；"二十四桥明月夜，玉人何处教吹箫（扬州）"；"三月三日天气新，长安水边多丽人（西安）"；"三百荷花四百柳，一城山色半城湖（济南）"；"年年二月凭高处，不见人家只见花（洛阳）"；"江作青罗带，山如碧玉簪（桂林）"……

再看世界的城市美：雅典的雅典娜卫城、巴黎的罗浮宫、维也纳的音乐家胜迹、威尼斯的水街河巷、日内瓦的镜泊雪松……甚至布鲁塞尔的撒尿小男孩铜像，那终年不断的"尿"流，也能带给人们一个明朗乐观的审美天地。

再看看今天的广告牌吧，论内容，有醇香露酒、美容霜脂、精密机械，以至松下电器、国际航班……论形式，有美女含笑、仙子临凡、孙悟空抖擞、三叉戟飞翔……但这些，究竟能带给人们什么样的美感呢？广告是可以成为一种造型艺术，给人们带来美感的，但那得按照艺术的规律进行创作。孙悟空只有在神话里才有生命，放到广告上，即使满身毫光也是死猴子，美吗？美人、仙女，应当是纯洁、高雅的象征，画滥了，恐怕只会产生反作用。广告不仅要有好看的形象，还要能引起人的审美心理活动，那样才谈得上有美感。

我们有多少历史的、文化的、英雄的、风景的名城，几乎每一座城市都蕴藏着秀丽的湖山景色、悠久的文物古迹、动人的才情意趣和英雄的丰功伟绩。经过精心的整理发掘，都能重放美的光辉，为什么不从民族的传统和城市的个性上开拓美的境界呢？

马克思说："人是依照美的尺度来生产的。"当然更是依照美的尺度来生活的。康德认为，美是架通真和善的桥梁。城市环境就是一个美的尺度，它能测出人的精神世界以及真和善的内容。

是应当重视创造当代中国的城市美的时候了，也是认真研究广告美的时候了。

（原载《中国青年报》1981 年 7 月 12 日）

"凝固的音乐"还是"居住的机器"

建筑是不是艺术？

回答说是。可它首先是生产的车间，居住的宿舍，交易的商场，储藏的仓库……它描绘不出某一个典型形象或典型情节；也造不出悲剧式的、讽刺式的或漫画式的建筑。就建筑本身来说，也不好分革命的或反革命的，否则封建帝王的皇城正门天安门无论如何也变不成伟大社会主义祖国的象征。

回答说不是。可历来的艺术史，历来的美学权威著作，都把它列入艺术部类。在外文中"建筑"的原意是"巨大的工艺"。恩格斯说过，在原始社会末期，人类已经有了"作为艺术的建筑术的萌芽"了。

建筑是艺术。19世纪德国浪漫主义文艺界流行着一句名言："如果说音乐是流动的建筑，那么建筑则可以说是凝固的音乐。"黑格尔在他的巨著《美学》中也引证了类似的说法。音乐和建筑有很多共同的艺术语言。

建筑又不是艺术。现代建筑大师勒·柯比西耶提出了惊人的论点："住房是居住的机器。"他要求建筑像机器一样适应物质生活的需要，并要像机器一样定型化、系列化、工厂化。他认为，高效能机器是美的，所以，高效能地满足生活与生活需要的建筑也是美的。这个观点代表了近代建筑的潮流。

截然不同而又各有道理的论点，困扰着建筑师、艺术家、哲学家，也困扰着建筑业的决策人。尽管众说纷纭，但其中却有着共同的东西。

你可以不读小说，不看画展，不进剧院，却不能闭眼不看建筑。你的生活环境，你的视觉神经反应，逼得你对一切你所接触到的建筑作出审美判断。舒适、别扭、惊讶、恐怖、幽静、开阔、轻松……这是直觉的情绪。质朴、刚健、雄浑、柔和、华贵、绮丽、雍容、纤秀、端庄……这就进入了初步的审美判断。再进一步，紫禁城的宏阔显赫、天坛的圣洁高敞、苏州园林的小桥流水、峨眉山寺的清幽别致，以至希腊神庙的亲切、哥特教堂的威慑、凡尔赛宫的豪华、华尔街摩天大楼的冷峻……这其中凝聚着多少历史的、政治的、经济的、宗教的、哲学的内容，积淀着多少代人的理性悬念。无怪乎有人说，建筑是"石头写成的历史"，是生动丰富的物质文明和精神文明史。

品鉴、研究、总结一切建筑现象，从哪些是引起直觉美感的形式美法则，到运用这些法则构成预期的艺术形象，从"居住的机器"和"凝固的音乐"的矛盾消长，到写成"石头的历史"，这就是建筑美学。

（原载《中国青年报》1981 年 5 月 31 日）

清华园里断柱碑的启示

　　建立纪念碑、纪念像，是为了铭志已逝的业绩，坚定现实的信念，寄托未来的理想。所谓春华秋实，继往开来，追念所及，或丰功伟业，或高风亮节，无一不是在宣传某种道德、品格、情操和风尚。因此，纪念物决不能仅靠气派宏伟、造型美观取胜；恰恰相反，许多优秀纪念物倒不是那么宏伟壮观的。

　　清华大学的图书馆前，矗立着一座断柱纪念碑，纪念的是一位名叫韦杰三的烈士。1926 年，韦杰三是清华的学生，在"三一八"事件中不幸牺牲。同学们从圆明园的废墟上搬来一个残断的石柱，将烈士名字刻在柱基上作为纪念碑竖立在校园里。残断的石柱是帝国主义侵略中国、焚毁圆明园的罪证，年轻的烈士正是为了使祖国不再出现类似的事情而献出生命；断柱又象征着栋梁之材不幸早逝。它既不"雄壮"（只有 2 米多高），也不"美观"（残缺不全），但它所包含的崇高的美的境界，却远远超过了某些高大的纪念碑。

　　由此不能不令人遗憾地联想起河北隆化的董存瑞烈士陵园。这里有壮观的石牌坊，巨大的纪念碑，逼真的烈士雕像，还有展览馆和电动显示的战场沙盘。规模是宏大的，建筑和雕刻的造型也不能说不好。然而当年的碉堡、城墙、壕堑没有了，只觉得偌大的陵园里总是缺少引起实感的东西。如果当初能保留现场，或者后来复原出现场，只要略加整理规划，矗立一座简单的石碑，那感人的力量将会大大强过现在的陵园。

　　纪念建筑的象征含义是非常广阔的。南京的中山陵，庄重、肃穆，确实能唤起人们崇敬景仰的感情。但它对面树木中的音乐池却更有意味。一个小小的演奏台，台前一池清水，周围的花架环抱着半圆形的草地，这就是观众席。与其说它是供演奏"用"的，毋宁说是一种象征而供人"看"的。音乐，是美的高级境界。在这里，音乐池表述出一代伟人的品格、情操和理想境界。

　　广州的黄花岗七十二烈士墓的阶梯形纪念塔，有着更深的象征含义。它是用许多同样尺寸的规整花岗石块叠砌而成的，每一个石块上都刻着当时同盟会一个支部的名字：纽约、新加坡、秘鲁、古巴、檀香山、哥伦比亚……它是一种力量的聚集，这力量远远超过了广州起义和七十二烈士本身的意义。它虽是死者的陵园，却充满了生者的活力。

我们正在建设社会主义的精神文明。在建设自己的生活环境时，应当努力发掘可供纪念的题材，创造感人的意境。我们的历史有过光荣，也有过屈辱；有过英雄的史诗，也有过奸佞的秽迹。以纪念物褒善固然可以鼓励前进，但贬恶或者更能振聋发聩。杭州岳坟前秦桧等4个跪着的丑类铁像，看来比坐在庙堂里的岳飞还引人注目。在上海和天津，如果在昔日租界的街头上把那个挂着"华人与狗不准入内"牌子的公园铁大门恢复起来，以警策后人，可能会有更深的意义吧。

（原载《中国青年报》1981 年 10 月 25 日）

天坛的美

北京的天坛，不仅是游览的公园，也是世界艺术史上罕见的瑰宝。它典雅圣洁，庄重严肃，用各种建筑艺术手法构成了一个美的境界，有着高度的审美价值。

在古人的心目里，"天"是至高无上的主宰。人们能够用绘画、雕塑、小说、戏曲创造出各式各样神的模样，却始终不能用一个具体的人格化的神表现出"天"来；也没有哪一种艺术手段能充分表达出人们对"天"的认识。而清朝乾隆年间改建的北京天坛——皇帝举行祭祀典礼的地方，却体现出了"天"的形象。

280万平方米的巨大面积中，建筑占地不足二十分之一，其余全是古柏丛林。苍翠的林海着意渲染出"天道"永恒不凋的特征。长750米、高4米的砖甬路突出在树冠之间，人在上面宛如从云端俯瞰尘世。

南端用来祭天的三层圆坛——圜丘，外绕矮墙两道，层层展宕，似乎将祭坛的空间无限延伸到林海中去。四向的石台阶和石牌坊，构成相互垂直的十字轴线，突出了圆坛中心绝对对称的天"极"，强调出这组建筑空间方向的无限感和中心主体的稳定感。因为天为"阳"，所以圜丘有关数字多用阳数（单数）加以象征，如三层圆台的直径分别为9丈、15丈、21丈；石栏杆上层每段9块、中层18块，下层27块；台顶墁石，第一周9块，第二周18块，直到第九周81块。它们总的都在表现着一种严密的逻辑关系，以体现"天道"的无情规律。祭天是在冬至的黎明，原来圜丘旁还有3座灯杆和9座用木柴烧烤牺牲的炉子。设想在晦暗的晨曦里，红灯高照，烟火升腾，乐曲鸣咽，仪仗整肃，深沉的林海中那晶莹的圆坛该是怎样崇高圣洁的形象。这就是"天"。

北端的祈年殿，坐落在三层白石的圆台座上。湛蓝色的圆顶与"青天"取得形、色的谐调，象征性更强。因为是祭祀谷神的地方，殿内也有一些与农时天候相应的象征数字：中心四柱代表四季，外围两周十二柱分别代表一年十二月，一日十二时，合计为一年二十四节气，全部二十八柱又代表周天二十八星宿。殿的外部造型，以屋顶正中金色的宝顶为极点，上面三重屋檐递收向上，下面三层台座逐层铺开，仿佛是依着一条竖轴回旋向上直指青天，显示出无穷尽的力量。它与圜丘是强烈的对比，又是有机的协调，布局严谨规整。工艺也很细致，以至皇穹宇的圆形围墙达到了声音可以连续反射的精度（俗称回音壁），使无生命的物理现象也获得了一定的象征意义。

当然，今天是极少有人再相信天坛所象征的"天命""天道"了，但体现在其中的那些形式美的法则，那和谐、对比、秩序、韵律、色调、气氛……却是永恒的。马克思指出："人是依照美的尺度来生产的。"无论生活中提出过什么荒谬的要求，人类都总是从美的角度去理解、去创造自己物质的和精神的世界，给后人留下美的财富。这就是为什么今天的人们还能从天坛这类阶级统治的工具中获得美感的原因。

（原载《中国青年报》1981 年 12 月 20 日）

"玄武"礼赞

——献给建筑师

　　每次欣赏"四灵"雕刻——青龙、白虎、朱雀、玄武，总不免引出许多遐想。青龙矫健，司军旅；朱雀端庄，司礼仪；白虎威严，司刑罚。它们分别代表春、夏、秋三季，东、南、西三方。在人事、风水上都占了好位置。唯独专司工艺的神灵——玄武，却更有意味。你看，一只浑厚的乌龟，身上缠绕着一条柔软的细蛇。论形象，既不雄壮又不飘逸；论风水，它是冬季和北方；论人事，《周礼》六官中，"冬官"是最末一位，就是主管工程的工部，"穷工部"，那是有名的苦差事。这就是古人心目中的工艺之神，工程之事，也是一切工艺创造者，包括我们建筑师的形象！你看，他那坚实的背上，背负着多么重的负担哪！他要组织人们的各种生活环境，要给人们创造出舒适、实用、坚固、经济的各种房屋、街道、广场、园林，从婴儿出生的产房到死者安息的墓园，全得管到。他还要给人们以美好享受，给人以文化修养，给人以历史的思考和对未来的憧憬……

　　他被各种社会的、技术的、经济的框子紧紧限制着，他无论如何不可能求得艺术家"自由创作"的权利；但是，他又必须懂得社会，懂得技术，懂得经济，懂得艺术，懂得历史，懂得心理，更要懂得美，他必须一步一步"爬行"，有神童音乐家、神童画家、神童书法家、神童表演家、神童作家，但没有神童建筑师，只能活到老，学到老……

　　他永远是默默无闻地排在最后，没有"自我表现"的可能，也不可能"拥有我的全部世界"，野心最大的建筑师，也只能占有自己创作成果的几千几万分之一，或者更少。

　　这就是玄武的主体——龟的形象，龟的性格。但这是不完整的，必须再给它一个完全对立的补充物——蛇。蛇是柔软的、灵活的，是可以适应许多条件，变化出许多姿态的性格典型。有了这个补充，龟蛇合一，那些沉重的负担就变成了丰实的财富，苛刻的框子就变成了创作的动力。既坚实，又灵活；既充实，又乖巧；既默默无闻，又引而可发；既能承担困难，又能适应环境；站得稳，变得快；拿得起，放得下；伸得开，拢得住……这就是对我们建筑师的性格要求！

谨以玄武的性格献给我们的建筑师。

（原载《中国美术报》1986 年 21 期）

伍

一得之见

大观园与圆明园之关系

《燕都》杂志 1989 年第 1 期发表戴逸教授《圆明园与大观园》一文，提出了一个重要观点，即曹雪芹在《红楼梦》中描写的大观园"很可能是以圆明园和其他清代御园为主要借鉴"。此说很值得重视，我愿从另外几方面加以补充。

首先说环境构成。大观园的面积"丈量了，一共三里半"。按通常用的比例 1：1.5 计算，总边长 3 里半的面积约 280 亩，大约相当于圆明园景物最集中的"九洲清晏"一区，而且与宫殿区（正大光明、勤政亲贤）的关系也和大观园与荣、宁二府的关系相同。大观园共有大约十一二处建筑群（怡红院、稻香村等），十七八处单体景点建筑（沁芳亭、嘉荫堂等），按照书中描写的活动内容，结合当时这类建筑的规制尺度，估计建筑面积 9000 平方米左右，其容积率（用地与建筑面积之比）为 5% 左右，恰与"九洲清晏"一区的容积率相同；再从圆明三园来看，总占地 5200 亩，建筑面积大约 16 万平方米，容积率也是 5% 左右。这说明，只有在皇家御园中才可能出现这样大的面积和这样低的容积率。

其次说题材。中国园林的象征性很强的艺术造景与象征题材关系很大。皇家御园中一些必不可少的题材，在大观园中都有所反映。一是向往海上仙境，即模拟东海中蓬莱、瀛洲、方丈三仙山。圆明园有"蓬岛瑶台""方壶胜境"；大观园的主体是大观楼，"众人"都主张题名为"蓬莱仙境"，石牌坊题名为"天仙宝境"。曹雪芹评说此处是"金门玉户神仙府"，元春等人也多赞为神仙洞府。二是标榜名胜集粹。圆明园有"坦坦荡荡""濂溪乐处"；贾政等游园时也提出"淇水遗风""睢园雅迹"等名目。三是追慕避世桃源。圆明园有"武陵春色"；贾政等游大观园时也提出"武陵源""秦人旧舍""世外桃源"等名目。四是表示不忘农桑。圆明园有"杏花春馆""北远山村""多稼如云"；大观园则有"稻香村""杏帘在望"。五是点缀僧道庙宇。圆明园有"慈云普护""日天琳宇"；大观园则有栊翠庵、玉皇庙、达摩庵。另外，御园中多有纪念皇家恩德的所在。圆明园有"纪恩堂""鸿慈永祜"；大观园接待元妃时在大观楼里挂了"顾恩思义"匾，也成为一处纪恩的处所。

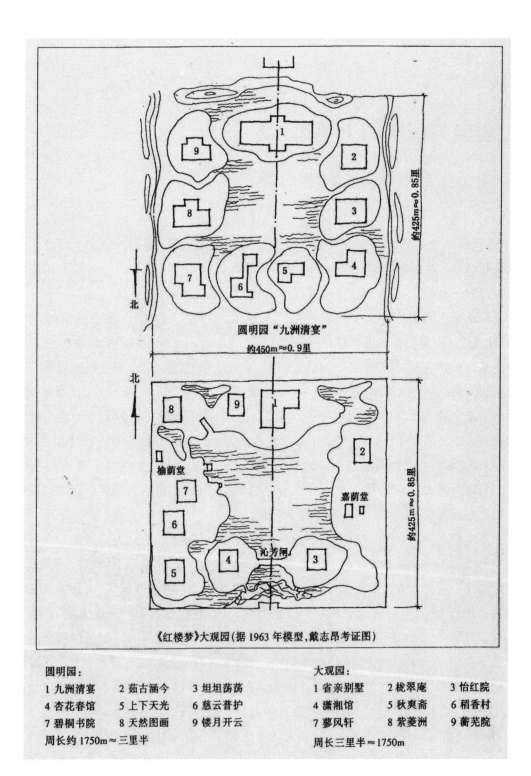

圆明园"九州清宴"、《红楼梦》大观园平面比较

再次说建筑形象。大观园里至少有 3 处建筑是只有清朝御园中才有的形式。一是大观楼，书中描写是"崇阁巍峨，层楼高起，面面琳宫合抱，迢迢复道萦纡，青松拂檐，玉栏绕砌，金辉兽面，彩焕螭头"，用来对照圆明园四十景工笔彩图，正是"方壶胜境"的忠实写照，那种楼阁合抱、金兽彩瓦、白石栏杆、架空飞廊（复道），绝非任何私家的或衙署花园可用。二是沁芳桥，桥下有水闸，桥上建亭，这种桥的功能是用闸调节不同水面的高度，只有在水面很大很多的御园中才可能出现，实际上圆明园中就有不少这类闸桥。三是蘅芜院，一座大假山占满了主要庭院，这正是乾隆时期御园中独有的手法，现在实物还有北海潋观堂和承德避暑山庄莹心堂为证。另外，如果细读《红楼梦》，便可发现，大观园的主要建筑组群虽都有主房，但又都不是死板的对称格局，这也是圆明园及其他御园内建筑组群的特色。

最后说大观园的设计师。《红楼梦》第十六回提到大观园是"一个老明公——号'山子野'——筹画起造"。山子愿意即假山，后来称能指导造园叠山理水的名师为"山子×"。明末清初，江南第一名手为张涟（字南垣）。他的次子张然在康熙时进京，供奉内廷长达 28 年，曾主持营造御园畅春园、南海瀛台、玉泉山静明园等。曹雪芹祖父曹寅曾监造畅春园，估计张然即由曹家荐来北京。张氏世守祖业直到清末，在京号称"山子张"。张然子张淑继续在内廷供奉，康熙末至乾隆前期大量营造御园，张淑自然也是主持园林设计的匠师，山子张大名鼎鼎，就被曹雪芹写入书中。但何以易张为野，大约是张氏始终以布衣供奉，不曾授官，所以特意点出是在"野"之人。如果允许驰骋一下想象，张与野语义相通，都有放任不拘的含义，故宋时名词人张先，取字子野。如是，大概不能说是毫无根据地猜度曹雪芹吧。

（原载王世仁《王世仁建筑历史理论文集》，中国建筑工业出版社，2001 年版）

回首神州话古桥

中华大地，幅员辽阔。西部崇山峻岭，湍浪飞驰；东部水网如织，河湖交汇。河流梗阻通衢，沟壑横断阡陌，为交通计，自古便很重视建桥。为适应不同的地形和技术条件，采用了不同的材料结构；又为崇饰礼仪，或装点风景，方便游玩，出现了许多新颖有趣的造型。中国古桥形式，可谓丰富多彩。

皇皇礼仪金水桥

皇家建筑，正门外常设御沟，一名金水河，河上架桥，称为金水桥。此种桥梁，既是区别内外的界限，也是铺陈门前气氛的设施。考其源流，当始于秦始皇营造咸阳。《三辅黄图》载，咸阳"端门四达，以则紫宫，象帝居；渭水贯都，以象天汉；横桥南渡，以法牵牛"。横桥正对咸阳北部高地上的秦宫，增加了皇宫的庄严

北京故宫太和门前金水桥

气派。其后，汉、魏、隋、唐、宋各朝宫门前都有长桥之设。现存实物，当推明清北京宫殿。明朝北京皇城正门承天门（清朝更名天安门）外建金水桥5座，与石狮、华表、宫墙共同组成门前礼仪环境。午门以内为正朝，其正门奉天门（清朝更名太和门）前也设有金水河，正中金水桥5座。离宫也不例外，圆明园正宫门前同样设石桥3座。

太庙在宫殿之左（东），是供奉上代皇帝的祠庙，也属皇家礼仪建筑。北京太庙正门前设石桥3座，两侧各2座。

皇陵是死去皇帝的宫殿，明清皇陵前面都有金水桥。尤其在清陵，桥是皇陵礼制必不可缺少的部分，它与神路石刻象生（石人石兽）、石造牌坊和碑亭等，共同组成陵前一组空间序列。

古有明堂，是皇帝颁布政令的高级礼制建筑，明堂外绕以圆形水沟或水池，名辟雍。辟雍又是皇家最高学府国子监的别名。

河北易县清泰陵前金水桥

北京孔庙西侧有清代国子监，其中心为乾隆时建造的辟雍，前设琉璃牌坊，中为方殿，圆形水池正十字轴线设 4 座石桥，极有力地强调出辟雍的礼制纪念性格。京师以外，各府、州、县孔庙，就是当地的官学。孔庙门前设石牌坊，内有半圆形水池名叫"泮池"，寓意为中央国学辟雍圆水之半。泮池上置桥 1 座或 3 座，坊、门、池、桥均位于正轴线前部，形成了孔庙特有的礼制格局和纪念气氛。

此类礼仪桥梁，均为石造拱桥，皇家建筑，更必用汉白玉栏杆，造型端庄，富有礼仪气派。

金轮阁苑寺观桥

佛道寺观，往往傍水而建，潺潺清流，渲染出超凡出世的宗教环境，因而寺观门前多有桥梁。南方水源充沛，几乎无庙不池，无池不桥；北方寺观，只要有泉有河，也必引水入内，架桥造景，铺垫出寺庙特有的气氛。

佛经描述阿弥陀佛西方净土，"有七宝池，八功德水充满其中"（《佛说阿弥陀经》），"极乐国土，有八池水，一一池水，七宝所成"（《观无量寿经》）。现存敦煌壁画，盛唐、中唐以至宋及西夏所绘净土变相，实即半写实半理想之当代佛寺形象。在这些天国净土里，楼阁参差，廊庑周匝，最引人注目的地方是其中充满水池，大约就是功德水、七宝池了。

今山西太原以西晋祠，北宋所建圣母殿前面有一鱼沼飞梁，鱼沼为方形水池。飞梁位于水池正中，是一方形平台，用木柱支起高出池岸。据考证，此平台即宋代祠庙常设的舞台。平台以坡道木桥与岸相连，其空间造型与敦煌壁画颇为相似。清代圆明园四十景之一的"方壶胜境"，建筑已毁，但基地尚在，还有当时准确的写生画传流至今，由图可见，其造型意象与敦煌壁画的西方净土也极相似，只是桥梁改作石拱结构，平台下为砖石台墩。

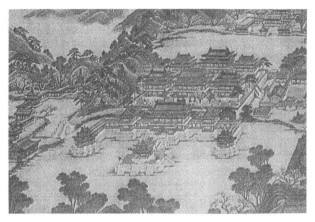

圆明园四十景画"方壶胜境"　　　　　　　　　　山西太原晋祠鱼沼飞梁

鸢飞鱼跃园景桥

　　清溪远流，本来就容易引发人的遐想，再于其上架桥，凭栏欣赏游鱼飞鸟，就更有诗意了。中国人借景生情，水、桥与清静自然理想契合起来，便形成了富有艺术价值的境界，这就是中国园林造景的美学依据。中国园林，大至西湖、虎丘这类邑郊风景区，小至城市私家宅园，几乎无园不水，无水不桥。小桥流水、斜桥曲水、画桥碧水，桥，成了中国园林中式样最多的建筑。

　　皇家御苑水面广阔，桥的尺度自然很大。杜牧《阿房宫赋》描述秦宫苑"长桥卧波，未云何龙"，这种长龙似的大桥，各代都有。

宋画金明池夺标图

宋画汴梁金明池中有木造拱桥，名仙桥，中间起拱如驼背形彩虹，故名"骆驼虹"，三柱四跨，长约30米左右。现存实物则有明清皇城西苑中海与北海间金鳌玉蝀桥，北海琼华岛南永安桥，前者长达100米；最大的当推颐和园昆明湖十七孔桥，其桥总长205米，宽6.6米，简直就是一座公路桥梁，置于浩渺的湖中，拱券连绵，颇有长龙卧波的气概。

邑郊风景名胜桥梁，兼有点景、观景和公共交通多种功能，故尺度较大，也常设亭榭以供游人休息，如杭州西堤六桥、断桥，扬州瘦西湖诸桥等。清朝康熙、乾隆两帝，有集天下名胜于御园的癖好，"直把江湖与河海，并教缩入一壶中"，所以江南名胜和私园桥梁也常纳进其中。如颐和园西堤六桥仿自杭州西湖，为大环境中之大桥，造型优美，尤以玉带桥、荇桥为最；而谐趣园中的知鱼桥，仿自无锡寄畅园，平梁近水，小巧玲珑。

私家园林多为小桥，因为池山相连，假山不大，相应桥身也尽量压低，贴近水面，所以板桥多而拱桥少。又因水面不大，故常用折桥，少则三折，多者可至九折，人随桥身曲折前进，不时改变视角，可收"步移景异"的效果。私园也有于桥上覆以廊亭者，称为"虚阁"或"浮阁"，苏州拙政园小飞虹即为一例。

江苏苏州拙政园小飞虹

浙江杭州三潭印月九曲桥

非阁非船楼殿桥

唐代大文豪韩愈有《方桥》诗云："非阁亦非船，可居兼可遇。君欲问方桥，方桥如此作。"此诗指明，方桥是桥上建有"可居"的房屋，但仍可以通过行人。此处的"居"，并非居住之意，乃是公共生活活动；"阁"也不一定是多层建筑，桥身架空，上有房屋者皆可视为楼阁，但"阁"与桥必须隔开。"方桥"之名久不通用，现在俗称桥楼或楼桥者，则有文献和图像可见。宋代杭州有丰乐桥，桥上有一酒楼名叫丰乐楼，大官巨商多在这里饮宴。桥上能建一个大酒楼，可见不是一般的桥屋。

此类桥阁相连的实物，最险要者当推河北井径福庆寺桥楼殿。殿为寺中主体建筑之一，面阔五间，周围廊，重檐歇山琉璃顶。其下为单跨石拱桥，长达15米，宽

9 米，嵌于深约 50 余米的峡谷之间。云
南剑水县有双龙桥，17 连拱，中间一孔
做城台状，上建 5 间 3 层方阁，飞檐交
错，巍峨壮丽。扬州瘦西湖五亭桥，正
中一亭为桥梁通道，四隅四亭为可坐停
的所在。福建晋江安平桥，桥中建五
"亭"，实是 5 所面积颇大的房屋，从一
个局部来看，也属"方桥"一类。

江苏扬州瘦西湖五亭桥

折柳销魂驿亭桥

古时临河城市关隘，桥头常设驿站，以为官员停歇、关防守备和疏导交通处所。
汉代由长安东行，必过灞水（霸水），以其邻近为汉文帝霸陵，霸水之桥又名灞桥和
灞陵桥。灞桥有亭（驿），李白诗："送君灞陵亭，灞水流浩浩。"朋友送行，至灞桥
而止，折杨柳枝条相赠，故称灞桥为销魂桥。唐代雍陶在阳安，送友至城外驿桥，
桥名情尽桥，意为送别情至此而尽。雍陶不忍友情断绝，改名为折柳桥。灞桥送别
诗句流传很多，以至许多地方的驿桥也叫灞陵桥。

北京卢沟桥

江苏苏州常宝桥

北京自从金朝建都，永定河卢沟桥就是出入京城的孔道，自来设有驿站，明朝
更在桥头造拱极城，即后来的宛平县城，称为"九道咽喉"。此桥建于金明昌三年
（1192），总长 266.5 米，跨长 212.2 米，宽 9.3 米，石砌 17 连拱，中拱跨达 13.42
米，两侧石栏板共 269 间，雕刻大小石狮 485 个。旧时进京者晚宿于此，黎明起身午
前可到北京城。当起程时，但见晓月清朗，林木扶疏，永定河波光粼粼，景色极美，

故"卢沟晓月"为燕京八景之一。此桥为华北第一大桥，结构坚实，曾通过 429 吨平板卡车，只有个别拱券变形 0.5 厘米。元朝时马可·波罗来此游玩，在他的《游记》中说"它是世界最好的，独一无二的桥"，欧洲人干脆就把卢沟桥叫作马可·波罗桥了。

长虹卧波巨跨桥

桥有单跨，有多跨。单跨大桥，必为拱形结构；多跨则可梁可拱，但总长度可达几百乃至千米以上。单拱大桥或连跨长桥，皆如长虹卧波，都是桥梁中之洋洋大观者。

因为河流通航，多跨桥必须有局部升高以便过船。今吴县垂虹桥，长达 480 米，连拱 72 孔，中间有三孔升高；苏州宝带桥，长 317 米，连拱 53 孔，也有两孔升高以利通航。

河北赵县安济桥

单跨石拱桥之冠军，当属河北赵县安济桥，俗称赵州桥。桥跨洨河，建成于隋大业元年（605），主持者为大匠李春。这座桥是世界上第一座矢跨比最小、跨度最大、造型最美的"敞肩券"石桥。桥全长 50.83 米，矢高 7.23 米，总宽 9 米，以 28 道单拱并列构成，桥身两肩各有两个小拱。从工程来看，拱弧越低，结构和基础处理越难；从造型来看，弧度越缓，曲线的力度越大，越显雄伟。赵州桥在这两方面都达到了上乘地步，再加上生动精美的栏杆雕刻，可谓工程与艺术完美结合的典范。

汉画像石和唐敦煌壁画中，已有单跨木拱桥的形象，但实际上都是弧形的梁式桥。宋张择端《清明上河图》中画了一座汴梁虹桥，则是现知最早大跨度木拱桥的形象。据近人考证，桥宽 9 米余，拱跨 18 米余，由并列 19 道木制"叠梁拱"构成，上铺木板，桥面可通行车、马、行人，摆放商摊。虹桥的价值，在于将梁拱两种结构体系结合在一起，

宋画《清明上河图》汴梁虹桥

在力学上是 12 次超静定结构。而它的创始者却是宋明道年间（1032—1033）在青州的一名"牢城废卒"，即被流放的一名小兵。他曾在青州南阳河上"架为飞桥无柱"（见［宋］王辟之《渑水燕谈录》），后来推广至汾、汴、泗等河，这种叠梁拱的木桥后来并未失传，浙江、福建有，西北地方也有。现在完整的一座是甘肃渭源县南门外清源河上的灞陵

甘肃渭南灞陵桥

桥，建于 1919 年，总长 44.5 米，净跨 29.4 米，高 15.4 米，宽 6.2 米，上有廊房 13 间。

多跨长桥首推福建，所谓"闽中桥梁甲天下"，都是深基石梁结构。最长的是晋江海湾上的安平桥，俗名五里桥，南宋绍兴二十一年（1151）建成，原有 362 跨，长约 2600 米，现存 330 跨，长 2251 米，其间最大的石梁重达 25 吨，昔人云"天下桥长无此长"，确是完评。其他如泉州洛阳桥，长约 1200 米，漳州江东桥，一条石梁重达 200 余吨，都是惊人巨桥。值得一提的是，许多宋代石桥，近代在原有桥墩上架起了钢筋水泥桥面，卡车奔驰其上，结构安然无恙，可见其基础之坚固。

截水而筑长堤，也常常做长条桥状，中有空跨设闸板，用以调节内外水位。其巨大者如福建莆田宁海桥，位处木兰溪入海处，建于元朝元统二年（1334），全长 225 米，石梁 15 孔，桥墩尖端逆迎海潮，中有多跨设闸。小型者如河北承德避暑山庄"长虹饮练"，在沟口设堤，中有水闸一孔以控制沟内外湖水。堤上设栏杆，两端建小牌坊，宛如一座桥梁。

亭廊肆市风雨桥

桥身加盖屋顶，既可保护桥体结构，又可为过桥者遮风避雨，兼可作为商贾集市，一举而数得。南方多雨，故这种桥梁最多，通称为风雨桥。在西南、西北地区，有一种悬臂式木梁桥，即在两岸用巨木层层挑出，后部压以巨石，到中间再搭一条巨木相接。悬臂式结构的稳定性较差，故常在两面加建廊屋，使之成为整体性较强的空间结构，甘肃文县阴平桥就是一例。

汉时四川成都城北有升仙桥，《华阳国志》记载："司马相如初入长安，题市门

曰：不乘驷马高车，不复过此桥。"既有"市门"，可见升仙桥是一座通廊连庑的市肆桥。《马可·波罗游记》中对四川的这种市肆桥屋描述得很生动，直到近几十年，还有不少这类长桥做集市使用。

广西桂林花桥　　　　　　　　　　　　　广西三江程阳桥

现存风雨桥仍有不少。桂林花桥横跨小东江，石拱桥上覆以通脊连檐琉璃顶，置于青山绿水之间，是一处著名的景点。广西、湖南、贵州交界处苗、侗民族聚居的山区，盛行亭廊结合的风雨桥，最著名的是广西三江县的程阳桥，建于1916年，长60余米，四跨三墩，连同两岸桥端，上建5座亭阁，中间连以长廊。亭阁都是四重檐，两两对称为三种形式，造型轻巧，繁而不乱。

飞栋连檐阁道桥

阁道，又称复道，凡是架空的通道都属此类。又可分为两类，一类是靠山崖的道路，另一类是连接楼阁的架空通廊。做道路用者，大部分是靠近山崖的一面嵌入木梁，另一面用木柱支顶，也有的是木梁全部悬空，这种阁道称为栈道或偏桥；如登高呈梯状，则称为"倚梯"。栈道、倚梯主要架设在西南地区的山地中。

山西大同下华严寺薄伽教藏殿壁藏

作为架空通廊的阁道，其下或为立

柱或为高拱，上建廊庑，有的在中间加建楼阁殿宇，成为空中殿阁。此类阁道长者可连绵数十近百个，就是架空的长廊，短者只一跨飞越，连通两座楼阁。现知最早大规模营造阁道的是秦始皇。

现存阁道的实物形象，山西大同下华严寺薄伽教藏殿内有一组储放佛经的"壁藏柜"，橱柜上部做殿宇形式，中断处有拱桥飞架，上建殿堂，就是一种阁道形式。此外，山西浑源

山西浑源悬空寺

北岳悬空寺为靠崖建造的一组寺庙。北京圆明园方壶胜境主楼与配楼间连以跨空飞廊，同样的飞廊也见于雍和宫大佛阁与配楼之间，它们都属于单跨阁道。

簇簇龙蛇悬索桥

深山急流，不易在水中建造桥墩，故常以索为桥。藤是天然的抗拉材料，加工量最小，所以最早的索桥都是藤索结构，其后加工竹篾，编成竹索结构。

竹索桥中最著名的是四川灌县的安澜桥，古名珠浦桥。桥位于战国时期著名水利工程都江堰口，横跨岷江的内外江上。桥长 330 多米，中立大架八，石墩一，最大跨长 61 米。桥面竹索 10 根，上铺木板，板上有板索 2 根，左右栏杆索各 5 根。岸端桥亭设木轴，每根竹索缠在一条轴上，转动木轴可调节竹索的弛张，也可个别更换。此桥与都江堰水利工程一同蜚声中外。1975 年因

四川灌县珠浦桥

改造水利工程，将此桥拆除并移往下游约百米，改建为钢筋水泥桥柱，钢缆绳索，只有外形略似竹索桥原物了。

中国生产钢铁很早，传说西汉时已使用铁链为桥。现存铁索桥之最古者为云

南永平到保山间澜沧江霁虹桥，明成化年间（1456—1487）建，清顺治年间（1644—1661）重修，总长113.4米，净跨57.3米，宽3.5米，由18条铁链组成，桥头建有阁楼、阁亭。此桥不但是中国，也是世界上最长的铁索桥。现在知名度最高的则是红军长征通过的四川泸定桥。

四川泸定桥

横亘连舰浮舟桥

大河造桥，水文地质复杂，工程困难，故早期皆为浮桥。《诗·大明》谓："迫亲于渭，造舟为梁"，描述了周代即有以舟相连而成浮桥的做法。古籍记载，秦汉以前渡大河者都用浮桥。黄河中游著名的"三津"渡（蒲津、茅津、孟津），都用浮桥。历史上黄河共建有浮桥10处，其他江河不计其数。

浮桥是以船为浮动的桥墩，上面铺板连接成桥，自然比开基筑墩或打桩立柱省工省料。但也有通航、锚固和水位变化等问题需要妥善解决。

解决通航有两种办法，一是中间一两条船不做锚固，有船通过时移开，桥行临时中断，船过后再连接起来，类似近代的"开关桥"。二是使用"高脚船"，将部分桥面抬高以通航船。所谓高脚船就是在两船间留出

国画广东潮州湘子桥

航道，再在此两船上搭起高架相连。这个方法在北宋时就已使用。

浮桥在水中受水浪或冰凌冲击，必须将船身稳固才得安全。通用的方法是各船用铁锚固定，再用缆绳串拉各船。河深底坚时，则用"石鳖"沉入水中稳固船身，"石鳖"即装满石块的木笼。串拉船身的缆绳必须紧紧固定在岸上，常用铁锁链条，岸上深埋铁桩、铁柱、铁山。又常铸铁为牛，以象征岸上锚固如牛之有力，现在一些石桥旁还有铁牛遗存，连北京颐和园的十七孔桥头上也有一头。

107

浮桥随水位升降而升降，季节性变化可以增撤船只，调整系缆长度加以解决。但在临海口，每天潮汐涨落水位高差有数米之大，增撤船体不胜其烦。宋淳熙七年（1180）唐仲友在浙江临海为官，在两溪交汇处造浮桥，桥与岸间设浮筏，用筏调节船只升降时与河岸的高差。浮筏即用原木拼成的木筏，每岸有六筏，首尾相连，筏与船间搭木板。木筏头置于两行木柱之间，以木柱控制上下浮动方向。水位变化，木筏随之升降，至多搁浅一两筏，而浮桥的主体船只不受影响，实际上这就是近代浮动码头或活动引桥的做法。用这个方法在 800 年前解决了复杂的河流潮汐浮桥问题，不能不说是一项聪明的创作。

（原载王世仁《王世仁建筑历史理论文集》，中国建筑工业出版社，2001 年版）

说　炕

炕是中国北方特有的生活设施。

中国火炕分布的地区很广，辽宁、吉林、黑龙江、内蒙古、河北、北京、天津、甘肃、青海、宁夏全部，陕西的大部分，山东、河南的北部、新疆、西藏的局部都是火炕区；使用火炕的民族则有汉、满、回、蒙、藏的一部分。

炕字从"火"音"亢"。《说文解字》说："炕，干也"，与"燥"字同一解释。"亢"也有高的意思，既高又有火，就很干燥。炕还有烧烤之意，现在北方有些地方还把烙烧饼叫"炕饼子"，就有点古意。春季烤火育苗也叫"炕苗"。不知道什么时候人们借用这个字，把形容词变成了动词和专用名词。

炕分两大类：一是睡觉的地方，也就是不能移动的床；二是在房屋地面下布置火道，叫作地炕。第一类大多数是能烧火加热的火炕，也有少数有炕的形式，但是用木架制成不能烧火，叫作炕榻或炕床；主要用在宫殿王府里。第二类全部都在下面烧火加热，没有不烧火的地炕。

炕的起源

炕起源于何时，连大学问家顾炎武在《日知录》一书中也说"古书不载"。汉朝刘向《新序》记载，春秋时"宛春谓卫灵公曰：君衣狐裘坐熊席，奥隅有灶"。奥隅即房子的西南角，在那里有灶，好像是烧炕的意思。但直到汉朝，人们还是席地坐卧，在这以前500多年也不会有床榻，地炕又不能在室内地面升火。这里的灶其实是烧火墙用的。汉朝长乐宫、未央宫里都有"温室殿"，室内设"火齐（即剂）屏风"。1957年笔者在西安郊外见到一处汉朝建筑遗址，在土墙里有与火灶相连的陶制烟道，这大约就属于"火齐屏风"一类。

北魏郦道元所著《水经注·鲍丘水》篇记载了一个火炕实例：在今河北遵化附近有一所观鸡寺，寺中大堂可容千僧，地面用石条架空，地基外四面有烧火口，烟火流入室内，大堂温暖。

北京北面的延庆山区，有一处"古崖居"遗址，是在悬崖峭壁上凿出许多人住的石室。石室里有在原来山石上凿出的火炕。炕面已无存，露出下面的火道，炕内端有石灶，外端靠窗外有石凿烟囱。灶旁还在一个浅炕，可能是放鼓风皮袋（古书所谓"橐"，也叫"橐龠"）的地方。有人推测，古崖居是唐朝中期西奚人的一处居住地。西奚人后来并入契丹，以后又建立了辽朝。这是现在发现最早的火炕遗物。

北京延庆"古崖居"火炕遗址

比西奚人还早些的高丽人也使用火炕。《旧唐书·高丽传》载："冬月皆作长炕，下燃温火以取暖。"高丽人一直保持着席地坐卧的风俗，这里说的"长炕"就是地炕。如是，至少在1000多年前就有了和现在一样的火炕与地炕了。

继契丹兴起的女真人祖居东北，后来占据北方建立金朝，居所也是使用火炕。南宋初朱弁奉命到云中探望被俘的徽、钦二帝，有《炕寝》诗记当地生活："御冬貂裘弊，一炕且蜷伏。西山石为薪，黝色惊射目……"传说宋徽宗、钦宗被俘后曾赤脚挂铃，在烧热的地上行走奉酒，火大烫脚，逼得二人不停跳跃，金主大笑（见《说岳全传》）。故事真假不说，但当地使用地炕且温度极高是可信的。因为朱弁诗中所说"黝（黑）色"的"西山石"也就是煤。云中在今山西大同至内蒙古河套一带，盛产优质煤，完全可以把地炕烧热到烫人的程度。

在中原的宋朝还没人用炕。陆游《老学庵笔记》载，权臣蔡京的住宅宏伟高大，蔡京老年有病怕寒冷，房间里挂满厚帐幕也不能御寒，竟至无处可放床榻，最后只好住到仆役供茶水的房里，因为那里房子低矮，易于保暖。可见富贵如蔡京，也还没有解决老年人冬季采暖的问题。

蒙古人灭金灭宋，在大都（北京）建立宫殿。但他们原来都住蒙古包，只靠皮毛毡毯御寒，不知用炕，所以元宫中虽有号称"温室"的熙春堂，但只是在窗户上蒙着"油皮"（大概是能透光的薄羊皮，也可能是膀胱膜），地上床上铺满毡垫毛毯，室内挂满厚帐。但那时大都城里的住宅已使用了火炕，据20世纪70年代初发掘出来的后英房元代住宅遗址，居室中都有曲尺形火炕和灶，与后来的完全一样。

　　元明以后火炕在北方普遍流行，满族人在东北建立后金朝，盛京（沈阳）宫殿中火炕地炕十分完备。可是在明朝北京的宫殿里还没有这类设施。明宫中有不少"暖阁"，那都是在大殿堂里隔出的小房间或小帐幄，用帐幕毡毯御寒，并没有火炕。当时皇宫里采暖主要是用木炭火盆。木炭是特别烧制的，名叫红罗炭，为了储备炭，皇城里专设了一个叫红罗厂的机构（现在还有这个地名），据记载一年要用去600万千克。直到明末天启年间，才由熹宗皇帝下令在乾清宫西配殿、懋勤殿设地炕，很可能是从后金宫殿中学来的。清朝入关后，多次改建重建北京皇宫建筑，主要殿堂都造了地炕，坤宁宫等后妃住所也造了几处火炕。

炕的布局

　　炕的布局和形式大同小异，不同的地方大都是因经济条件所致，也有一些是民族的风俗差别。

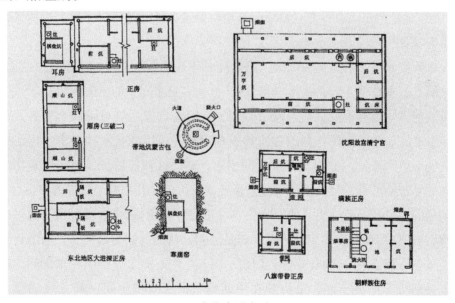

火炕布置类型

　　火炕与地炕的原理一样，只不过前者高出地面70厘米左右，后者炕面就是室内地面；前者烧火的灶在地上，后者在地下。

　　火炕的布局与房间的使用有关。北方住宅以北房（正房）为主要居室厅堂，南面为前檐，全部开门窗；北面为后檐，很少开窗；两端为山墙，不开窗。东西厢房和南房（倒座房）以向天井的一面为前檐，相对的一面为后檐。炕都是长方形，两短边和一个长边靠墙，另一长边临地，叫作炕沿。炕的长边占满一间前檐的叫前炕，占满后檐的叫后炕，占满山墙的叫顺山炕。民间住宅中前炕最多，因为前炕朝阳，冬天可收纳阳光节约燃料。但炕占前窗，后墙布置家具不便，所以有的大宅第也在正房中设后炕，以便在前檐布置家具待客办事。

在东北地区，也有不少住宅进深较大（5 米以上），面对面设前后炕，那是因为人口过多，为节约使用面积和燃料而采用的布局。在这样的大家庭里，往往成年和未成年、同辈和隔辈、已婚和未婚、同性和异性挤在一个房间的对面炕上睡觉，最多在炕沿前拉一个布帘，自然有很多不方便。

顺山炕在单间里用得不多，因为单间房面宽一般 3 米左右，除去约 2 米的炕宽，余下 1 米多的窄条不好使用，所以都用在通间（一般是两间）中。但如果是二明一暗的三间正房，顺山炕只能放在外间，结果是厅堂卧室不分，也有许多不便。因此，除非人口很多的家庭，一般顺山炕都放到厢房或倒座。有些地方把三开间的厢房由正中分成两个一间半的房间，俗称"三破二"，每间面阔 4.5 米左右，顺山炕占去约 2 米，余下的地方可以自由布置桌椅。顺山炕的最大好处是可以多睡人，所以在车马大店中最常见。

大多数炕只有一条临地的炕沿，但也有一种只睡一两个人的小型炕，两面靠墙，两面炕沿，基本是个方形，叫作"棋盘炕"，大多是家庭中的老人使用。

睡炕的方向很有讲究，要与炕沿垂直，一间前炕或后炕可睡四至五人，也就是一个小家庭。如果两三间连通的住室内有前后炕，可以在炕沿挂布帘，再在炕上至屋顶间安一道木板壁，中间又开个门洞相通。不过这种前后炕，通间炕实在没有什么个人的私密性可言，过去就流传过公爹晚间下炕错穿儿媳鞋子这样的笑话。

满族的炕自有一套规矩。他们的住宅（正房）不论是 5 间、3 间或 2 间（带眷八旗兵营房），屋门都开在偏东的一侧。如是五间，西面三间是通间，设前后炕和一个西顺山炕，三炕连成一体叫作"万字炕"（一名"蔓枝炕"）。门在东次间，东稍间隔开，设前炕。如是三间，则门开在中间偏东，西间挤明间一部分设隔墙，叫作"借间"，也设万字炕，东次间设前炕。如是两间，则东间借出半间，成为一条狭窄的通道，西间整间设万字炕，东间剩半间仍设前炕。沈阳后金皇宫中的清宁宫和北京皇宫中坤宁宫的火炕，都是典型的满族布局形式。

从事农业和在城市中居住的蒙古族，他们的炕仍保持元代风俗，多为曲尺形，俗称"拐巴炕"。但主炕多为后炕，相连的顺山炕较窄，只供白天起坐。青海、甘肃等地的藏族也有火炕，有的用拐巴炕，也有的用万字炕。回族、撒拉族、东乡族等信仰伊斯兰教的民族，很少用顺山炕，也绝没有前后炕或通间炕。但正房的西间一般不设炕，如有也是顺山炕。因为大多数西山墙上要设一个窑龛，供家中礼拜。圣地麦加在西方，礼拜时必须面向西墙，如西间设前炕，窑龛的位置和礼拜者都不好安排。

黄土高原上有不少窑洞住宅是独立的单间，面阔不过 3 米左右，除去一个门的位置，只能布置成顺山炕。但窑洞很深，炕不可能直通到底，所以窑洞的炕都是两个炕沿的棋盘炕，家具大都摆在窑的底部。

炕的作用

炕不只是晚上睡眠的床榻，还是白天生活的重要空间，待客、吃饭、妇女做活计、小孩读书写字都在炕上。客人进门则脱鞋上炕。一般人家炕上只铺芦席，叫作炕席，讲究些的铺一粗一细两层，更高级的再铺上一层毡子。炕上有炕桌，高约 30 厘米，宽约 60 厘米，长约 80 厘米。炕桌垂直炕沿放置，待客时宾主各坐一边；吃饭时全家围坐在三面，儿媳妇要不断端饭上菜，只能端着饭碗"跨炕沿"，即一条腿斜搭在炕沿上，另一条腿立在地上。炕桌在晚上即从炕上搬下来，也有时权充睡眠时隔辈与异性的分隔界限。

炕上另一种家具是炕柜，也叫"躺柜"，长与炕的短边相等，宽、高约 60 厘米，柜上置放全家被褥，柜内储放衣物细软。富裕人家的炕柜做工讲究，炕两端各放一件，也有的在炕的一端放炕柜，另一端放躺箱。

炕沿都是通长的木枋，刷红色油漆。炕沿下有的抹灰刷白，有的镶砌磨砖刷油。炕上三面沿墙高约 50 厘米的地方有的挂花布或裱花纸装饰，也有的绘彩色图案，外刷桐油，叫作"炕围"。它既保护了墙壁和衣被，也给室内增加了艺术趣味，是很不错的民间美术作品。宫廷的炕前沿有雕花的落地罩，把炕隔成一个小空间，就叫炕罩。

山西某地炕围

炕的构造

炕用砖或土坯砌造，分为炕、灶、烟囱三部分。

炕高约 70 厘米，炕沿砌墙，炕身内纵砌炕垄墙，炕垄墙之间就是烟火通道，东北叫作"火洞"，一般约 200 厘米宽的炕分为四道或五道，宽约 20～25 厘米。垄墙之间垫土夯实，约为炕高的一半，所余一半即为火洞高度。垄墙上砌炕面砖，上抹泥灰。为使多个火洞热量均匀，尺寸大的炕在各垄墙中留出一些缺口，使火烟得以"回蹿"，这叫作"花洞"炕。地炕的构造与火炕一样，只是火洞更多，而且都是花洞。

灶有三种形式。第一种最常见，即取暖烧炕与做饭共用一灶。灶设在炕的一端，用砖或土坯砌灶台，灶上埋锅。东北等地多用柴草为燃料，灶都设在居室外间，以墙隔开，以免烟火熏人。山西等用煤做燃料，烟火不大，灶与炕同在一室。窑洞住宅只能放在炕的内端。棋盘炕在短边炕沿设灶，炕端砌一矮墙与灶分隔。

第二种是专为取暖而烧的灶，大都放在居室内。有的放在炕的一端，也有的放在炕的中间；有的砌灶台，也有的只在炕沿墙上砌一个灶门，下面挖一个出灰口，不烧炕时上加木盖板。还有的在室外烧炕，在山墙或前后檐墙下设灶门，很少砌灶台。

第三种是不直接在灶内烧火，而是在火炉或火盆内预先生火，燃料用煤或木炭，也有的用焦炭，充分燃烧后放在一个带轮子的炉架上推入灶洞。这种灶大多用在城市比较讲究的住宅中，如北京就是这样。

地炕只在皇宫和王府中使用，灶都设在室外廊下一角，是一个方形大地坑，有专人将木炭火盆不断送入、更换。

朝鲜族人习惯于席地起居，室内地面即炕，火炕即地炕。灶都设在室内，与居室隔开，取暖做饭共用一灶。灶很大，灶前有较大的

内蒙古呼和浩特旧城民居屋顶烟囱

烧火出灰坑，不烧灶时上盖木板。

烟囱是烧火必备的结构，最常见的是砌在房屋内沿山墙伸出屋顶。这是因为中国建筑山墙不承重，离木构件较远，所以较安全。有后炕时也有的砌在后檐墙内。最忌讳放在房屋的前檐，但窑洞住宅只有前檐，其余三面全是山体，烟囱只能放在前檐一侧，但尽量不使它显露。如果采暖量很大，或是屋顶为悬山式时，往往将烟囱独立出来，建在两山墙或后檐墙外面。烟囱口上有顶盖，常做成亭阁式。在一片低矮的住宅屋顶中，突出若干颇有装饰趣味的烟囱亭阁，也算是北方城镇居住区的一景。

烧灶最怕风向不顺，致使烟囱"倒烟"，烟火反入灶口，室内充满烟雾。对此，砌烟囱的高手颇有一套绝招，在出口和底部有些特殊手法，无论吹什么风都不会倒烟。

还有一种没有烟囱的灶，即烧火口和出烟口同在一个灶门内，这种炕的火洞、灶口、灶门都有特殊做法，类似现代的"回风灶"，民间叫作"二龙吐须"，也是一种绝活。宫殿中的地炕就是用这种灶。

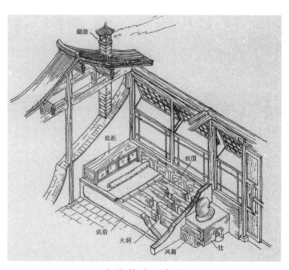

火炕构造示意图

为了加大进风量，灶旁常设鼓风器，最多的是木风箱（或风匣）。这是一个长方形木箱，中间有一块可以推拉的木板将风箱分成两个风室，木板用木棍连接伸出箱外。出风口在风箱中间，进风口在两端，各有活动的木挡板。人力推拉木棍移动箱内木板，随之变换两个风室的进风、出风关系，使前室进风后室出风，或后室进风前室出风，无论推拉都有鼓风作用。挡板周围贴鸡毛，既可减少风量外泄，也可减少摩擦。制作、修理风箱也是一种绝活。在一些少数民族地区，偶然还有使用手压羊皮囊鼓风（汉人称皮老虎）的办法。

炕在靠近灶的一端叫作炕头，这里温度最高，睡炕头无论对家庭成员或是来客，都是一种礼遇。民谚："三十亩地一头牛，老婆孩子热炕头。"热炕头的舒服、解乏，已成为北方农民人生理想的一部分。

夏天也要烧火做饭，炕也跟着烧热，岂不是不好睡觉？确是如此。所以北方农村夏天都吃两餐，很早就做完饭把炕凉凉好睡觉。但北方雨季在盛夏，土炕受潮容易招来腰腿病，所以即使是不做饭的灶，隔几天也要烧一次，使炕干燥。烧柴草的

115

炕最多 3 年就需拆了重砌一次，因为烟灰沉落过多，会堵塞火洞。还有一个重要原因，草木灰含钾，炕土历来就是重要的农家肥。炕土归田，再由田里挖土打坯筑炕，也算是一种生态平衡。

随着现代采暖设备的进步，地炕火炕在城镇中已逐渐走下历史舞台，但在偏远寒冷的山区农村，仍在勉为其难地支持着许多人的冬季生活。没有几十年的光景，恐怕不能全被淘汰。让人们了解一点火炕的知识，多少可以使后代人知道，前代人是怎样在寒冷的气候中生活过来的，以后又应当怎样生活。

（原载王世仁《王世仁建筑历史理论文集》，中国建筑工业出版社，2001 年版）

陆 古都认知

北京古都中轴线的文化遗产价值

古长安、元大都是两个标识

在世界城市建设史中，中国的皇都有着重要的地位，而在中国的皇都中，隋代大兴（唐代长安）和元代大都则是两个标识。这是因为，它们都是按照既定的规划理念平地建造，没有受到前代遗存的制约；更重要的是，它们都是在国家经历了长期分裂以后，重新统一的时候建造的，是国家大一统的历史标识。

中国自西晋末年（317）分裂为十六国和南北朝，至隋文帝杨坚统一全国，历时200余年。隋开皇二年（582）舍弃了汉长安废城另建新都大兴，唐代继续建造，更名长安。325年后，国家又一次分裂，长安随之荒废。中间经过宋、辽、金、夏及大理、吐蕃等政权割据，历时350余年。至忽必烈称帝，形成全国统一的局面，于是舍弃了金中都旧城，于至元四年（1267）另建新都大都，明清皇都北京则是在元大都的基础上延续发展。直到今天，中华人民共和国首都北京的核心功能区也没有离开元大都。隋元两朝大一统，催生出两座大都城；两朝都是当时世界上最大的国家，两都也是当时世界上最大的都城。它们都是政治的产物。

隋大兴——唐长安面积约84.1平方千米，一条中轴线贯穿南北，长约8.6千米；元大都——明清北京面积约62.5平方千米，中轴线由外城南门永定门至钟楼，长约7.8千米。但长安已经湮没于地下，遗留到现在的全世界古都中，元大都——明清北京仍然是规模最大、格局最整齐、文化含量最高的都城。

中轴线是北京城最主要特征

北京城最主要的特征是一条南北中轴线，也是它最主要的价值，这一点已经是国际上城市规划和历史文化学界的共识。北京市委、市政府已决定将古都中轴线申

报为世界文化遗产，并积极
进行申遗的准备工作，但是
在论证的过程中，却遇到了
认识上的瓶颈。文物界的主
流认识是，申遗的对象必须
是实物遗存，而且这些实物
必须是原有之物，具有"真
实性"。所谓"中轴线"就是
在这条线上面的历史遗存，
（对"线"两侧的深度尚有不
同认识），也就是说，明清北

北京中轴线

京中轴线就是在这条线上的明清古建筑。按照这个定位，现在的故宫、天坛已经是
世界文化遗产，没有必要重复申请；再按照"真实性"的标准，复建的永定门、正
阳桥牌楼和准备复建的正阳桥、地安门内的雁翅楼，以及已经完成修复的正阳门外
大街和地安门外大街95%以上的建筑都不能算是文化遗产。中轴线上的"明清古建
筑"只剩下正阳门和箭楼、鼓楼和钟楼、景山几处"孤岛"，显然把它们作为"中轴
线"申遗，很难得到国际认同。

为了增加中轴线古建筑
的分量，文物界主流又提出
了"拓宽"的意见，把东西
两侧的古建筑、古街区"打
包入线"，如先农坛的古建
筑、太庙和社稷坛、北海和
中南海，以及前门外两侧的
大栅栏和鲜鱼口、钟鼓楼周
边及什刹海等历史文化街区
都打包到"中轴线"内。且
不说这种拓宽究竟有多少逻

钟鼓楼夜色

辑上的必然，仅就北京市总体规划来说，永定门内大街两侧大都是现代公建用地，
而且多数项目已经落实，天安门前已经形成了现代纪念建筑群，地安门外大街都是
仿古的商铺，作为要求具有文物"真实性"的中轴线，也很难自圆其说。

无形手段、特殊形式的文化遗产

其实，上面说的这个瓶颈，是由于我们自己认识上的不足而导致的套在自己颈项上的绳索，解铃还须系铃人，我们要自己解放自己。

我们必须坚持，文化遗产的核心价值是它所承载的文化，脱离了文化只盯着古建筑，而且是人为设定的某个时期、某种状态的古建筑，论来论去终究是隔靴搔痒，难免皮相之见。我国文物界与世界接轨开始于接受了 1964 年发布的《威尼斯宪章》。这是一部由西方建筑师和古建筑修复工程师讨论拟定的行业规范，涉及的对象主要是西方砖石结构古建筑，它的核心内容就是在保护修缮古迹时必须保存其实体的真实。《威尼斯宪章》毋宁说是一个修缮古迹的技术准则，没有涉及保护修缮的目的是保存史迹的文化意义和历史信息这样根本的理念，实际上是一个去文化的准则。

1994 年，由日本政府会同几个遗产保护组织在奈良召开了一次关于古迹保护的国际会议，形成了一个重点阐述古迹真实性的《奈良真实性文件》（以下简称《文件》），它和《威尼斯宪章》一样，都是古迹保护业界的共识，也得到国际组织的认可。《文件》表示它是《威尼斯宪章》的延伸，但从其内容来看，更多的却是突破。首先，它指出对古迹真实性的判断要尊重不同社会文化体系的合理性和合法性，也就是说，古迹的真实性首先是文化的真实性，对这种文化的真实性各个国家和民族有各自的判断标准，不能用一把标尺去衡量所有国家和民族文化遗产的真实性。其次，更重要的是，这些不同国家和民族遗产中所体现的真实性，可以是用有形的，也可以是用无形的手段表现为不同的形式，这就大大拓展了文化遗产的范围，在"老三样"（文物建筑、建筑群、遗址）以外，出现了诸如文化线路、工业遗产、名人故居、优秀近现代建筑等新品种，北京古都中轴线就应当属于以无形的手段表现出来的特殊形式的文化遗产。

"线" 承载中国都城规划根本理念

北京古都中轴线申报的是这条"线"。它的价值就在于这条延续了 745 年（至 2012 年）"线"上承载的国家首都城市规划的根本理念。"线"是无形的概念，又是无形的手段，在这条"线"上承载了全部中国传统文化的核心理念，主要有以下几个方面。

第一，疆域统一的理念。元末著作《析津志》记载："世皇（忽必烈）建都之时问于刘太保秉忠，定大内方向，秉忠以丽正门外第三桥南一树为向以对，上制可。"这个第三桥是位于金中都北护城河东延闸河上的一座桥，大树的位置大约在今天毛主席纪念堂中心，由它为基点定出大都的中轴线。中国自古用"社"代表疆域，《说文》："社，地主也。"社主是一株大树。《论语·八佾》说："夏后氏以松，殷人以柏，周人以栗。"国都以社主定位，体现了"普天之下，莫非王土"的大一统理念。中轴线是一条国土线。

第二，天人合一的理念。中轴线是以天球的北极定位，即以太阳和地球的关系定位，称为正北（南），它和地球的南北地磁极相连的磁北（南）或真北（南）线有一个南偏东（或北偏西）2°13′的夹角。《尔雅》释"天"说："北极谓之北辰。"注："北极，天之中，以正四时。"《尚书·大传》说："北方者，万物之方。"古人又把北极与北斗纳入同一概念，称为天枢、紫宫，象征人间帝王的宫殿，即权力运作的中心。天球轴线永恒不变，对应的自然界天时万物和人世间社会构架永恒不变，所谓天不变，道亦不变。中轴线是一条永恒线。

第三，政令通达的理念。《说文》说："中，上下通也。"《礼记·中庸》说："中也者，天下之大本也。"中，象征中央政令直达基层，这是维护国家统一的根本措施，全国最重要的政治、礼仪设施都布置在这条线上。中轴线是一条政治线。

第四，平正和顺的理念。《易·蒙》卦说："以亨行时中也。"释文："中，和也。"《国语·晋语》注："中，平也。"《淮南子·主术训》说："是以中立。"注："中，正。"中国传统的伦理行为，植根于以血缘为纽带的家族构架之中，大至氏族、皇族，小至家族，处理族群之中和它们之间的行为标准就是和顺、和谐、和睦，最终归纳为不偏不倚的中道。中轴线是一条伦理线。

第五，至美至善的理念。中国传统的审美标准是美善合一，强调审美的伦理功能，艺术的社会功能。"中"是伦理标准，也是审美标准。《易·坤》卦说："黄裳元吉，美在中也。"《诗·关雎》序说"情动于中"，审美效应离不开中、和。中轴线是一条审美线。

第六，循序发展的理念。天道之中是永恒的，但天道的运行又是循序发展的。儒学的开蒙之篇《礼记·大学》说："诚于中，形于外。"引《诗》说："周虽旧邦，其命为新。"又引汤之《盘铭》说："苟日新，日日新，又日新。"王朝、国家是永恒不变的，但运行的体制是发展变化；都城的中轴线是不可移动的，但中轴线上的建筑、风貌则是不断变化的。中轴线是一条发展线。

北京古都中轴线的变迁也印证了发展变化的事实，留下了"日新"的印记。元大都中轴线长3.9千米，明永乐北京中轴线长4.75千米，嘉靖时中轴线长7.8千米；

永定门、天安门由明初至清末多次改建；天坛、先农坛墙外形成了平民集市；正阳门外大街经历了 5 次大更新；天安门前从明代对称的官署排列到民国时几度改造，终于成为新中国首都的政治纪念地；地安门内的雁翅楼，在 20 世纪 50 年代改造成多层大屋顶楼房，成为新的地标建筑……凡此种种，生动地

永定门新颜

显示出"日新"的理念。世界上各大古都几乎都经历过几次更新，但保持在一条中轴线上的更新却只有中国的北京。

根据以上的认识，我们可以毫不夸张地说，北京古都中轴线是世界城市建设史上承载民族传统文化和哲学的典范，它当之无愧地应当成为世界文化遗产——尽管可能还要经过一段艰难的话语历程。

（原载《北京日报》2012 年 4 月 24 日）

清乾隆时期中国建筑和园林的重大成就

清乾隆时期，是中国土建社会经济发展的最后高峰，建筑（包括园林），也是继汉、唐、宋以后又一个高峰。此后，经济衰落，建筑也开始走下坡路了。

明代建筑受礼法制约极严，艺术风格比较拘谨，理性主义的倾向较浓。明中叶以后略有改变，酝酿到清盛期，浪漫主义色彩就比较明显，理性与浪漫的交织汇合，使乾隆时期建筑大放异彩。

乾隆六年（1741）以前，建筑活动规模还比较小，以后至乾隆四十六年（1781）建成北京南苑团河行宫，这40年是建筑活动的高潮。《红楼梦》的写作也正在这段时期，其中描写的荣、宁两府和大观园，也是从一个侧面典型地再现了这一时期的建筑园林——包括当代人的生活风尚和对建筑、园林艺术的审美意识。

乾隆四十六年，即团河行宫建成时，乾隆帝写了一篇《知过论》，总结了这40多年的建筑，文中提到的建筑遍及皇宫和北京、承德、沈阳、宾州、盘山等地的坛庙、城市、园林、寺庙、陵寝，粗略估计有100多万平方米。这批建筑是现存中国古建筑的精华。《知过论》刻在碑上，现仍存团河行宫。

乾隆时期的建筑成就，主要有以下10个方面。

（一）加强市容管理

乾隆十五年（1750）测绘完成了京城全图。此图的一大作用就是供"御览"，以便皇帝亲自指示市容风貌。如乾隆十九年（1754）、乾隆二十一年均有不准拆卖沿街房屋的命令。乾隆二十六年（1751）在万寿寺旁仿建苏州式街道。乾隆二十九年更命令凡是街道旁房屋必须"绘图呈览，候朕酌量指示"。

（二）注重城市、风景地的环境景观，从宏观上控制建筑艺术

如乾隆十六年建景山五亭、拆迁寿皇殿。改造北海后山，加建二层回廊（仿金山"寺包山"）。清漪园将九层大塔改为楼阁（佛香阁）。承德外八庙以离宫为中心决定建筑朝向。扬州园林从总体设计风景线，为了加强环境效果，还发明了一种"挡子法"（半景式景片建筑）作为应急的景观艺术手法。

（三）在规整简单的官式建筑中发挥群体艺术感染力，特别是山地造景更有突出创造

乾隆在《塔山西面记》中说："室之有高下，犹山之有曲折，水之有波澜。故水无波澜不致清，山无曲折不致灵，室无高下不致情。然室不能自为高下，故因山构屋者其趣恒佳。"静明园、静宜园、静寄山庄（盘山行宫）、热河行宫（承德避暑山庄）等最精彩的园林和承德外八庙最有艺术感染力的建筑，都是"因山构屋"。

（四）单体建筑的造型有创新

雍正十二年颁发的《工部工程做法则例》对官式建筑规矩、形式限制很严，只有27种式样。但乾隆时期许多建筑，在这些严格的限制中，在造型、比例、色彩、装饰方面有不少创新，出现了一大批式样新颖的高水平造型，如天坛祈年殿，国子监辟雍，沈阳东陵、北陵和皇宫凤凰楼，承德外八庙（大乘阁、旭光阁、普度殿、大红台等），宫廷中的戏台，雍和宫，北海观音殿、五龙亭（复建）、团城承光殿，金刚宝座塔，以及圆明园等园林中几十种形式新颖的建筑。

（五）注重建筑的象征含义。

如北京的天坛、地坛等的造型、色彩、尺寸都包含阴阳五行内容。国子监辟雍仿古代"辟雍"，含义更多。文渊阁等七大藏书楼，开间、色彩、尺度都与防火有关。喇嘛教盛行，塔庙多用"曼荼罗"形式，内涵佛经的宇宙构成模式。

（六）园林艺术大放异彩，是这时期成就最高的一种

北京的西苑、三山五园，各王府花园，承德、盘山和东巡、南巡、北巡途中的几十处园林行宫，把中国园林推向高峰。扬州等地的私家园林盛况空前（主要为迎接南巡）。其中，因山造园和叠造假山的成就更高。

（七）多民族、南北方建筑的融合。

在承德和其他喇嘛教建筑中汉族、蒙古族、藏族建筑艺术得到有机结合。阿汉结合的回族建筑成熟。园林中又大量引进南方风景名胜和园林，但结合北方特点有取舍，如金山寺、狮子林、安澜园、瞻园、西湖十景、兰亭等都有体现。

（八）吸收西方建筑艺术

最主要的是长春园西洋楼，扬州也有不少欧式建筑手法。欧洲建筑中某些做法纳入官式工程则例中。

（九）民间和少数民族建筑普遍发展

书院、会馆、商店、住宅、藏书楼、码头、桥梁建造质量高、速度快。偏远地区少数民族建筑于此时成熟。

（十）建筑附属艺术同步发展

匾、联、碑、碣、牌坊、表柱、灯具、石刻、木雕、彩画等在这时都普遍成熟起来。

应当看到，乾隆时期建筑园林的成就中，乾隆皇帝也有一份贡献。他是一位颇有艺术鉴赏力，也颇能留心建筑艺术的皇帝。乾隆一生写了几万首诗和文章，其中相当一部分是描写建筑艺术的，字里行间有不少精辟的见解。

（作于 2012 年）

现代都市商业与当代古都风貌
——前门大街整修设计介绍

　　前门大街（正阳桥至珠市口）旧名正阳门大街，清雍正《北京城图》中标名"大街"，乾隆祭天坛诗中称为"天街"。它是北京中轴线最重要的地段，也是古都最重要的标志性街道。2006年底启动危房改造与风貌修复工程，至2008年5月基本完成。前期的规划设计历时4年，前后9版方案，至2007年10月经过市政府批准全面实施。

　　前门大街地处北京市历史文化街区鲜鱼口地区西侧，其历史风貌应当保护修复，同时它又是中心城区的主要商业街道，其功能应当符合现代业态要求，因此必然遇到两者如何协调共存的问题。现将规划设计中解决这个问题所做的探索介绍于下。

1900年前门大街被毁残状

从历史中认识规律

前门大街形成于明代正统初年。明永乐十八年（1420）建成北京宫殿、坛庙、衙署，正统元年至四年（1436—1439）完成城门城墙，正阳门至南郊天地坛（天坛）、山川坛（先农坛）之间是一条"官街"。据高承埏《鸿一亭笔记》载，当时道路空阔，不少商贩"侵占官街"，"搭盖棚房，居之为肆"。崇祯七年（1634），以防火为由准备拆除，御史金光宸上奏，认为拆违不利于保护商贩生计，因而得以保留，终于发展成正式街市。如果从正统三年（1438）算起，到今年（2008）已有 570 年的历史，其间经历了 5 次重大更新。

第一次，清康熙十八年（1679）七月，京师大地震。据叶梦珠著《阅世编》引当时官方邸报记载，地震震倒了广安、德胜、宣武、崇文诸门城楼，城垣坍塌无数，宫殿、官廨、民宅十倒七八，皇帝也搬到景山避灾。地处宣武、崇文两门中间的前门大街，明代以来修建的棚屋商肆，自然也成了一片废墟。震后修复，从康熙二十四年（1685）的《南巡图》和乾隆十五年（1750）的《京城全图》中看出，这时前门大街两侧都是在棚屋基础上修建整齐的一层商铺。

第二次，乾隆四十五年（1780）大火。据魏祝亭《天涯闻见录》载，这次大火焚毁官民房舍 4107 间，以一间 15 平方米计，大约 6 万多平方米，前门大街两侧平均 20 ~ 30 米以内尽成焦土，位于东侧后街（肉市）的著名戏园广和茶楼和大街中间的五牌楼全毁，可见界面全部无存。灾后恢复，沿街仍是一层铺面。现存最早的照片是 1900 年以前所摄，可以略见其景象。

第三次，1900 年义和团运动和八国联军入侵北京。从当时的照片可见，前门大街被破坏成了一片废墟，其后约 10 年间，陆续恢复，仍是简单的单层铺房。1918 年第一次世界大战结束，中国属于战胜一方，其后欧美经济大萧条，在此背景下，中国民族工商业迎来了自己的黄金时代。北京在 1912 年至 1928 年间是民国的首都，集中了大量高端消费群体，前门两侧又有两个铁路总站，前门外商业更加繁华。再加上从 20 世纪初兴起的"咸与维新"潮流，波及商业的不仅是时尚娱乐和洋广百货，而且店堂风貌也都以新奇仿洋招徕顾客，前门大街出现了改造店堂的风潮，多数已加至二层或三层。有在中式门脸上加洋装饰的，或在洋门脸上保留古装饰的，还有基本是洋店堂的，中西混杂，五花八门就是这一次更新的结果。至 1928 年首都南迁，消费主体衰落，前门大街的风貌就定格在这一阶段，延续到 50 年代没有太多改变。1957 年，北京市规划局拍摄的大街两侧街景基本上是这一阶段的面貌。

第四次，20 世纪 60 年代以后。1956 年工商业社会主义改造以后，前门大街原有的店堂风貌失去了私有资本的支撑。其后 20 余年，许多木构店堂或带病使用，或拆改重建，或整合改造；90 年代以后更拆了不少老店铺，在原址兴建了商厦大楼，或改换成时尚门面，竖起了高大广告牌；2002 年当街新建了一座垂柱黄瓦的新五牌楼。历史风貌丧失殆尽，环境品质低劣，经营业态不佳。以历史风貌论，这二三十年的更新毋宁说是衰败；以建筑质量论，大街两侧约 40000 平方米的建筑中，C 类占46%，D 类占 21%，质检部门鉴定都应拆除更新；以市政设施论，地下管网和空中电线交错紊乱，标准很低，已经到了不堪重负，非彻底更新不可的地步。

第五次，也就是本次的大修建。这次的修建更新是一次集改造危险房屋、修复历史风貌、更新市政工程、提升环境品质、规范经营业态的综合性工程。工程完成后，更新了全部危房和市政，保存了全部历史肌理和有价值的历史建筑，提升了环境艺术品质，基本上满足了高端商业的要求，并且回迁了改造前的老字号，可以说是一次里程碑式的更新。

从上述 5 次更新中不难发现一条城市发展的规律，这就是：一座城市或街区的生成、发展，都是紧紧依附于当时的社会和经济状态。社会经济不断变化，城市和街区也不断更新。总的来说，发展是主流，因此更新也是主流。以今代古、拆旧建新是必然的趋势；但城市或街区毕竟是历代人延续生活的场所，历代人都或多或少留下一些人文的印记，从而构成了城市或街区的记忆。简而言之，不断以新代旧，同时留下人文的印记，这就是规律。认识了规律，就应当掌握它，运用它。更新改造是发展的趋势，不可能也不应当阻止；而保护历史风貌则是保存城市的记忆，也必须充分重视。但历史的印记不可能全部保存下来，记忆也就只能是片段的、不完整的，因此就要对历史遗存作出科学评估，尽可能把有价值的保存得多一些，久一些，使记忆深一些。

有目标有原则地解决矛盾

基于对前门大街更新历史的认识，这次改造更新确立的目标是：现代的商业文化与当代的古都风貌和谐共存。商业，应当有现代的功能业态；古都，应当有当代的审美理念。在这一目标下，确立了两条原则：

第一条是，现代功能与历史风貌相结合。自 20 世纪 20 年代以后，前门大街的风貌更新是紧紧依附于业态的更新，但又或多或少保存着历史的痕迹，留下了当时的审美印记。单纯强调现代功能，"弃旧图新"，其结果是完全割断历史，使前门大街失忆；反之，单纯恢复历史风貌，要求功能适应形式，"削足适履"，其结果又会返回老路，最终走向无序的衰败式的"更新"。正确的原则是区别矛盾主次，兼顾各方需求，保存历史印记，积极有序更新。

第二条是，保护历史遗存与恢复历史符号相结合的原则。要克服两个误区，一是拆平所有建筑，新创建一条仿古街（有三个版本就是这样）。这种做法要拆去一批结构坚固的新商厦，显然是"暴殄天物"，而且完全抹去了前一段的历史，显然不是正确的办法。二是恢复的历史风貌要与原状完全一致，也就是完全仿造原有的建筑。须知，作为艺术，无论建筑形式或是街道景观，脱离了当时创作的年代，是不可能再现的。少量仿造，还可以"鱼目混珠"，仿造一条 800 多米的长街，就完全失去了艺术的神韵。因此，对待历史风貌就要区别真实的历史遗存和典型的记忆符号，前者要保存、修复，目的是保留下"历史的地标"（Historical Landmark）；而作为记忆的符号，典型的店面、标志性的牌楼牌坊，则应当取其最能唤醒记忆的部分加以再现，可以全部模仿（如五牌楼），也可以局部模仿，还可以综合集仿，甚至只保留一些基本要素。正确的原则是，分清不同层次，掌控时代脉络，保存真实史迹，再现记忆符号。

在上述两个原则的指导下处理具体的矛盾。规划设计就是处理矛盾，设法使矛盾各方取得双赢。但是，世界上不存在有百利而无一弊的事，规划设计的主要工作就是分析矛盾的侧重面、主导面、照顾面，妥善安排各个方面，并从技术上给予支持。前门大街的主要矛盾有四对。

一是保与拆。对现有建筑分四类处理：第一类，具有文物价值的历史建筑。前门大街上只有文物部门认定的一处"登记在册"文物（月盛斋）和一处"有价值的历史建筑"（新华书店），经过仔细勘察，又认定了 7 处保存原状较完整，又有时代特征的店堂。对它们要按照文物保护的标准修缮，坚持不改变文物原状的原则。第二类，20 世纪 90 年代以后的新式商厦（如亿隆大厦、奥尼尔皮货店、建设银行等），应予以保留，但需要改造立面，"贴附"历史符号。第三类，20 世纪 90 年代以后新建的仿古建筑（如全聚德烤鸭店、长春堂药店、力力餐厅、中国书店等），应保留原状，提高艺术品质；但新建的五牌楼不但品位很差，而且可能误导历史，必须拆除。第四类，既是危房，又没有历史或艺术价值的，应全部拆除更新。前三类合计，保存了原有建筑的 52%。

街道方面，大街宽度完全保存原尺度。两侧胡同，原有路东 10 条胡同，路西 4 条胡同全部保留，同时按照总体规划，路东地块间又留出 4 个街口；而新辟规划路（云居胡同—阳平会馆南路）则拓宽至 15 米。

二是用与看。前门大街是一条现代商业街，要实用；但又是一条历史风貌街，还要好看。协调的方案是，有的以"看"为主，主要是那9处历史建筑，"用"服从"看"；有的以"用"为主，主要是新建的商厦，首先满足商业功能，但立面上仍要有一定的历史印记；有的则要求外观上能"看"到历史的印记，内部则要满足终端商业"用"的功能。这三者在整个街景中要控制好比例、节奏。

三是古与今。历史文化街区是在动态中形成，并在动态中发展的。现代人用现代审美观进行创造也是历史的一部分，当然前提是在传统的基础上创造。不继承古的就不能创造新的，也不能取代古的。因此，在这条一次性、有规划更新改造的大街中，就应当既有古（传统），也有今（现代），关键是层次要清晰。把保存的、再现的、创新的节奏掌握好。经过反复分析比较，设定保存的和再现的应占界面长度四分之三以上，创新的占四分之一以下。北段古，南段新，中段过渡，这个比例和节奏比较合适。

四是仿与创。前面说过，作为艺术的建筑形式，街道景观是不可能完全仿造出原样来的。因此，除了修复文物类的历史建筑以外，其他的"恢复"在一定意义上其实也是一种创造，即以模仿为手段的创造，或是在模仿中再创造。这就要区别不同对象进行不同层次的创造。例如五牌楼，就要求仿得很像，创造的空间不大；五洲大药房、庆林春茶庄、一条龙饭庄等有时代特征的，既要仿得像，也要有一定的创造空间；而一些老字号店面，如通三益糕点铺、瑞林祥百货店等，把最有特点的部分仿得像就可以了，创作的空间更大；至于大多数要求具有历史风貌的新建店堂，只要立面比例、色调、基本构图仿自有据，尽可以折中组合，基本上是在创造。一条生机勃勃的商业大道，有了这些不同层次的、有模仿也有创造的、各种风格并存的店面，才有活力，有动感，才是当代的古都风貌。

成败得失接受时间检验

前门大街的修建是近年来北京旧城中影响最大的一项工程，也是古都风貌复兴的一项探索性工程，认识不足、技术失误在所难免。一时的褒贬都不足为据，最终要经过较长时间、较多公众的检验。下面提供本次工程的阶段结果，以供参照。

1. 根据控规，街道总界面两侧共计1513.7米，实际建筑界面1427.2米。

2. 规划范围内原有建筑约40000平方米，保留20760平方米，占52%；规划批准建筑面积42000平方米，保留原有建筑占49.4%。

3. 建筑风貌类别：

①保存修复历史建筑 9 处；

②恢复老字号门面 41 处；

③恢复老牌楼、牌坊 4 处；

④保留修饰仿古新建筑 4 处；

⑤新建仿历史风格建筑 52 处；

⑥新建有历史符号建筑 14 处；

⑦新建与历史风貌协调建筑 7 处。

4. 建筑风貌界面长度比值：（图略）

①保留和再现历史风貌建筑（上项 1、2、3、4、5 合计） 1093 米，占 76.6%；

②新建有历史符号建筑 164.2 米，占 11.5%；

③新建与历史风貌协调建筑 170 米，占 11.9%。

5. 恢复御路长 834 米；恢复正阳桥桥面铺装 1735.2 平方米。

6. 恢复已消失了 42 年的有轨电车。

7. 更新了全部市政设施。

8. 店堂内部基本达到了终端商户的功能要求。

前门大街的工程，责任大、任务重、矛盾多，设计施工中不可避免地始终存在两大矛盾：一是历史风貌修复与现代商业功能谁占主导，二是传统审美与现代时尚孰轻孰重。经过不断磨合，终于出台了这个方案。或许，这种不尽如人意的折中结果，是否就是城市风貌保护与更新中的一个必然的现象，一种必然的结果，这就有待于时间去检验了。

2008 年 6 月

（作者时任崇文区人民政府文化顾问、前门大街工程设计总监）

（原载王世仁《文化遗产保护知行录》，中国建筑工业出版社，2015 年版）

关于牛街礼拜寺年代的商榷

《北京文博》2001 年第 2 期登载了一篇文章《北京牛街礼拜寺窑殿宋、辽建筑探析》（以下简称《宋》文），中心内容是说牛街礼拜寺的窑殿是宋辽时期的建筑。细读文中之"探析"，结论是明确的，但论据是不足的，为此愿陈鄙见，以与方家商榷。

牛街礼拜寺建造年代

牛街礼拜寺建寺时间，历来有宋（辽）、元、明三说。宋建之说的依据是明崇祯三年（1630）《古教西来建寺源流碑文总序略》（以下简称《序略》），碑早佚没，清乾隆四十六年（1781）重刻于木匾，匾漆白色，故名"白匾"，匾文现有拓片留存。《序略》说宋太宗（原匾文误为真宗）至道二年（996）有西域筛海于燕京请颁敕建寺，"即吾牛街礼拜寺也"。宋至道二年为辽统和十四年，其时燕京属辽，但明人奉宋朝为正统，不用辽朝年号是正常事。原来辽燕京城中有专住少数族人的里坊，其中的罽宾坊显然住了不少罽宾人。罽宾在今克什米尔至阿富汗一带，北与吐火罗相邻，唐高宗时设修鲜都护府。后来大食灭波斯，其邻近小国包括罽宾先后被征服，诸国改奉伊斯兰教。信仰伊斯兰教的罽宾人住得多了，就会有筛海申请在此建寺，所以辽（宋）代建寺之说是可以成立的。但现存实物已毫无辽代遗迹。

《宋》文说"据传"20 世纪前期梁思成、刘敦桢二位先生考察过本寺，肯定后窑殿是"宋制的作品""宋代艺术风格"。这一定是讹传。以梁、刘二位先生的建筑史学识和对文物建筑的鉴别能力，绝对不会作出这样背离古建常识的结论。倒是 20 世纪 60 年代初，另一位建筑史前辈刘致平先生对此寺做过详细的考察，在他所著的《中国伊斯兰教建筑》[①] 一书中，对其年代有过明确的判断。简而言之，认为"现存寺内建筑则

---

① 刘致平《中国伊斯兰教建筑》，新疆人民出版社，1985 年版。

是明、清的建筑","从现在寺院规模来看,大致可以说是明代建成的,不过经过清代重修。仍然能保持明代原来木结构的则只有后窑殿"。这一结论,一方面是依据寺内保存的明清石碑的记载,另一方面是根据建筑的结构和装饰。宋辽建筑与明清建筑在结构、装饰上差别很大,古建筑研究者可以很容易判别。牛街礼拜寺后窑殿与宋《营造法式》的宋代建筑做法和宋辽实物(如《宋》文所举蓟县独乐寺观音阁),可以说没有什么直接关系。最可靠的年代应当是《万历岁次癸丑仲春重修碑记》的记载:"惟宣德二祀瓜瓞奠基,正统七载殿宇恢宏……迨弘治九年经制愈宏。"据此可以肯定,后窑殿是明宣德二年(1427)至正统七年(1442)间建造的。

关于六角"藻井"和"龛式木雕经文阁"

后窑殿的屋顶是单檐六角攒尖式,内部为六角覆斗式天花,六条"由戗"(宋式名"阳马")露明,斜面为海漫天花板。从结构的空间分析,这六条

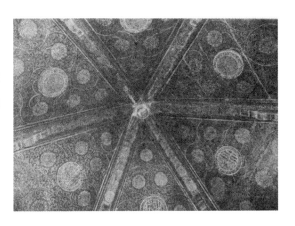

覆斗形海漫天花(藻井)

由戗应是结构构件,则此天花就不应称为"藻井",因为藻井是附在结构上的装修,而不是结构本身。现在为行文方便,姑且称为藻井。现存的辽宋建筑中,大同下华严寺薄迦教藏殿和蓟县独乐寺观音阁都有八角形覆斗式藻井,阳马露明;宁波南宋保国寺大殿是圆形藻井,也露明八条阳马,但都是装修木作而不是建筑结构,很难说与牛街礼拜寺同一源流,但和泉州清净寺大门比较,两者似更为接近。清净寺大门建于元至大三年(1310),石造,纯阿拉伯式样,其顶部是一

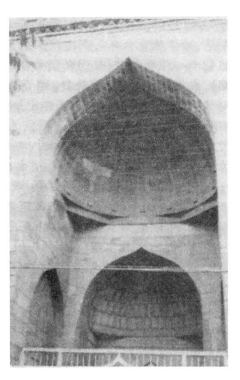

泉州清净寺大门隐出阳马之穹隆顶

个穹隆，在平整的石料上隐出阳马。内地有一些中国传统式清真寺的后窑殿也使用砖石穹隆，如杭州凤凰寺、松江清真寺、定县清真寺等，而成都鼓楼街清真寺的大殿和后窑殿则使用了木制的圆形和八角形两个藻井。刘致平先生在论及此处藻井时说，"它们显然是外国 Dome 的变体"①。这里说的外国 Dome，就是阿拉伯地区礼拜寺常用的穹隆顶。我国新疆维吾尔

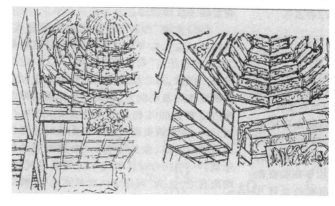

成都鼓楼街清真寺藻井——引自刘致平《成都清真寺》

族礼拜寺的后殿也普遍使用土坯穹隆顶。因此，可以认为牛街礼拜寺窑殿的藻井也是阿拉伯建筑的遗意，其形制的来源与宋辽时期佛教建筑的藻井关系不大。

后窑殿斗拱门罩

后窑殿正（西）面是占满整间的殿宇式木龛，《宋》文为其正名，称为"木雕经文阁"，反对称为"神龛""祭坛"和"圣龛"。从宗教功能来说，它在世界建筑史中的名称是"祈祷壁龛"（Prayer niche）②，刘致平先生称为"圣龛"，都是称"龛"而不称"阁"。现在我们从古建筑技术角度来定名，宋《营造法式》称为"佛道帐"，明清时通称为"斗拱门罩"。

《宋》文从辽代燕京的宗教文化背景分析，判断此门罩是"辽宋时期的历史文化产物"，这个结论与实际情况不符。

在清真寺后窑殿设门罩，内绘经文，这是明清清真寺普遍的形制，在太原、定县、西安等地大型寺院中都有此类装修。宋《营造法式》名为"佛道帐"，是因为宋代佛道庙宇在这种"帐"中供像，宋代没有清真寺留存下来，不好判断是否也用这种"帐"装饰窑殿。但明清祈祷龛使用门罩形式，则是和清真寺建筑使用木结构、

① 刘致平《成都清真寺》载《中国营造学社汇刊》七卷二期，1945 年版。
② 见《牛津—杜登图解词典》，化学工业出版社，1984 年版。

大屋顶一样，都是沿用传统建筑的形式，一定要说它的历史文化缘由，也就是民族文化的长期交融，历史传统的彼此认同，并没有太多特殊的时代背景。

从建筑的"法式"分析，这个门罩的明代特征是很典型的，如屋顶曲线、斗拱做法、吻兽式样等，这里不再多谈，但可以举一个旁证材料，这就是西郊大觉寺大雄宝殿内诸天像的"佛道帐"，除了它的顶部不用大屋顶而用"毗卢帽"式顶以外，其余各部分与牛街礼拜寺窑殿的基本上相同。此大殿建于明宣德三年①，几乎和牛街礼拜寺同年建造，由此也可证明牛街礼拜寺的斗拱门罩是明代之物。

大觉寺大雄宝殿"佛道帐"

关于彩画

《宋》文用较多篇幅分析彩画，用以证明窑殿是宋辽建筑，但恰恰是这些彩画证明了它是明代建筑。

后窑殿的彩画共有五种类型，即藻井、六边梁枋斗拱、南北下层穿插枋檩、门罩（经文阁）梁枋、明间顺梁。现分别辨析如下。

（一）藻井。由戗和海漫板都绘缠枝团花，与寺内其他梁柱一样都是西番莲。而缠枝西番莲图案只在明清彩画才有，其构图基本上是对称的图案化形式。宋代也有缠枝花卉②，但题材是海石榴、宝牙花、太平花、宝

后窑殿六边彩

相花、牡丹花和莲荷花，而且基本是非对称的写生式构图。

---

① 《帝京景物略》卷之五，"黑龙潭"。
② 见宋《营造法式》卷三十三、三十四。以下凡论及宋式彩画均据此书，不另注明。

（二）六边梁枋斗拱。首先在结构上使用平板枋、大小额枋和一斗三升就是典型的明清结构形式而非宋式。彩画构图也是明清式样，即划分为箍头、找头、枋心三段，各段间用"岔口线"分界。箍头用"贯套"，找头用花，枋心用锦，岔口线用"圭线"，色用青绿点金。而宋式彩画则找头箍头合一，岔口线用曲线的"豹脚""如意头""云头"等，枋心以花卉为主。但此处的岔口线用的是双圭线和三圭线，这是最高等级的和玺彩画圭线的形式；找头不用旋花而用西番莲，枋心用四出方格龟锦纹，这些在明清建筑中尚属罕见。不过北京现在可以肯定为明初彩画的为数极少，这里又是伊斯兰教建筑，或许这些罕见的手法正是明初此寺所特有。因此，《宋》文中列举的一些彩画实例与本寺的彩画就很难有可比性，何况这些彩画大多数经过后代多次重绘，难以认识其原貌。

（三）南北下层穿插枋檩。后窑殿的平面是一半方形一半六角，到了屋顶才在东明间置顺梁，上立童柱，加斜梁搭成正六边形框架，因而在斜梁下面还有两个方形下檐的穿插枋檩，这部分的彩画从总体构图到局部图案，更是典型的明清旋子彩画，箍头用"贯套"，找头用"一整二破"旋花，岔口用圭线，足以说明其时代最早是明。

后窑殿下层穿插枋檩彩画

门罩彩画、挂落

（四）门罩（经文阁）梁枋。也是典型的明代旋子彩画，尤其是岔口圭线绘成丰满的曲线，旋花笔法流畅，更有明代特征。大小额枋间的由额垫板和垂莲柱间的挂落板均作半透雕花卉，构图手法也属明式。

（五）明间顺梁。这是一条独立的大梁，正面向内（西），在绵纹底子上画六个"盒子"（借用清苏式彩画名称），盒子内绘花卉、博古。《宋》文看到博古画中有花瓶套座，而这种套座只在宋画中才见过，从而证明此画也是宋画。这种证明方法是不妥的。画中有古物，并不能证明画也是古画，比如《滕王阁图》画的是唐代的滕王阁，就不能把宋画说成是唐画。这种花瓶套座在明清确已不见（但有花盆套座），但清代画中却仍有此物。有一幅郎世宁画的乾隆《雪景行乐图》，图中的条案上就有一个这样的花瓶和套座①，显然这是宫中的古物，物件是宋（?）的，但画却是清的。近代画中可以出现古代物件，但古代画中却不能出现近代物件。正是其中一幅博古中出现了两件明代才出现的物件，一件是"抓斗笔"，另一件是纸折扇（宋代有木片折扇），从而推翻了宋画之说。

但是，窑殿彩画图案中有两个现象值得注意。一是《宋》文中说的"正方平用四出纹"（这个名称不知出自何处，此处暂时借用），再是梁上绘"盒子"彩画。明清彩画常用锦纹枋心，但大多是45°斜交，很少"平用"。单从构图来看，和宋代格子门"四窜尖方格眼"相似，但这种格子一直延续到清代的许多民间建筑仍在使用，很难说就是宋式独有。在这里可否提出另一个来源。正如前述六角形覆斗式藻井保留有伊斯兰建筑中穹隆顶的遗意一

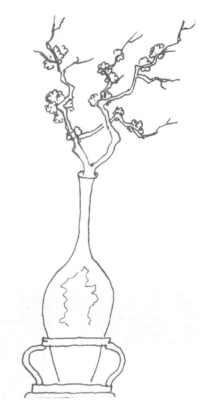

清朗式宁乾隆雪景行乐图中花瓶套座（摹自《中国古代建筑大图典》上册）

样，"平用四出"的构图和梁上绘盒子彩画，也可能受到新疆地区伊斯兰建筑装饰的影响。但"遗意""影响"在文化艺术中是一个模糊概念，现在附上几幅图片，看看能否从中找出一些联系。

新疆维吾尔族礼拜寺天花板的"盒子"彩画

新疆维吾尔族礼拜寺天花板正交方格龟锦纹图案

新疆民居正交方格龟锦纹窗格

① 见《中国古代建筑大图典》上册，今日中国出版社，1977 年版。

最后应当提到，牛街礼拜寺中还有一些极重要的建筑文物，这就是屋顶上的云纹兽头。按伊斯兰教义，装饰中不用动物形象，但传统木构建筑屋顶上又少不了兽头装饰，现在屋顶上大部分吻兽已换成具象的动物兽头，只有碑亭的围脊和角门上还留有几个云纹兽头，即外轮廓是传统的兽头，而兽的口、鼻、眼、尾等全用云纹代替。窑殿木制门罩的二吻二兽也是云纹形。这都是很宝贵的伊斯兰文物，也是回汉文化交流的例证。

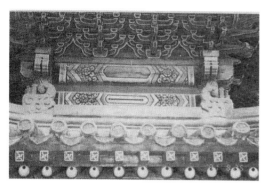 

牛街礼拜寺碑亭围脊云纹正吻　　　　　　　　牛街礼拜寺角门云纹垂兽

（作者为北京市古代建筑研究所原所长）

（原载《北京文博》2001 年 3 月）

关于元护国仁王寺位置的商榷

《北京文博》2001 年第 2 期登载了一篇文章《元大护国仁王寺旧址及相关问题考察》（以下简称《元》文），主要是说元初大护国仁王寺地址就是明代正觉寺（五塔寺），金刚宝座塔原是八思巴舍利塔。细读文中之"考察"，结论是明确的，但论据是不足的，为此愿陈鄙见，以与方家商榷。

《元》文对寺址的判断缺乏证据

《元》文说："从史籍记述推断，大护国仁王寺即今五塔寺。"但所开列的七条史籍依据，无法推断出这个结论。

第（一）条，据《日下旧闻考》引《燕都游览志》，"真觉寺原名正觉寺，乃蒙古人所建"，认为"蒙古人所建，即元朝所建"，并据此推断这所蒙古人建的寺就是大护国仁王寺。但是《燕都游览志》说得很明白，真觉寺原来叫正觉寺，也就是乾隆《御制重修正觉寺碑文》中说的，"实旧志所称大正觉寺者也"，再联系《日下旧闻考》的"按"语"明永乐间重建金刚塔"，可证此地原有一座蒙古人建的（不一定是元朝）正觉寺，永乐时重建，到了乾隆时又重修。此寺原名正觉寺，重建后改名真觉寺，雍正继位后又改名正觉寺。这条文献从正面否定了《元》文的推断。

第（二）（三）条，据缪抄《顺天府志》，"都城之外西建此寺"；《元史·世祖纪》，"至元七年建大护国仁王寺于高梁河"。高梁河习惯上是指广源闸至西城墙外的一段，这段河长 4 千米多，元朝在这一段建了好几个庙宇，怎么能肯定护国仁王寺就建在五塔寺这个地方呢？

第（四）（五）条，引《元史·苗进传》和《元史·成宗纪》，只是记载文宗来过护国仁王寺和成宗时奉察必皇后像于本寺，根本没讲寺的位置。

第（六）（七）条，据《析津志辑佚·河闸桥梁》，"自西水经护国仁王寺西，右始：广源闸二，在寺之西"；又据《元史》《元一统志》："护国仁王寺西广源闸二"。两文只是说明西水（长河）、广源闸在护国仁王寺之西，寺在闸东，同样不能肯定其位置在哪里。

除上述不能成立的论据外，还有一个主观的推测。尽管《元》文也说，"史籍于此并无记载"，但还是认定护国仁王寺是忽必烈为八思巴而建，金刚宝座塔是八思巴的舍利塔，唯一的理由是八思巴与忽必烈有特殊关系。《元》文说，"'护国''仁王'谁堪当之，唯有八思巴堪能当之"。据不完全记载，至元初年在大都内外（包括南城即金中都）新建和重建了许多大寺院，尤其是至元八年（1271）兴建的大圣寿万安寺和释迦舍利通灵之塔（明代的妙应寺和白塔），其规模、地位并不亚于护国仁王寺，又几乎是同年建造，难道也是为了八思巴而建？其实，"仁王"是对佛的尊称，护国仁王之名来源于佛经《仁王护国般若波罗蜜经》和其《仪车丸》。此经曾由唐代高僧不空翻译。不空是唐开元密宗三大士之一，对密教在中国传布影响很大。蒙古、元朝信奉藏传佛教，密宗是其中重要部分，在大都加紧修建，国号（元）即将颁布（至元八年）之际，于此时奉此经之名建造此寺，恐怕才是主要原因。

镇国寺、西镇国寺、高梁河寺、大护国仁王寺、昭应宫的位置

《元》文中提到几处和护国仁王寺的寺庙，但其论断几乎都有问题。

（一）《元》文引《日下旧闻考》卷九十八，"镇国寺在白石桥"，并判断"其位置似在今北京图书馆南侧，河的北岸"；又在行文中将此镇国寺当作西镇国寺。但西镇国寺在《析津志辑佚》中简称为西寺，是察必皇后在至元七年（1270）七月创建的，距城"十里而近"；又据《宛署杂记》第十九卷载，"镇国寺，元朝创，……"两寺虽同为元建，寺名雷同，但一座在白石桥，距城不过 3 里多，另一座却远至"十里而近"，至少七八里之遥，故不是一寺。

（二）《元》文引了《析津志辑佚·岁纪》大段游佛的文字，但是对其中一处明显的矛盾未做考究。前面说西镇国寺在白石桥，又说"距城十里而近"，还说它就是高梁河寺，但《岁纪》却说"平则门外三里许，即西镇国寺"，显然相差甚远。对于这个明显的矛盾，似乎有以下 3 种可能：一是平则门外三里许还有另一个西镇国寺；二是平则门外的是西镇国寺的别院或下寺。但细读全文，是否还有另一种可能，即二月初八的游佛活动起于京西距城 10 里近的西镇国寺，止于平则门外 3 里，也就是庙会和迎佛在寺院内，而游玩的主要活动在平则门外，这里"杂戏毕集""海内珍奇无不凑集""开酒食肆与江南无异"。过了这里，"则有诏游皇城"，先到庆寿寺集

合。庆寿寺在城内时雍坊西南（今长安街北侧），游行队伍正好由平则门进城。北京地区自元明以来，郊外的庙会往往可绵延几里乃至十几里，西镇国寺的游佛庙会也属此类。

（三）《元》文由《析津志辑佚·祭仪》中察必皇后和那木罕"愍忌"（忌日致祭）于高梁河寺，《元史·成宗纪》大德五年（1301）又奉察必皇后御容于大护国仁王寺，从而判定高梁河寺即西镇国寺也是没有说服力的。寺庙有正名也有别名，而别名都来源于其地理或形象特征，高梁河寺也必与高梁河有关。但从文献来看，凡提到西镇国寺的没有一处联系到高梁河，相反，倒是护国仁王寺与高梁河有些关联，如"至元七年建大护国仁王寺于高梁河"（《元史·世祖纪》），"西水（即高梁河）经护国仁王寺西"（《析津志辑佚·河闸桥梁》），所以高梁河寺很可能是护国仁王寺的别名。但何以记察必皇后愍忌在高梁河寺而供像在护国仁王寺？这是古书常用的写法，即载于正史的必用正名，志乘笔记则正名别名混用，《析津志辑佚》中记载的愍忌寺院，如中心阁、白塔寺、青塔寺、黑塔寺等也全都是别名。《析津志》用别名而《元史》用正名；把御容供奉在原来愍忌的寺内，也更合乎礼仪制度。

（四）其实，《析津志辑佚》中记载的河闸桥梁，已初步描绘出了这两处寺院的位置："西寺白玉石桥在护国仁王寺南，有三石共，金所建也。庚午至元秋七月，贞懿皇后诏建此寺，其地在都城之西，十里而近。有河曰高良，河之南也。"这段记载说明，西（镇国）寺附近有金代造的白玉石桥，桥在护国仁王寺之南；至元七年（1270）秋贞懿皇后建西寺，此寺在城西不足十里处，位在高良（梁）河之南。再从地理上看，《水部备考》（《日下旧闻考》引）记"广源闸在西直门外西七里"，清代七里约为元代八里，再加道路弯曲，也就是"十里而近"。白玉石桥当是金代从瓮山泊引水入高梁河源（今紫竹院公园湖泊）时建造的桥梁，元末尚存，明代后毁遗。

由此看来，护国仁王寺就可能是建在广源闸东面的高梁河北岸，前有白玉石桥，桥南是西镇国寺。七月建西镇国寺，十二月建护国仁王寺。另外还有一座大约与它们同时建造的昭应宫。据缪抄《顺天府志》载，"大护国仁王寺，按《大都图册》，国朝都城之外西建此寺及昭应宫，寺宇宏丽雄伟，每岁二月八日大阐佛会，庄严迎奉"；又载，"昭应宫在西镇国寺东"。昭应宫与护国仁王寺相提并论，又与二月初八佛会联系，一齐举行庙会，可见三寺（宫）为近邻。不过这个昭应宫，当初很可能不仅是道教庙宇，同时也是供帝后使用的一处行宫。

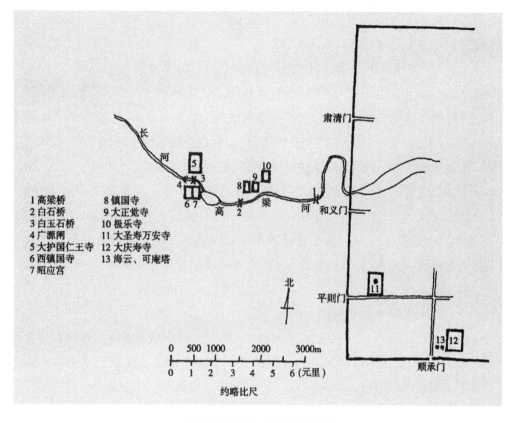

1 高梁桥　　　8 镇国寺
2 白石桥　　　9 大正觉寺
3 白玉石桥　　10 极乐寺
4 广源闸　　　11 大圣寿万安寺
5 大护国仁王寺　12 大庆寿寺
6 西镇国寺　　13 海云、可庵塔
7 昭应宫

北

0　500 1000　　　2000　　　3000m
0　1　2　3　　　4　5　　　6（元里）

约略比尺

元大都西部重要寺院分布图

关于金刚宝座塔

《元》文判定五塔寺金刚宝座塔为八思巴舍利塔的前提论据是，"奉藏八思巴真身的窣堵婆，庄严壮丽无比，何以当之——只有大护国仁王寺的金刚宝座塔"。对于这种论断，实在没有讨论的基础。但是《元》文中对金刚宝座塔实物的判断，则须加以研究。一是《元》文说金刚宝座塔下的须弥座"颇似元初遗物"，理由是座的石雕"丰满生动，与前后券洞之浮雕相较，有明显的时代差异"，也就是说，座是元代旧物，塔是明代新造。应当承认，我们现在所掌握的关于元代藏传佛教雕刻的资料，尚不足只凭诸如"丰满生动"这样的感觉就能判断其年代，何况文中列举的一些雕刻题材，如狮、象、杵等，直至清代仍在常用，并非元代仅有。再是《元》文引《在北京的藏族文物》，须弥座下沿雕刻的藏文是中统三年（1262）八思巴致忽必烈的新年《吉祥海祝辞》，以此证明此塔基就是八思巴舍利塔基。我们暂且不说五塔寺原址有过一处蒙古人造的正觉寺，仅从墓塔上镌刻文字的通例来看，只有别人对逝者的赞辞，还没有见过逝者对别人的赞辞。

不过在《日下旧闻考》卷七十七记大正觉寺的"臣等谨按"中提到"明永乐中重建金刚塔，成于成化九年"，倒应当引起重视。据成化十一年（1475）明宪宗《御制真觉寺金刚宝座记略》，永乐初年"择地西关外，建立真觉寺"，好像是平地新建，而在《宛署杂记》中又记此寺是"成化年建"，对这些问题应当仔细考究。综合有关文献，从成化碑中的一段话中大约可以得到答案，碑文说："永乐初年……建立真觉寺，创治金身宝座，弗克易就，于兹有年。朕念善果未完，必欲新之。命工督修殿宇，创金刚宝座。"可知永乐年间建寺时本有"创治金身宝座"的计划，但"弗克易就"，拖到成化九年才完成，那么永乐的重建金刚塔，一是可能改造原来的正觉寺，再是也可能多次改建重建。这也难怪，真觉寺的金刚宝座塔是按照室利沙携来的样式修建的，此前在内地还没有过这种形式，也就很难一次建成，返工重建在所难免，但终成化五六十年间还是"弗克易就"。

至正十七年（1357）八思巴卒，元世祖"乃建大窣堵婆于京师，奉藏真身舍利，庄饰无俦"，但不见此塔建于何处的任何记载。窣堵婆即塔，其原型是覆钵形圆塔，后来演变成喇嘛塔；但也是一种泛称，不一定都是覆钵形；不过绝对不是来源于菩提伽耶的金刚宝座塔形。现在所知元代大庆寿寺旁有海云、可庵两个高僧的墓塔，此二僧也被封为国师，墓塔在延祐元年又重修，位置在今西长安街北侧，建国初期尚存；京西银山塔林也有几座元代高僧塔，都是六角密檐砖塔，高约 20 米，有砖雕装饰。八思巴舍利塔是否也是这种形式，在此提出以供参考。

总之，《元》文的"考察"，基本上是从文献到文献，文本的商榷，也是从文献到文献，在没有考古证明以前，都是一种假设。假设可以大胆，但求证必须小心，至少不要出现用想象作为求证前提这样起码的逻辑问题。

（原载《北京文博》2001 年 3 月）

柒 京华琐记

"东富西贵"又一说

老北京曾经流传过"东富西贵、南贫北贱"的说法。在多数人的印象中，"东""西"指的是正阳门以内内城的东西两面，"南"指的是正阳门以外的外城，"北"则指的是地安门以北。但是，略加考究就发现此说不确。因为无论是明清还是民国时期，东城都是达官贵人集中的地区。尤其是明清，高官进京办事，都是从东华门出入，他们的住所选在东城比较方便。清代中央衙门几乎全在东城，王公贵族府邸也很多。民国时总统、总理、总长住宅也多在东城。所以说"东贵"比较恰当。西城王公大臣府邸也不少，但总的不如东城多。至于"南贫"，天桥以南，沿天坛、先农坛的"坛根"，龙须沟、金鱼池一带确是贫民聚居地带。但天桥以北，前门大街两侧，则是商铺会馆，金融百业云集，绝不是贫穷之地。而北城的"三海"两侧，鼓楼前面，也是园林大府，商贾集中地区，虽有"贱民"，但还不是本地区独有的特色。所以这一说法并不确实。

另有一说看来比较切合实际。原来自清朝初年实行旗汉分居，内城只允许旗人（满、蒙、汉军）居住，划分为八旗地段管理。汉人居住外城，划分为东、西、南、北、中五"城"进行管理。但这只是治安管理划分的名称，在民间则以前门大街为界，区分东西，以天坛、先农坛北墙为界，大体上区分南北。

在东部，首先是户部（中央财政部门）的总税署设于崇文门外路东，所谓"九门正课一门专，马迹车尘互接连"，全京城的商业税收全部落在这里。其次，由此派生出一大批以商业为主的地方会馆，特别是晋籍会馆。全北京城共有4座山西会馆，3座在本区，另一座在西面的则称为"外馆"，其他有平遥（颜料）、晋翼（布行）、潞郡（冶炼）、临襄（油、盐、粮）会馆等。其中号称"富足甲于三晋"的平阳会馆，即在此地。此外，还有湖南、湖北、江西、广东等地接待竹、木、茶、漆名行的地方会馆。最后，至清道光、咸丰、光绪年间，山西汇号（票号）几乎控制了全国的金融市场。光绪年间在北京的山西汇号共17家，全部设在前门至崇文门之间，仅草厂九条、十条两条胡同就集中了6家。其中位于草厂十条31号（今门牌）的日升昌，主店在平遥城内，是当时全国最有实力的汇号。因此，称前门大街以东为"东富"，是当之无愧的。

在西部，宣武门大街至琉璃厂一带向来是高官住宅和试子会馆的集中地。由于旗汉分居，像王士禛、龚鼎孳、梁诗正、闫若璩、陈廷敬、汪由敦、刘墉、纪晓岚、王杰、岳钟琪等许多赫赫有名的一品大员都住在此处。当年永定门虽是京师南门，但门外并无官道，南方和中原士人到北京赶考，一般都是经涿州，过卢沟桥进广安门，就近落居在这一带。而当地原有的辽金古迹和报国寺、琉璃厂的书肆，都是吸引试子居停的场所。"学而优则仕"，中试后当官，或来京"陛见""候补"的官员也都在此居留。因此，外城七门中，广安门的城楼和永定门一样雄伟壮观，规格超过其他城门，也可见"西贵"之说不无端由。

至于南部，主要是指天桥、金鱼池和菜园、坟地、粪场，以及一些手工业作坊，自然就是"南贫"。而北部，则集中了"八大胡同"、剃头、修脚、跑堂、搬运、出殡等"下九流"的服务行业，因而称为"北贱"。

这种以经济地位社会地位划分居住群落的现象，无疑是当时社会机制的产物。机制改变了，所谓富贵贫贱的划分也就消亡了。不过，今天从中也可以引发一些思考，这就是，社会机制是形成聚落群体不可忽视的因素，甚至是决定性的因素。如果要改变聚落的不合理的状态，首先应当从改革社会机制入手才行。

（原载《新崇文报》2006 年 2 月 13 日）

古都"复兴"离不开古迹重建

从 1989 年重建地坛西门"广厚街"牌坊，到 2004 年永定门城楼原址复建、2007 年正阳门外五牌楼原址重建，再到最近的香山寺景区复建后开放，北京近 30 年来陆续恢复或重建了很多历史景观。但也有人提出疑问，认为这种重建的"假古董"不仅是毫无文化价值的赝品，而且破坏了历史的真实性。随着新公布的《北京城市总体规划（2016—2035 年）》中特别强调的"老城的保护与复兴"话题引发人们热议，关

地坛西门广厚街牌楼西立面（1989 年复建）

于古迹重建也再度成为人们关注的热点。那么，"老城的保护与复兴"到底需要不需要重建古迹？笔者的观点是："保护"的主要对象是现有的历史建筑、历史街区和历史景观等实物遗存；而"复兴"则重在重现历史载体、历史信息和历史风貌。因此，古都的"复兴"离不开古迹重建……

对历史文化遗迹的保护，至今在主流社会仍然是以 1964 年"国际古迹遗址理事会"颁布的《国际古迹保护与修复宪章》（《威尼斯宪章》）为基本准则。这个《宪章》的核心理念是在保护、修复古迹时必须保存它们现存的真实性，绝对禁止复原重建。这实际上是一个以欧洲砖石结构建筑为主要对象、具有明显的欧洲中心观为导向的准则。但是运用到类似中国、日本、朝鲜等国家以木结构为主，又经常改建重建的古迹时就出现了尴尬：哪个年代、什么状态的算是原来的"真实性"？多次改建、重建过的史迹是不是就失去了"真实性"？为此，1994 年许多国家的代表在日本

奈良开会，通过了一个叫
《关于文化遗产真实性的奈良
宣言》（以下简称《宣言》），
获得国际古迹遗址理事会的
认可并公布于世。《宣言》旗
帜鲜明地指出，对"真实性"
的检测要"尊重每个社会的
社会文化价值体系"，保护遗
产的目标主要是保护它们的
文化价值。

北京古城外城永定门（2004 年复建）

也就是说，遗产的"真实性"不仅指现存的实物形式是真实的，更重要的是它们所承载的文化内容是真实的。《宣言》公布后，引发不少国家通过重建已经消失的古迹再现其历史价值的潮流。

《中华人民共和国文物保护法》第二十二条规定："不可移动文物已经全部毁坏的，应当实施遗址保护，不得在原址重建。但是，因特殊情况需要在原址重建的，由省、自治区、直辖市人民政府文物行政部门报省、自治区、直辖市人民政府批准；全国重点文物保护单位需要在原址重建的，由省、自治区、直辖市人民政府报国务院批准。"这个规定在执行上明显地缺乏科学论证，一是主体客体都不明确，"不可移动文物"除了国家各级政府公布的文物保护单位和指定保护的对象以外，其他的由谁来指定"不得在原址重建"？二是"特殊情况"如何界定？从实际情况来看，国家批准的"特殊情况"多数是红色遗迹。像圆明园等遗址，国家批准的规划则是可以重建原有建筑的十分之一（约 1.2 万平方米）；香山是全部恢复二十八景……而早在 20 世纪 80 年代国家批准的承德避暑山庄整修计划中，则规定了不少要求重建的项目。

由于法规的泛指性，出现了许多原址重建的项目，它们原来没有被公布为文物保护单位，可以不受文物法规约束，但又是不可移动文物，有文物的属性，文物主管部门可以过问，而现实中由于历史文化复兴的需求，公众的呼吁，把它们恢复起

北京香山香山寺——蔷蔔香林阁（2016 年复建）

来势在必行。这就出现了在文物保护、文化复兴、城市建设三者夹缝中重建古迹的现象——重现历史文化景观。于是，北京从1989年重建地坛西门"广厚街"牌坊起，陆续恢复了中轴线上的永定门、天桥、五牌楼、大高玄殿前牌坊、外城东南角楼、前门大街古店铺等历史景观。应该说，对这些古迹的重建是很慎重的，所有项目都经过严格的考据，反复论证，尽可能接近原状。

　　这种重建是在造"假古董"吗？我认为，建筑物是公共产品，不是私人或博物馆藏品，除了少数年代特别久远珍稀的遗存外，大多数不能当作"古董"被收藏，特别是在中国，更多是作为历史事件、社会生活、典章制度、王朝更迭的见证向公众展示。它们是不同历史时期的文化现象，是见证历史的载体，它们的真与假首先要看所承载的历史是真是假，而不是现在实物的时间是真是假。当然，时下有些地方确实在造假古董，例如，某某好汉聚义的山寨、某某名妓待客的青楼……不但形式是假的，故事情节也是编造的，当然不属于文化复兴。

外国是如何修复古迹的

日本：再现古都奈良药师寺西塔

　　日本的史迹保护理念与欧洲主流完全背道而驰，他们追求的"真实性"是"最原始"的状态，不但对现存古迹经常解体重构，拆去后代增加的和改变的部分，恢复到初建时的状态，而且还要找到原始遗址，把消失了上千年的建筑重建起来，古都奈良就有不少范例。

　　奈良是日本古都平城京所在地，它的城市格局和宫殿形式都仿自中国隋唐时期的长安，主体遗址通过

日本奈良药师寺西塔（混凝土结构1981年重建）

考古发掘已展示出原有形态，并作出不同形式的标识，前些年又把皇城正门朱雀门和东宫花园在原址建造起来。它们的位置和平面有真实的遗址存在，但上面的形式只能依据学术考证作出推测性设计，很难说是不是真实的"唐风"原状。但因建在

真实的原址上，其文化意义远超形式意义，近年来又酝酿把已是废墟的正殿恢复起来。

药师寺是奈良的重要标志，它原有东西两座方形木塔和大殿金堂，后遭火灾西塔焚毁，金堂也残圮严重，前些年在原址上用钢筋混凝土结构重建了西塔，金堂也在恢复中。西塔形式有东塔为依据，金堂却有不少推测创造。模仿也好，创造也罢，只要保存了寺院的文化意义，形式并不重要。

俄罗斯：恢复莫斯科红场西入口双拱门原貌

俄罗斯对待文化史迹的原则是，消失的重建，残破的修新，全部保留历史原状。

圣彼得堡是沙俄时期的首都，历史遗迹最多，郊区的夏宫更是辉煌壮丽，但在德国法西斯入侵时大多被毁。胜利后一步一步按原状修复，基本上重现了普希金笔下皇宫的气派。为了恢复被德国法西斯剥去掠走的琥珀厅镶嵌的几万块琥珀，

俄罗斯莫斯科红场北端的双拱门（复建）

专门开矿凿磨恢复原状。在大量的古迹恢复工程中，莫斯科红场西入口的双拱门影响较大，20世纪30年代，为了阅兵通畅被拆除，50年后又在原址恢复起来，成为红场的新地标。在20世纪初，还"恢复"了一座大教堂，原来的教堂是什么样子已无从考证，完全是新设计的仿古形式。

美国：复建17世纪殖民时代三座首府

美国的文物保护虽然有国家标准，但只有为数不多的联邦和州属土地上的史迹受到有效管控，其他大部分是私有财产，所以许多古迹修得五花八门。而且，美国是讲究实用主义的国家，为什么要保护历史遗产？答案是：供公众游览参观。历史上的美国什么样？发生过什么事件？城市、乡村中的美国人怎么生活？基于这种理念，美国出现了不少恢复起来的古城，最著名的是17世纪殖民时代的三座首府：马里兰州的圣玛利古城址、弗吉尼亚州的安那波利斯城和威廉斯堡城。圣玛利已全部成为废墟，但它是英国殖民者初次登陆的首府，所以仿造了几座古作坊、古住宅代表初始城市形式，这些"史迹"都是按照文字记述和书籍插图设计复原的，是不是

原来的状态已不重要。相比之下，弗吉尼亚州的两座古城规模要大得多。在安那波利斯还保留了一些有人居住的老住宅，但公共建筑和商业店铺完全是恢复重建的，有些还是老构件重新装配的。威廉斯堡是石油大亨洛克菲勒把全城买下的私产，因此把当时所有有代表性的建筑全部重建或修复起来，除教堂、法院、监狱、政府、宅邸以外，还有奶酪、饼干、面包、印染、铁木、制陶等各类作坊，囚犯示众的木枷也展示在街上，游人可以"以身试法"。此外，美国西部荒漠中还有一些印第安人的"保留地"村镇，由于不适合现代居住要求，原住民的住所大部分已无存。近些年由于旅游者增多，很多地方按旧时式样恢复起来，但基本是凭传说和想象而建的。

美国复建的殖民时代建筑

（原载《北京日报》2018 年 1 月 11 日）

蓟丘到底在哪里

新版《北京城市总体规划（2016 年—2035年)》提出要"推进实施老城重组"，近来备受关注。在这份引领北京未来 20 年发展的"总规"中，提及多年的"旧城"已不见踪影，取而代之的是"老城"。那么，北京这座"老城"到底有多"老"？根据《礼记·乐记》"武王克殷反商，未及下车而封黄帝之后于蓟"的记载，最早可以追溯至"武王封蓟"的周武王十一年（前1045）。1995 年，为纪念北京建城 3040 年，在广安门外的滨河公园建起一个蓟城纪念柱并镌刻铭文："北京城区，肇始斯地，其时惟周，其名曰蓟。"可是，蓟丘到底在哪里却一直难有定论……

西二环南段东侧的蓟城纪念柱细部——侯仁之先生撰文

蓟城和燕都朦胧不清
蓟国有黄帝和帝尧之后两种说法

周武王十一年灭商，由殷墟北上，沿途册封了许多诸侯国，北京地区有燕、蓟二国。在今房山琉璃河董家林村，考古中发现了城垣、宫室遗址和镌有"燕"铭文的青铜礼器，由此确定此处就是燕都。20 世纪 90 年代，在遗址上建造了一座西周遗址博物馆以为标志。

可是，蓟都也就是后来的燕都到底在哪里却一直难有定论。一是蓟国来历朦胧不清，一说是黄帝之后，又一说是帝尧之后；二是燕国在什么时候吞并了蓟国，是什么原因把国都迁到了蓟城等，史籍中均无明确记载；三是迄今为止，仍没有发现燕都蓟城的遗迹，所以无法推断出蓟城的准确位置。这些问题虽然经过多年来不少学者探讨，但终究缺乏考古证据，语焉不详。最终比较一致的意见是，把建城时间定在周武王十一年灭商之年，即公元前1045年，蓟城地址定在今广安门外一带，但总的来说，燕都蓟城仍然朦胧不清。1995年为纪念北京建城3040年，在广安门外滨河公园内建了一座建城纪念柱，并镌刻上铭文"北京城区，肇始斯地，其时惟周，其名曰蓟"。柱前立有历史地理学家侯仁之教授撰写的《北京建城记》石碑，但这只是大致肯定了蓟城的位置和建城的时间。

蓟丘之名最早出现于《战国策》《乐毅报燕昭王书》："蓟丘之植，植于汶皇"

公元前313年，燕国内乱，齐军乘乱侵入燕都，"毁其宗庙，迁其重器"，燕都遭到极大破坏。9年后燕昭王复仇，命乐毅领军伐齐，攻入齐都临淄。据《战国策·燕策二》载乐毅报燕昭王书："珠玉财宝，车甲珍器，尽收入燕……蓟丘之植，植于汶皇。"这是历史上第一次出现了"蓟丘"之名，这段文字中第一个"植"指的是树木，第二个"植"，指的是种植，"汶"是齐国南界汶水，"皇"是主要大门，就是说，把燕国蓟丘的大树栽种到齐国的大门口。树在古时是代表土地疆域的"社"主，这株树就代表齐国成了燕国的土地。但是这个蓟

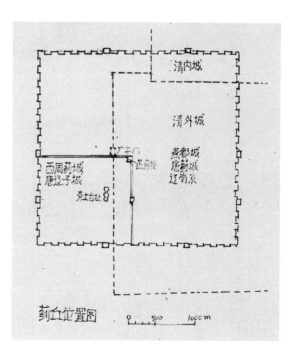

蓟丘位置图

"丘"并没有明确指出是高地土丘，或是一处称为"蓟丘"的地名。

此后过了800多年，北魏郦道元著《水经注·湿水》就明确指出："昔周武王封尧后于蓟，今城内西北隅有蓟丘，因丘以名邑也。"北魏的蓟城经多方考证，其范围仍是当初的燕都，其西北隅在今白云观附近。可是几十年来考古工作者在这一带苦苦寻找，却始终一无所获，而在现状地形图中，这块地方的高度和蓟城其他地段基本一致，并没有"丘"的痕迹。所以，这个高丘状的蓟丘究竟在哪里仍然是一个谜。

蓟丘也许并非"土高曰丘"
或为井田制城邑或为原名蓟丘的故城

除了"土高曰丘","丘"是否还有其他含义？第一，"丘"可做废墟解。苏轼《凌虚台记》说原来的台阁以后化为了"禾黍荆棘丘墟陇亩"；王勃《滕王阁序》也有"兰亭已矣，梓泽（西晋石崇金谷园）丘墟"。北魏的蓟丘有可能是一处宫殿的废墟，战国诸侯宫室盛行"高台榭美宫室"，燕都中即有宁台宫，高台宫殿的废墟就成了"丘"。

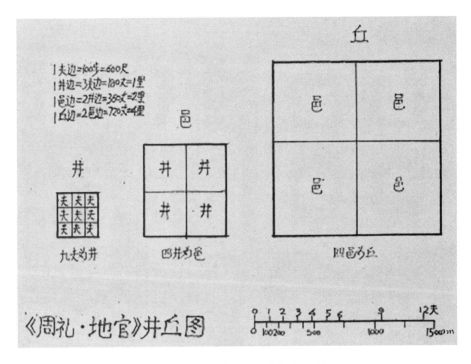

《周礼·地官·小司徒》井丘图

第二，"丘"还可以理解为井田制规划的城邑。周初施行土地井田制，"井"既是馈赠、交易、赏赐的计量单位，也是居住城邑规划的基本单位。《周礼·地官·小司徒》规定，九夫为一井，边长三夫，四井为一邑，四邑为一丘，四丘为一甸。1 夫边长百步，1 步 6 尺，则 1 井边长为 1800 尺，1 丘为 7200 尺，按周尺 1 尺折今约 0.2 米计算，则 1 丘为 1440 余米见方，面积约 207 公顷，可居住 5 万至 6 万人。《广雅》"丘，居也"；《广韵》"丘，聚也"；《孟子·尽心下》"是故得乎丘民"。可见"丘"

是一个面积 16 井的城邑，燕都扩大 4 倍，为 1 "甸"，住有居民 20 万至 24 万。

广安门内大街南侧辽南京皇城东北角燕角楼旧址

第三，"丘"是秦汉以后城邑的名称。秦始皇施行郡县制，许多原来的"丘"更名为县和乡、亭（县以下行政单位）。《水经注》记载，北魏时大约有 80 处名"丘"的城邑，其中明确标明为某某"故城"的大约 70 处，如重丘故城、黎丘故城、灵丘县故城、斥丘县古城、梁丘乡、楚丘亭、阳丘亭等，还有一些丘名沿用至今，如任丘、章丘、灵丘、商丘、霍丘等。如果据此推断，北魏时期的蓟县也可能是原名蓟丘的故城。

唐辽子城可能是古蓟丘
《辽史·地理志》："皇城东北隅有燕角楼"

一座新的城邑，大多是在原来故城的基础上发展出来的。燕都经过秦始皇三十二年"堕城令"及其后的几度兴废，原址范围已很模糊，但是文字记载和考古遗存证明，隋唐幽州蓟城和辽南京城基本上是在燕都故城基础上发展出来的。《辽史·地理志》载："皇城东北隅有燕角楼。"燕角后世讹传为烟阁、县阁、线阁，其地在今天南、北线阁街与广安门内大街相交处。这里在 20 世纪二三十年代尚存高地，上面建有商铺。由此向西、向南至唐辽故城城墙，均为 1400 余米见方，正符合周代 1 丘即 16 井的面积尺度。宋人路振《乘轺录》记载："子城幅员五里"，指的是子城纵横

西二环南段东侧的蓟城纪念柱

各5里，长宽各2里半，折合为今天1400余米，也就是周制的1丘。1956年5月，清华大学赵正之教授考察北京史迹，发现在广安门外护城河西新辟道路（今广安门外西滨河路）冲破了南北并连的三座夯土台，每座长宽各约60米，路土之下有唐辽时期夯土，其下又有周至战国夯土，夹有当代瓦砾和一块半圆形战国饕餮纹瓦当（据《文物参考资料》1957年第7期《北京广安门外发现战国和战国以前的遗迹》），证明这是一处古燕都的宫殿遗址，后来唐辽在上面继续修筑房屋。

由于唐辽的子城既是西周蓟丘的"丘"城，又有西周以后各朝宫殿颓堆的"丘"墟，应该符合《水经注·湿水》所记。然而，为什么这处蓟丘在城的西南而《水经注》说是在西北？答案是，《水经注》从成书至宋代雕版印刷，500多年间辗转传抄，宋以后又不断翻刻，必有不少错讹。在地理方位中，明清学者校出了许多互异之处，其中就有北、南互异的（卷二十一汝水），因而今版《水经注·湿水》也不能排除把西南误传为西北的可能。2004年，原宣武区政府在古燕角楼附近建了一座石雕标志，给唐辽子城亦即古蓟丘留下了一点记忆。

（原载《北京日报》2017年7月27日第39版）

京杭大运河"北京段"上的历史遗迹

京杭大运河已于2014年被公布为世界文化遗产，它在北京的一段通称为通惠河，今年恰逢郭守敬开凿京杭大运河"最后一公里"通惠河750周年。据《元史》记载，通惠河正式批准开工日期是至元二十九年（1292），忽必烈命令"丞相以下皆亲操畚锸倡工"，仿效汉武帝塞瓠子决河的仪式，参加通惠河开凿的共有两万多人。因工程浩大，"通惠河道所都事"全权由"咸待公（郭守敬）指授而后行事"。通惠河工程经一年施工，于至元三十年（1293）秋天竣工，漕船可直接驶入城内的积水潭，实现了京杭运河的全线通航。郭守敬在长约80千米的通惠河河道上，共建有11处24座桥闸，使漕运船舶逆流而上，为都城输送了粮食物资，也留下了很多乡愁逸事和历史遗迹……

郭守敬巧引"十泉水"
《元史》记载通惠河"自昌平县白浮村开导神山泉"

京杭大运河"北京段"通称为通惠河，《元史》记载，总长164里104步。"自昌平县白浮村开导神山泉，西南转，循山麓，与一亩泉、榆河、玉泉诸水合，自西水门入都，经积水潭为停渊，南出文明门，东过通州至高丽庄入白河。"这条河由十泉、二湖、五河段组成。十泉是上游的十处水源，二湖是瓮山泊（今颐和园昆明湖）和积水潭（又名海子），五河段是瓮山泊以上的白浮堰渠、瓮山泊至紫竹院的长河、紫竹院至积水潭的高粱河、城中的玉河和大通桥至通州李二寺进入北运河（白河）的通惠河。

提到通惠河，一定要说郭守敬，他是京杭大运河"最后一公里"的设计师和开创者。郭守敬于1231年出生于顺德府邢台县（今河北邢台市邢台县），他师从元大都规划者刘秉忠，精通天文、历算和水利工程，曾被忽必烈任命为都水监，负责修治元大都至通州的运河。侯仁之教授称他是"天文历算及水利工程一代宗师"。元世祖至元九年（1272）元大都建成后，面临着调运南方粮食物资入都的大量需求，循运河北上运输是最便捷经济的通道，而源头供水则是必须解决的关键。之前虽然尝试过从永定河引水的金口河和由温榆河引水筑坝的坝河调水入都，但都不能保证上源供水需求。郭守敬经过 20 年的反复勘察测量，终于确定了由白浮泉为引水起点，修筑堰渠，中间截取十大泉流注入瓮山泊为运河补水的方案。

白浮泉在今昌平以北白浮村的龙山下，又名神山泉。为了截取泉水，堰渠先反向由东而西，再折而南下，最后截取了玉泉之水注入瓮山泊，共长约 32 千米，地形高差仅 7 米余，必须借助精准的测量技术才能保证渠水通畅。但是这条堰渠在明代即已湮毁干涸。于是，当地人在泉水源头修筑了一处纪念地，有 9 个并列石刻龙首口中喷水入池，号称"九龙喷玉"，又在对面龙山上建了一座龙王庙，但后来也都荒芜。直至 1989 年，北京市第一商业局投资对这里进行环境治理，以九龙池为核心建成一座园林景观。九龙池上建仿元式碑亭，中立历史地理学家侯仁之教授撰写的《白浮泉遗址整修记》石碑，给运河之源留下了真实的记忆。

虽然通惠河是郭守敬的业绩，可是在《元史》中却把功劳记在一个名叫高源的高官名下。因为他的官位是"都水监"（水利部长），而郭守敬只是他的副手"少监"。好在历史是由后人写的，如今在什刹海西海北岸的汇通祠建有郭守敬纪念馆，可以通过大量历史资料看到郭守敬的巨大贡献。

清乾隆时期瓮山泊更名为昆明湖
慈禧太后在高梁河岸边建起西洋楼"畅观楼"

瓮山泊成为运河的补水源头后，在清乾隆时进行了整修，兴建了万寿山清漪园，瓮山泊更名为昆明湖。接着于湖东筑坝，在绣漪桥下设闸控制水量。由此引水向东，其中至紫竹院的一段后来称为长河，在其下游建造广源上、下闸，形成了一处调节水流的湖泊。临河有万寿寺，旁为行宫，前设码头。明代在湖泊周边已有一些寺庙酒肆茶楼，乾隆时从长河引水建造了一处仿苏州水乡式样的"苏州街"；又改造了明代古刹"紫竹院"，在其西侧建了一座行宫，苏州街、紫竹院、万寿寺成了皇家游览胜地，长河成了皇帝独享的游览河。紫竹院往东通称高梁河，利用蜿蜒曲折的河道，建了一座皇家御园，名"乐善园"，慈禧太后循河游览，在主河道边建造了一座名为"畅观楼"的西洋楼。1906 年乐善园改为"农事试验场"，后来叫万牲园，就是今天的北京动物园，园内房屋全部仿洋，大门砖雕更是精美别致，成为京师一景。而当年皇家专用的游览河高梁河，今天仍是一条可以行船的游览河。

大运河白浮泉遗址

位于什刹海畔的郭守敬雕像

积水潭的繁华与玉河的耻辱
《大都赋》称积水潭"百廛悬旌，万货别区"

通惠河修成后，南方粮食、货物源源进入大都，货船都停泊在积水潭码头，一时百舸云集，在其南岸专门辟出一个丰储坊为仓储之地。沿岸开设了许多酒肆、茶楼、勾栏（剧场）、妓寮，灯红酒绿，彻夜笙歌。元代黄文仲曾写过《大都赋》形容当时元大都商业之盛，"华区锦市，聚四海之珍异，歌棚舞榭，造九州之秋芬"；与黄文仲同时代的李洧孙也作《大都赋》称，"凿会通之河，百廛悬旌，万货别区"。在兴盛的商业中，大都又出现了蜚声全国、流芳百代的戏曲名家，关汉卿的《窦娥冤》、马致远的《汉宫秋》和王实甫的《西厢记》等名剧都产生在大都。表演艺术家珠帘秀、顺时秀、忠都秀等不仅在大都演出名剧，还组班赴外地演出，在山西洪洞县元代水神庙中就留下了一幅横额为"大行散乐忠都秀在此作场"的壁画。

明洪武元年（1368），明军攻入大都，拆平了元宫，缩小了北城。从此运河不再入城，积水潭北部一片水域被隔至城外，成为一潭死水（后世的太平湖）。明正统三年（1438），在后来的东便门外修建了大通桥，成为漕运终点，城内河道闸桥淤塞废弃，近年经过考古发掘，才使得个别河段重见天日。海子的大部分水分流进入皇宫西苑三海，所余湖面被分隔成积水潭、什刹海前海和后海三部分。河渠虽泯，但什刹海周边依旧延续了昔日风光。明代以来，沿湖兴建了不少寺庙和酒肆茶楼，延续至今天仍是餐饮人流麇集之地，环境拥挤不堪，以致不得不进行疏解整治。

应该铭记的是，京城"运河"还曾经历过一场巨大的国耻。1900年八国联军入侵北京，次年与清政府签订了丧权辱国的《辛丑条约》。条约规定以玉河故道为纵轴，东江米巷为横轴，划出一块外国人占据的禁地，名"使馆区"。这条玉河开始被外国人称为"玉石运河"（Jade Canal），沿岸建造了英国、日本、意大利使馆，两侧街道命名为"运河街"（Canal Street），但只是一条终年干涸的污水沟。后来禁地开放，改名为"御河桥"街，20世纪50年代填平改为绿地，街道命名为"正义路"。

发生在这段运河上的八里桥之战也是应该永远铭记的一段历史。运河从东便门外大通桥至通州李二寺进入北运河，清代仍能通航，在通州城以西8里，跨河建有三券石桥永通桥，俗名八里庄桥。1860年第二次鸦片战争中，"英法联军"自大沽口登陆直逼京师，在经过张家湾血战后，侵略军进至通州。这时驻防的是蒙古亲王僧格林沁率领的蒙古骑兵，人数远不敌侵略军。仓促间又从京城和圆明园驻军中招募了五千八旗步兵。这些士兵只有少数落后的火炮和火绳抬枪，多数还是冷兵器。9月

21 日清晨两军开战，战至中午异常激烈。战斗中 3 位主帅两逃一伤，五千士兵在八里桥拼死抵抗，直至全部战死。五千壮士没有留下姓名，至今骸骨不知何在。

（原载《北京日报》2017 年 8 月 24 日）

瓮山泊（今颐和园昆明湖）

位于长河岸边的畅观楼

京杭大运河积水潭港遗址

"九坛八庙"的说法并不确切

老北京快板数来宝说到北京时常用这么一句台词："九坛八庙颐和园，东四西单鼓楼前……"老北京俗话也有："内九外七皇城四，九坛八庙一口钟……"其实，"九坛八庙"这种民间流传的说法并不确切，严格地说，明清时期北京坛庙应该是"七庙十一坛"……

"九坛八庙"的说法是怎么来的？

中国是礼仪之邦，坛庙是礼仪的重要载体，它们体现了古代天人合一、数象合一、美善合一的宇宙观、伦理观和审美观，是中华民族独一无二的一种文化现象。中国人自古就有一种数字情结，对各种数字都赋予了特殊的含义，尤其对九、八、五这三个数特别重视。九是纯阳之极，最极致，五是数列之中，最尊贵，所以皇帝为九五之尊；八是方位之界，最广大，所以饭馆有八大楼，绸缎有八大祥，点心有八大件，妓院有八大胡同等。用这三个数表示皇都的礼制建筑，彰显出了它们地位的尊贵。

坛和庙最早并不是宗教建筑，它们的起源远早于宗教，后世的宗教只是借用了古时坛庙的名称，如佛教的戒坛，道教的醮坛，藏传佛教的坛城，有些宗教的庙宇也称为庙。

作为礼制建筑，"坛和庙"有严格的制度，只为皇宫服务，绝不对公众开放；宗教的坛庙制度不太严格，都对公众开放。礼制坛庙分为大祀、中祀、群祀三级，属于皇家祭祀的只有大、中两级。坛大多数是露天的砖石台，少数是"坛而屋之"，即在殿宇内设石坛。明清北京的坛庙几经变化，至清乾隆十八年（1753）祈年殿完成，延续到1911年，共有大祀级坛4所，它们是天坛（祭祀时称圜丘或圆丘）、地坛（祭祀时称方泽）、社稷坛、祈谷坛（祈年殿内），中祀级7所，它们是先农坛、太岁坛（太岁殿内）、天神坛、地祇坛、朝日坛、夕月坛、先蚕坛；共有大祀级庙4所，

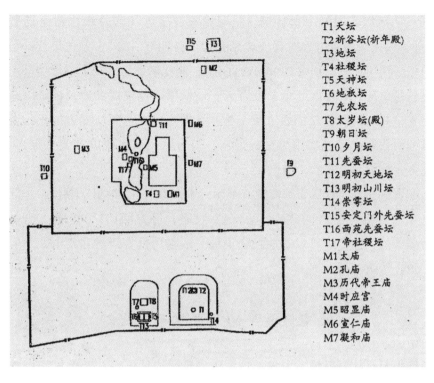

T1 天坛
T2 祈谷坛(祈年殿)
T3 地坛
T4 社稷坛
T5 天神坛
T6 地祇坛
T7 先农坛
T8 太岁坛(殿)
T9 朝日坛
T10 夕月坛
T11 先蚕坛
T12 明初天地坛
T13 明初山川坛
T14 崇雩坛
T15 安定门外先蚕坛
T16 西苑先蚕坛
T17 帝社稷坛
M1 太庙
M2 孔庙
M3 历代帝王庙
M4 时应宫
M5 昭显庙
M6 宣仁庙
M7 凝和庙

明清北京坛庙分布图

它们是太庙、奉先殿、堂子等，中祀级庙 7 所，如此算来，应该是 11 庙 11 坛。如果加上明代建造过的 6 坛，即天地坛（永乐十八年建，嘉靖九年废）、山川坛（永乐十八年建，嘉靖九年废）、崇雩坛（嘉靖十一年建，清乾隆十二年废）、安定门外先蚕坛（嘉靖九年建、次年废）、西苑先蚕坛（嘉靖十年建，四十二年废）、帝社稷坛（又名土谷坛，嘉靖十年建，隆庆元年废）共计建了 17 坛。

七庙为何都是向北拜祭？

古代坛庙形式配置都有规矩。一是祭拜的方向。各庙都是神位在北，向北拜祭，所以主殿坐北朝南。坛的方位和祭拜对象的阴阳属性有关，属阴的有方泽、社稷、地祇、夕月四坛，以阴（南）为上，神位在南，正门在北。其他 7 坛，以阳（北）为上，神位在北，正门在南。

二是尺寸形式。凡是属阳的，都用奇数，如圜丘上、中、下三层的直径分别为 9、15、21 丈，天神坛每面 5 丈；属阴的用偶数，如方泽坛二层下层边长 10.6 丈，上层 6 丈，地祇坛长 10 丈、宽 6 丈。屋顶形式，祈年殿象征天圆，至高无上，以蓝色象征天，是诸坛庙中的一个特例。三层檐象征至尊（宫殿和礼制建筑最多二重檐）。此外，大祀级的庙用重檐黄琉璃瓦庑殿顶（四坡五脊），制比皇宫；中祀级的庙降为单檐绿琉璃瓦歇山顶（四坡两山九脊），制比诸王。

三是色彩象征。天坛以蓝色象征青天，地坛以黄色象征大地，日坛以绿色象征东方甲乙木，月坛以白色象征西方庚辛金，社稷坛以五色象征五方国土；太岁殿的黑瓦是延续明代祭祀建筑都用黑瓦的通制，因为明成祖朱棣以玄武大帝为护佑神，玄武在北方，北方为壬癸水，黑色。

四是配置成套。所有坛庙都配置有神库（存放祭具）、神厨（制作牛羊等牺牲）、神版库（平时供奉神位）、牺牲所（又名宰牲亭，屠宰牺牲）、井亭（洗涤牺牲），此外还有燔柴炉、焚帛炉等。这些配套设施一般都用低等级的建筑形式，但也有的与祀级一致，等级较高。

北京城最早的天坛建于元代？

中国祭祀天地起源很早，考古遗址中曾发现过原始祭坛，后代史籍也有皇帝祭祀天地的记载。西周以后定制，《周礼》《礼记》中记载有冬至日祭天，夏至日祭地，天神叫作昊天上帝，祭祀场所叫作圜丘（也叫圆丘，圜、圆同义），地神叫作皇地祇，祭祀的场所叫作方丘也叫方泽。不过那时的"丘"不是人工筑造的，《尔雅·释丘》说："非人为之丘。"当时祭祀是在脽上"扫地为坛"，脽（shuí）的本义是臀部，借用为隆起的地形，也就是说当时祭祀天地都是打扫出一块高地进行。祭祀的地点也不固定在国都。汉武帝元鼎元年（前116）在距离长安200多里的甘泉宫建泰一祠紫坛祭天；元狩二年（前121）在汾阴脽上（汾河汇入黄河处）立后土祠祭地，祠后建方台，为"黄帝扫地为坛"处。直到成帝二年（前31）才决定把这两处祠坛迁至首都长安的南、北郊，以后各代成为定制。不过那时仍不是砖石台体，以后各代至隋唐长安南郊的圜丘还都是夯土筑造。这座圜丘在1994年被发掘出来，通高约8米，圆形4层，下层径约52.8米，二层约40.5米，三层约28.4米，顶层约20米，设十二陛阶通向各层。与清代北京天坛相比，上层直径完全一致，其余各层现状尺寸和文献记载不完全一致，是后代不断修缮的结果。坛外抹白灰面，形象朴素。汉武帝圜丘（紫坛）底层八边，唐代十二阶，北齐改为四阶，都有象征意义。古人由天象观察，木星（太岁）十二年运行一周，一年十二月，一天十二时；八象征"八方通宣"；四象征一年四季。

元代进行了重大改革，第一次用了天坛、地坛的名称，第一次规定天坛为三层四阶，第一次用砖石筑坛。元大都的天坛在丽正门外东南 7 里，现在祈年殿的位置。

　　明初建都南京，依古制在南郊建天坛，北郊建地坛。但是到了洪武十年（1377年），朱元璋突发奇想，认为自己是天子，天是父，地是母，父母岂能分居，于是创立了天地同坛合祭之制。坛名天地坛，坛上覆殿，名大祀殿。它的形象见于明正德年间《金陵古今图考》中，是一座每面 7.8 丈（约 25 米），面阔三间，呈"九宫"分隔的方形重檐大殿。明间 3 丈，阳数象天；次间 2.4 丈，阴数象地；总长 7.8 丈是阴阳合数。

　　永乐十八年（1420）定都北京，一切规制仿照南京。毁去元大都天坛，在其址建大祀殿。它的形象见于《大明会典》中，不过屋顶变成单檐，可能是刻图时经过简化。这种天地合祭、阴阳合一的形制，以前没有，以后也没有，空前绝后。

地坛为什么向西偏约 2°？

　　明嘉靖九年（1530）对北京礼制建筑进行了大调整。在大祀殿以南新建天坛祭天；北郊新建地坛祭地。原来的大祀殿改为祈谷坛，同时兼祭祖先，至嘉靖十七年（1538）拆去，二十年改建成为大享殿祈谷坛。这时的圜丘通体为蓝琉璃包砌，大享殿屋顶下檐绿色，中檐黄色，上檐蓝色。由于此殿当时也作为明堂祭祖祈谷，其礼制称为"大享"，故以为殿名。宋代明堂依古制为八窗八柱，间用青、黄、绿三色，明代大享殿三色屋顶即沿用宋制。清乾隆十四年（1749）又改造天坛，扩大了圜丘，规定了严格的阳数构造尺寸，台体全部改造为艾叶青石，汉白玉栏杆。乾隆十五至十八年将大享殿改名祈年殿，屋顶全部改为蓝色。从此定型成为今天"天坛"的标准形象。不过中间还有一个插曲，光绪十五年（1889）祈年殿遭雷击，全部烧毁，次年修复，不过用料和工艺已不如乾隆时期，比例也有少许改变。

　　新建的地坛尺寸数字都用偶（阴）数。它的入口朝西，有一条"神路"通向安定门外大街，名广厚街。街口有一座三间牌楼，是北京城街口最大的牌楼，20 世纪中期拆除，1990 年在原址恢复。地坛和与它同时建造的日坛和月坛，它们的方向和明初各坛的不太一致，都有一个向西偏约 2° 的角度。这是因为嘉靖皇帝迷信道教，道教设坛以北斗星为准，也就是地、日、月坛都是以正北（北极星）定位，而早期各坛都是用罗盘（磁针）定位，这个偏角就是正北和磁北的夹角。

（原载《北京日报》2015 年 6 月 4 日）

喇嘛塔是源自窣堵婆吗

老北京有很多古塔，形形色色的古塔成为北京特有的一种景观标志。中国古塔从外形来看大致分为三类，一是楼阁式，二是密檐式，三是单层式。其中单层的形式最多，有亭阁式、宝匣式，还有就是藏传佛教独有的塔式喇嘛塔。在众多古塔中，为什么喇嘛塔最多？有不少媒体在文章中称喇嘛塔的外形是模仿窣堵婆而建的，其实不然，喇嘛塔的原型是"军持"……

东汉以前中国汉文中没有"塔"字，塔是随着佛教而来的音译字。印度佛教史迹中有一种覆钵（倒扣碗）形的高僧坟冢，在半圆形丘顶上有一个方座，上面立一根"刹"竿，穿起几个圆盘，梵名叫作 Stūpa，中国译为窣（音同苏）堵

印度桑基大塔

婆，又译作薮斗波、兜婆、偷婆、浮图、浮屠，简译为塔。东汉永平十年（67）佛教传入中国，在洛阳建白马寺，但寺为传统汉式，没有建窣堵婆。当时的豪强往往在坞堡中建有多层望楼，有信佛的便在楼顶放一个覆钵加铜盘刹竿的窣堵婆，称之为"塔"。东汉许慎《说文解字》第一次收入了"塔"字，释为"西域浮屠也"。不过那时的人们还是把礼佛的塔和道家祈福的"祠"一样对待，如《后汉书·楚王英传》称楚王英"诵黄老之微言，尚浮屠之仁祠"；汉桓帝"宫中立黄老浮图之祠"；《三国志·吴志·刘繇传》记载，有个名叫笮融的豪强造"浮图祠"，"上垂铜盘九重，下为重楼阁道"，都是佛道一体的"祠"和"庙"。正如《魏书·释老志》的解读："塔，犹言宗庙也，故世称塔庙"，"凡宫塔制度，犹依天竺旧状而重构之"，

"天竺旧状"，指的是印度的窣堵婆，"重构之"则指的是下面的重楼。这种形式的塔在云冈石窟的雕刻和敦煌壁画中留下了不少形象。简言之，覆钵形窣堵婆的原始功能是高僧坟墓，到了中国后很快就变成了一种佛教的标志。

喇嘛的原义是藏传佛教中的高僧，藏传佛寺称为喇嘛庙，因为有一种大肚长脖加伞盖的塔常出现在喇嘛庙中，所以普遍叫作喇嘛塔。但它并不是来源于印度的窣堵婆。首先，印度的窣堵婆下面是一个半球形类似倒扣饭碗的覆钵，上面有一个方座和一根细竿串联几个铜盘，而喇嘛塔的塔肚子和塔脖子是一个连体，外形

北海琼华岛上的清代喇嘛塔

像一个水瓶，顶上没有刹竿，与覆钵完全不同。其次，中国内地第一座喇嘛塔——大圣寿万安寺（明代更名妙应寺）白塔，建于元至元八年至十六年（1271—1279），与元大都同时建成，有一篇流传至今的《圣旨特建舍利通灵之塔碑文》记载，这座白塔"取军持之像，标陀都之仪"（陀都，舍利异名），"军持"是梵文 kundika 的音译，又译君墀、君持、捃稚迦，意译为净瓶、澡罐，是僧人或穆斯林随身携带供洗濯的水瓶，多为陶瓷质或铜质，从隋唐至明清式样很多，但大肚长脖上加伞形顶盖的基本式样一致。大都的白塔就是这种式样。窣堵婆是饭碗，军持是水瓶，一个倒扣，一个竖立，全然不同。

自从元大都建了中国内地第一座"军持"形式的白塔以后，大都城中还有不少类似形式的塔，有黑塔、青塔，还有许多高僧墓塔也用此式。20 世纪 30 年代在护国寺中还保存有两座和白塔外形一模一样建于延祐二年（1315）的砖塔。直至明清，许多墓塔仍用这种塔式，如大觉寺迦陵和尚塔、潭柘寺许多墓塔等，不过明清时期喇嘛塔的塔脖子变得细长，远不如元塔壮硕。

清代北京城中最早也是最重要的一座喇嘛塔是位于北海琼华岛的白塔。清朝皇室早有与蒙古贵族联姻的关系，顺治帝母亲孝庄皇后就是蒙古族人，蒙古笃信喇嘛教，入主北京不久便于顺治八年（1651）在北京城内的最高山顶建起这座白塔，以

示对喇嘛教也是对蒙古姻族的尊崇。清乾隆时是喇嘛塔全盛时期，式样很多，但大致分为两大类。一类是有佛教象征内容的塔，最有代表性的是建于乾隆二十三年（1758）清漪园后山须弥灵境主殿香岩宗印之阁四角的红、绿、黑、白四色塔，四色代表佛的"四智"。四色塔的塔座为藏式碉楼，塔肚子为折角葫芦形，满镶琉璃饰件，华丽至极。建于乾隆十三年（1748）的碧云寺金刚宝座五塔前有两座汉白玉喇嘛塔，秀丽可亲，代表佛前菩萨。另一类是源自密宗法坛曼荼罗的五塔组合。最美的有两座，一座是玉泉山的妙高塔，此塔位于玉泉山西峰，下面为方形城台，台上四角有四座小塔，中为八角塔座，再上为瓶形塔身，通体白色。另一座是位于

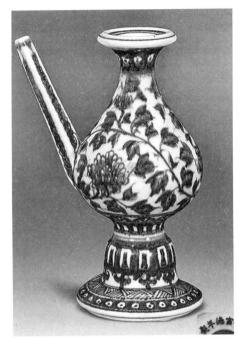

明宣德年间青花军持

西黄寺后部的清净化城塔。乾隆四十五年（1780）六世班禅在此寺圆寂，遗体舍利返藏，两年后乾隆帝为纪念六世班禅在寺后建造此塔。这是一组造型极为优美的石雕塔群，由中心主塔、四角石幢、南北石坊组成，是清代最美的也是最后一座"军持"式喇嘛塔。这种曼荼罗五塔的组合还见于许多皇家建筑小品中，主要放在大门顶端，中南海、清漪园、万寿寺行宫中都有。

（原载《北京日报》2018 年 5 月 3 日）

老北京的礼仪桥和御苑桥

古代城市中一般都有供水、蓄水和排水的系统，跨水架设桥梁，老北京也不例外。随着近代市政的更新，这些水渠湖面和桥梁大多数都已经消失，只有德胜门内的德胜桥、什刹海的银锭桥、地安门外的万宁桥等古桥仍存。但作为明清两代的皇都，北京却有两类古桥遗存至今，为国内仅有，世界罕见，它们是礼仪桥和御苑桥……

中轴线上有 16 座礼仪桥

老北京的城市中轴线是皇都最重要的礼仪线，跨线的桥梁都属于礼仪桥，其中包括天桥、正阳桥、金水桥和后门桥等 16 座。

天桥最早是天街跨龙须沟上的一座木板桥，清乾隆五十六年（1791）整治天坛、先农坛墙外环境，疏浚排水沟渠，改筑为单拱石桥。这座石桥桥身陡峻，只供皇帝轿子行走，是专为礼仪而设。乾隆皇帝曾亲撰《正阳桥疏渠记》，并刻碑立于桥头。明明是

外城的天桥（2014 年重建的古城标志物之一，位置略南移）

"天街"上的"天桥"，为什么乾隆皇帝称其为"正阳桥"？这岂不是和正阳门外的正阳桥重复了？原来历史上皇帝祭天都在都城外南郊，称为郊祀。明永乐年间建北京城，直至嘉靖三十二年（1553）加筑外城以前，天坛都在城外南郊，加了外城以后，天坛包在城内，祭天不在郊外，显然有悖古代礼制。乾隆皇帝新建天桥，桥头

一侧立疏渠碑，又把乾隆十八年所刻的《皇都篇》《帝都篇》石碑立于另一侧，成为"一桥二阙（碑）"，正是古代国门之制，这样天坛又到了城外，所以把天桥也叫成了正阳桥。此桥在 20 世纪 30 年代拆除，2014 年按原状恢复。

正阳门外的正阳桥牌楼（2008 年复建 其北系正阳桥旧址）

真正的正阳桥位于正阳门外护城河上，它是明代国门第一桥，桥身宽 10 丈 3 尺（约 33 米），长 7 丈 5 尺（约 24 米），三拱石砌。桥身分为三路，栏杆隔开，中间为皇帝专用，两侧供平民车马行走，桥南立五间绿琉璃瓦大牌坊，匾书"正阳桥"仨字。正阳桥的长度、宽度、桥头牌坊都是国都礼仪桥之冠。1919 年大修，桥拱改为钢筋混凝土结构，坡度减缓，近于平直，桥宽加至 42 米，牌坊在 1935 年改为钢筋混凝土结构，1955 年拆除，2008 年在原址按原状重建。正阳桥既是礼仪桥，也是交通要道上最重要的一座桥。

故宫午门内的内金水河和桥梁

金水桥建于明永乐年间，分外金水桥和内金水桥，外金水桥位于天安门前。古代皇城是帝王所居，大多在正门前引水，象征

内城地安门外的万宁桥（明代）

天汉（银河），又名金水，以后不少礼仪大门前设河，都称为金水河，河上之桥名金水桥。天安门是皇城正门，金水河在城门外，故名外金水河，桥名外金水桥。体制崇隆，主桥五座各三拱，纯为礼仪而设，王公大臣等出入只能走两侧附桥，名公生桥。桥端立有两座华表，仍存古制。内金水桥位于故宫内太和门前广场内金水河上，

系五座并列单孔拱券式汉白玉石桥，也是紫禁城内皇宫门前礼仪桥。此外，在紫禁城北门神武门外，跨筒子河还建有一座石造桥坝，称筒子河北桥，也是中轴线上一座礼仪通道。

后门桥正名万宁桥，位于地安门以北、鼓楼以南，元明时期亦称海子桥，为通惠河进入积水潭的跨街桥梁，元代原为木板吊桥，明代城中不通航运，改为单拱石桥，因为它正对地安门，即皇城后门，所以民间俗称其为后门桥。

故宫和太庙等处有 38 座礼仪桥

老北京的故宫、太庙和天坛等处都设有礼仪桥，据统计约有 38 座。太庙作为明清两代皇帝祭祀先祖的祠庙，建筑形制堪比皇宫，太庙门前设单拱石桥 3 座，附桥 2 座，称为太庙桥。

太庙（今劳动人民文化宫）戟门前的 3 座拱桥并两座平桥

故宫内也有多座礼仪桥，如武英殿桥、断虹桥、文渊阁桥、长庚门桥等。内金水河流经武英殿前，门前设单拱石桥 3 座。因明代武英殿是皇帝处理日常事务的便殿，制比主殿，故设武英殿桥，以崇礼仪。武英殿东侧还有一座断虹桥，此桥栏板雕刻极为精美，远胜皇宫内其他石桥，但所处位置关系不明，它原来的功能和建造年代一直存疑未定。

现在故宫仍保存完好的还有另外几座礼仪桥。一是明慈庆宫前的桥，慈庆宫为明代太后住所，正门徽音门外设单拱石桥 3 座以示崇隆。清代废宫，改为皇子居住之处，名南三所，三桥仍予保留。二是文渊阁桥，架于文华殿后文渊阁前水池上，正对阁中，有礼仪功能。三是东华门内大桥，位于东华门内，正对大门，为单拱大桥，因为东华门是大臣上朝进宫的主要大门，门内有内阁大堂，故设此桥以崇礼仪。四是长庚门桥，位于内金水河西河上，正对红墙西侧长庚门。

位于皇城内最接地气的礼仪桥是横跨外金水河东西两端的牛郎、织女桥。金水河比拟天汉银河，两桥东西相隔，故名牛郎织女。织女桥又名鹊桥，东部牛郎桥早废，织女桥尚存遗迹。

中国古代最长最宽的一座礼仪"桥"是天坛的丹陛桥，丹陛桥其实并非真正的"桥"，而是贯通祈年殿至圜丘成贞门前的砖石甬道，长120丈（约360米），宽9丈（约28米），因为砖石甬道（陛）下设有过水孔洞，故名为"桥"。天坛内的斋宫桥也是一座礼仪桥，斋宫为皇帝祭天前一日斋宿的宫殿，坐西朝东，主殿由内外两重河沟环绕，内外正（东）门外各有单拱石桥3座，内外南北门外每面各有单拱石桥1座。

其他几处不能不提的礼仪桥还有辟雍桥、顺天府学泮池桥、历代帝王庙前桥。辟雍是中国古代最高学府国子监（太学）的礼制建筑，古礼以其外有圜水形如璧（辟）、状如拥（雍）故名辟雍，皇帝在其中讲学，称为"临雍"。清乾隆四十九年（1784）恢复古制，在国子监前部正中建辟雍，方殿外环绕圜水，四面各设一座三梁平桥。顺天府学泮池桥位于顺天府文庙前部正中半圆形水池上，中为单孔石桥，两侧是石梁平桥。泮池的由来，一说是国学前有辟雍为正圆形，诸侯（地方）降等为一半，故名为泮。历代帝王庙前的三座单拱石桥亦为崇礼而设，庙始建于明嘉靖十年（1531），为祭祀历代明君之庙，清乾隆二十九年（1764）体制升级。

皇家御苑 15 座景观桥

御苑桥主要指西苑北、中、南三海御园周边观赏游览的桥梁，老北京约有御苑桥15座。除了北海大桥兼具交通功能外，其他都是景观桥。

北海大桥跨于北海、中海间，既是一座景观大桥，也是横贯皇城主要道

北海琼华岛南永安寺桥

路的桥梁。这座七拱长桥，桥头各有一座三间牌坊，匾书金鳌、玉蝀。景观桥有北海公园的永安寺桥等，位于团城至琼华岛间的永安寺桥正对永安寺，由于团城与永安寺中线错位，所以此桥为三折，以求两端中线对位。中间为三拱，两端牌坊各三间，匾书堆云、积翠；陟山门桥位于北海公园东门陟山门内，是一座三拱石桥。桥

西正对半圆形城台，上有智珠殿，前有木牌坊3间，檐下设七踩交叉状如意斗拱，非常华丽，为北京仅有；琼华岛西小桥位于岛西引水小河上，是一座单拱石桥，两端设单间牌坊各1座；五龙亭桥位

北海小西天观音殿桥之一

于北海北岸，正对阐福寺前琉璃牌坊，五亭呈半环状排列，形如蝙蝠，象征为"福"。五亭间以双孔石梁平桥连通；龙王庙桥位于北海北岸画舫斋西龙王庙前，是一座单拱小桥，南北各有单间牌坊1座。此庙及桥、坊早废；观音殿四桥分别位于小西天观音殿前正南、正北、正东、正西四个方向，观音殿又名极乐世界，方殿环水，四角亭阁，佛教曼荼罗形制，对称四面各设琉璃牌坊3间，跨水石拱桥一座；北海水口桥位于北海西北部什刹海入水口，后有闸坝，前为石桥。

北海公园内还有3座园中园桥。北海北岸静心斋内水面有五折平桥和单拱石桥各1座；濠濮间跨水三折石板桥，桥头石牌坊1座。而南海诸桥则包括瀛台南石平桥、北木板桥，南海西岛长平桥、石拱桥以及淑清苑、丰泽园等园中小桥、亭桥、廊桥七八座。

北海静心斋单拱石桥

（原载《北京日报》2018年3月15日）

老北京南城的七条斜街为何叫"龙脉"

中国古代都城的街道格局都是横平竖直、经纬分明的棋盘形式，只有个别河湖旁边的街道为斜街，如元大都至明清北京城中沿什刹海走向而形成的鼓楼西大街和鸦儿胡同。但在明清北京城的外城却出现了由 7 条胡同构成的斜街群，号称"龙脉"，在这些斜街交会处又出现了 7 处"三岔口"和 7 座庙宇，成为老北京城中一道奇特的景观。为什么叫"龙脉"？流传有两种说法，一是从这里的地形

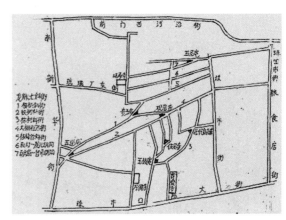

正阳门外西侧的 7 条斜街分布示意图

来看，它的骨干如同交龙，以五道庙为首，观音寺为尾，7 条斜街和 7 个交会口构成"龙脉"，故有此说。还有一种说法是，这里地处金中都、元大都、明北京城之间，国都世称"龙庭"，一脉贯三都，故称为"龙脉"……

明代尚书撰写"交龙碑"碑文首提"龙脉"二字
"由臧家桥至宣武门乃龙脉交通辐辏之地"

明代北京城中，有一条从西苑中南海西侧向南穿过琉璃厂的排水沟，称为"臭沟"，即今天的南新华街。再向南，沟上架有一座桥，名叫章家桥（又名臧家桥），过桥往西是一个 4 条斜街交会的小广场，端头有一座五道庙。这 4 条斜街是杨毡胡同（今樱桃斜街）、李铁锅斜街（又名李铁拐斜街、今铁树斜街）、韩家潭（今韩家胡同）和五道庙（今五道街）。清末，因为街上新建了一座大澡堂，在它的前面又新开了一条堂子胡同（今堂子街），从而形成了一座辐射五街的小广场，这种形态在京师

中绝无仅有，颇有点西方城市的意味，不过它并不是经过有意规划而形成的。

广场北侧供奉"五道将军"的五道庙始建于明代，"五道将军"在道教中是主持阴间事务的主神，相当于佛教中的阎王，每逢七月十五中元节、十月初一寒衣节等，百姓都到庙前广场焚烧纸帛祭奠亡灵。明万历三十五年（1607），有一位名叫揭真诚的道士在这个通衢之处建一座玉帝行宫统摄阎王五道，竣工后还请兵部尚书兼吏部尚书王象乾撰写碑文以记其事。碑文说，"正阳门西，由臧家桥至宣武门乃龙脉交通辐辏之地"，第一次把正阳门向西南至臧家桥间的斜街称为"龙脉"，这通碑也被称为"交龙碑"。但是为什么把这里叫"龙脉"，碑又为什么叫"交龙"，则无确切的解释。"龙脉"是风水用词，意思是所选地形蜿蜒曲折如龙之脉，是大吉之地。关于"龙脉"流传有两种说法，一是从这里的地形来看，它的骨干如同交龙，以五道庙为首，观音寺为尾，7条斜街和7个交会口构成"龙脉"，故有此说。还有一种说法是，这里地处金中都、元大都、明北京城之间，国都世称"龙庭"，一脉贯三都，故称为"龙脉"。这两种说法孰是孰非，迄今难以定论。此碑在清代已佚失，但碑文在明代文献中保存了下来。

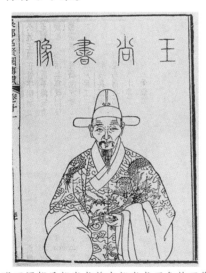

明万历朝兵部尚书兼吏部尚书王象乾画像

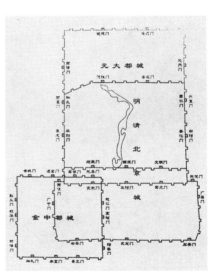

金代、元代、明清城池关系图

斜街交会的"三岔口"大多都有寺庙，
"龙头"处建有一座五道庙，"龙尾"处建有护国观音寺

老北京南城有许多条斜街，其交会处多呈锐角三岔口形，顶端都建有寺庙，如香炉营四条与海北（柏）寺街交会处的关帝庙、菜市口胡同与北半截胡同交会处的

伏魔庵（此处清代地名为"三岔口"）、自新路与儒福里交会处的观音院、宣武门外西河沿与上斜街交会处的灵官庙、麻线胡同与杨昌胡同交会处的关帝庙等。在"龙脉"范围内的寺庙更多、更集中，7 条斜街中有 7 处三岔口，其中王广福斜街（王寡妇、今棕树斜街）与留守卫交会处原有一庙，近代改造为二层商铺，其他 6 处直至清末都是寺庙，有两处保留了古建筑，四处经过改建但遗址遗迹仍可辨认。

如今仍保留有古建筑遗存的一个是位于"龙头"的五道庙，另一个是位于"龙尾"的护国观音寺。五道庙在樱桃斜街与铁树斜街起点交会处，临广场为三间两卷殿，梯形后院有一座二层木楼。庙址为明代遗址，寺庙建筑在清代经过改建。地处"龙尾"的护国观音寺位于樱桃斜街与铁树斜街末端交会处，前面接大栅栏西街（原观音寺街），是"龙脉"中体制最隆重、规模最大的一座庙宇，有四进院三座大殿和一座藏经楼，北侧为二层僧房。京师供奉观音菩萨的庙宇甚多，但冠以"护国"的仅此一所。

观音寺街街景

正阳门外西侧的七条斜街之——棕树斜街

正阳门外西侧的七条斜街之——樱桃斜街

正阳门外西侧的七条斜街之——铁树斜街

此外，还有樱桃胡同与皈子庙街交会处的贵（皈）子庙，原为一座二进院的中型佛寺，名为"贵子"，可能是祈求富贵子嗣之庙，后世讹"贵"为"皈"。现寺已毁，尚存基础，在上面建了商铺。南北火扇胡同交会处有五圣庵，是一座只有山门和三间殿宇的小庙，原来供奉的五圣应该是伏羲、神农、黄帝、尧、舜 5 位圣人。不过也有学者认为，五圣庵可能是祭祀蝎子、蜈蚣、癞蛤蟆、蛇虺、毒蜂五种毒

"圣"，祈求它们不要伤人。古人早有为害虫设庙祭祀的传统，如蝗虫庙、毒蝎庙等，蝎子是五毒之首，所以到清末改称为蝎子庙，后雅化成协资庙，庙前街道名协资庙街。遗憾的是，这座庙现在只剩遗址，上面新建了房屋。棕树（王广福、王寡妇）斜街与石头胡同交会处有一座玉极庵，是二进院落的佛寺。晏（燕）家胡同与朱茅（猪毛）胡同交会处有一座三合院佚名的寺院，它们在乾隆京城图中都有标示，现在则全无踪迹。

"龙脉"形成的原因有两种说法，
或因往返金旧城和元新都"走出"，或因隋唐将士从幽州东征形成

由7条斜向胡同构成的这个"龙脉"是怎么形成的？过去普遍的说法是，元灭金后新建大都城，金中都城中宫殿被毁，但其他地方还有兴隆的商业、娱乐业和游览胜地，元代称为"南城"。金中都主要商业大街檀州街（位置约在今广安门内大街）正对的是东门施仁门，旧城居民出城往新都或是新都居民到旧城娱乐游览，由西南向东北逐渐走出了若干斜路，在这个"城乡接合部"也就无序地"走出"这些斜街，并沿着斜街形成了许多商铺、住户。

护国观音寺匾额

五道庙前

其实，这些斜街形成的时间可能还要早得多，功能演变还要丰富得多。隋炀帝大业七年（611）准备征高丽，十万大军驻扎在幽州蓟城周边，大业八年、十年由此出兵，兵员号称百万；唐太宗贞观十九年（645）、唐高宗乾封二年（667）又征辽东，也都是从这里出发向东北方向行军。几十万官兵连同粮秣车马，必须有足够的空间才能安置，最佳的选择就是蓟城的东郊。这里既是驻地，也是行军必经之处，人马一批批东行，除了军中统一供给粮食草料外，肉类副食以至生活用品也都由沿

斜街的交叉口

途百姓商贩供应。承德避暑山庄博物馆藏有一幅清帝木兰围场行军写实画，由京师至围场七八百里，行途需要大约半个月时间，几万人马行军状态与隋唐时期东征相似。画中有官员和士兵的帐篷，路边还有许多推车挑担和烹煮肉食的百姓。东征队伍分批次陆续前进，随时需要民间供应副食杂货，有些商贩就住下来设摊或搭建简陋房屋，时间一长也就形成了街市。他们所经营的物品大多与日常生活有关，从遗留至清代的街名不难看出都与当时的供给有关，如取灯（火镰）、炭儿、茶儿、笤帚、杨毡、羊肉、羊毛、羊尾、猪毛、猪尾、铁锅等；还有一些当时的营地被后代沿用下来，如安南（安澜）营、留守卫、外廊营、西壁营、汾州营等，这一地段几十处名"营"的街巷，可能都是明代征调的军户的民夫利用了早期营地遗址。"龙脉"南部还有一处唐代寺院，名寄骨寺，后来谐音改称给孤寺，就是存放东征将士遗骸的地方，庙的范围今天仍很清楚。

"龙脉"也许将来会消失在现代城市的更新中，但它是北京城最早的地面遗迹，是值得留住的乡愁。

（原载《北京日报》2012 年 9 月 21 日）

老北京"文化一条街"南新华街

明代北京，皇城西苑南部有一条水沟穿过城墙，向南流至虎坊桥。跨沟建有工部五大厂之一的琉璃厂，占地约200亩。清乾隆时期琉璃厂迁至门头沟，但厂区仍属官地。据记载，这里曾"树林茂密，浓荫万态，烟水一泓"，厂外"隙地"称为"甸"，即后来"厂甸"的由来。乾隆三十七年（1772）开馆编修《四库全书》，献书者、售书者、编书者聚居宣南，此处便形成了图书文

南新华街

具古玩一条街，仍名"琉璃厂"。清末民初，被填平的水沟成为新的城市干道，取名南新华街，它与琉璃厂街十字相交，延续文脉，成为老北京的"文化一条街"。在这里，诞生了中国第一所师范学堂，出现了中国第一家照相馆泰丰照相馆，拍摄了中国第一部电影《定军山》……

光绪二十八年兴办京师大学堂
开中国近代师范教育先河

清朝在光绪后期（20世纪初）施行"新政"，改革教育制度，光绪二十七年（1901）在琉璃厂西北部铁厂（后铁厂）建五城（外城）中学堂。1902年京师大学堂正式开办，其中设立师范馆，1904年改为京师优级师范学堂，1908年在五城中学堂基础上建造新校，民国初年更名北京高等师范学校，1928年后一度名国立北平师

范大学，1932 年正式命名为国立北京师范大学，"北京师范大学"的校名一直沿用至今。受其影响，清末各省纷纷开办师范学堂，但只有北京师范大学办学的目标是培养高素质的中学师资，按照中学课目设置专业，共有 3 个学院 11 个系，同时设立供教学实验的附属中学和附属小学，师范教育目标最明确，体系最完整。

师范大学的北墙和西墙就是原琉璃厂墙，东墙临新开辟的南新华街，南界在安平里之北，总占地约 13 公顷。从 1914 年开始陆续建造新式校舍，五六年间建成了大门、二门、围墙、自来水塔、图书馆、办公楼、教室、实验室和学生宿舍。校园中

北京师范大学附属中学校门

主要建筑都是仿欧洲古典形式，经过几度兴废，现存有早期建筑 3 座，后期楼房两座。学校正面由大门、二门、图书馆、升旗杆组成一个广场，大门二门都是欧式古典柱式拱门，现已无存，但留有影像资料。现存图书馆为典型的欧洲古典风格，是师范大学的标志性建筑；二层办公楼（丽泽楼）和一层教室都是典型的中西合璧的"民国式"。临街的三层学生宿舍"丁字楼"为三层灰墙古式大屋顶，是 20 世纪 30 年代推行的"民族形式"，北部另一座三层宿舍则是简单的近代形式。

师范大学对面路东临街为师大附属小学，它的主体是几座"改良"式的传统平房教室和一座二层木构外廊"民国式"楼房。小学的后（东）面是附属中学，它是由一座大操场和几排平房教室组成，后来在临街建了一

中国书店（琉璃厂店）

座"民国式"校门。20 世纪 60 年代小学迁出，全部由附中使用。80 年代后附中全面更新扩建，但留下了几处平房、重建的校门和一座木楼。它们和街对面的大学遗存共同见证了 100 年前中国近代体系最完整、分类最科学、影响最深远的师范教育，

极大地提升了这条大街的文化含量。

海王村公园成为首个图书和工艺品博览园
泰丰照相馆开拍中国第一部电影《定军山》

自从琉璃厂一带商业兴起后，摆摊售卖古书文玩字画就成了每年春节至元宵这里庙会的最大特色。1910 年填沟筑路，1911 年在路东建电话总局，1915 年开展外城近代化建设，把厂甸一带无序的散摊集中起来，在琉璃厂与南新华街交会处建造了一处占地约 0.9 公顷、富有园林趣味的封闭式商场。因为其地在辽代名海王村，为留古名，取名为"海王村公园"。主入口向南，前有广场，大门为仿欧式拱门。场内分为南北两部分，南部为周边廊庑堂榭参差的古书商店，院中有一圆亭；北部为一座二层五间"民国式"楼房，楼前有一座大型西式喷水石雕和假山点缀；东侧单独开门，为"民国式"仿洋拱门。

任庆泰先生雕像

清末中国第一个官督商办的"京师工艺商局"所属的"工艺品陈列所"也在这里，该局设在东面的仁威观内，集中了一批有特殊技能的能工巧匠制作产品，在陈列所展销，可谓现代非物质文化遗产保护传承的先声。海王村公园在 20 世纪初至 30 年代一直是南新华街上最吸引人的一处文化亮点，到五六十年代还是国内最大的古籍供应地。20 世纪 90 年代彻底改造更新，除了范围依旧外，原状已不复存在。

值得一提的是，在海王村公园对面还有一处更时尚的地方。它原是一座小土地庙，清末，任庆泰先生在这里开设了一座泰丰照相馆。1905 年，任庆泰从一个德国人手中买了一架二手电影摄影机，为"伶界大王"谭鑫培拍了一部京剧电影《定军山》，在大观楼茶园放映轰动一时。这是第一部由中国人自己拍摄的电影，2005 年为纪念中国电影诞生 100 年，对大观楼电影院前部进行改建，新建门脸仿照清末民初洋式风格，大厅布置成老茶园，还专设了一个放映这部电影的小观众厅。土地庙如今已无存，但大观楼电影院中的展陈则将这段记忆保存了下来。

京华印书局"船楼"成为新地标
20世纪20年代报馆报社多聚于南新华街

清代北京城内城的治安由八旗都统负责，外城由步军统领衙门下属各营、汛和都察院巡城御史、五城兵马司负责，街道卫生管理由宛平、大兴县属街道厅（房）负责。光绪二十六年（1900）"八国联军"占领北京，直至光绪二十八年（1902），京城治安市政松弛无人统管，于是在当年的"新政"施行中首先设立了"工巡总局"（又名"总厂"），建立警察制度，光绪三十二年（1906）设内外城"工巡捐局"，把治安、市政建设和征收管理费统管起来。在大街东侧建造了一座九间二层办公楼，外形是早期中西混合式样，它也是北京第一座具有现代功能的警察局。这座有着重要历史地标意义的大楼在20世纪90年代尚存，近年拆除。

工巡局成立后首先填平了老沟，规划为城市干道。1913年改造西苑南海宝月楼为总统府大门，命名新华门，门前填沟所修筑的道路内城部分名北新华街，外城部分名南新华街。1914年准备建设香厂新市区，规划道路分为四等，一等路宽54英尺（约16.5米），南新华街即采用此标准筑路取直，总长3600英尺（约1100米）。街的南端与骡马市大街、虎坊桥大街（今珠市口西大街）和

京华印书局旧址

虎坊路相交，把这里规划为四面抹角斜方形广场，中心为直径100英尺（约30.5米）圆形转盘草坪导引车流，转盘中心设警察岗台，中立一根灯杆，这是中国第一处按照现代城市道路规划理念完成的样板。1920年在路口西南角建造的京华印书局就是按照规划要求，把主立面放在斜面，建筑前面呈锐角，民间称为"船楼"。这座已近百年的"船楼"不仅是北京最早的钢筋混凝土大跨度结构多层建筑之一，而且是这个"文化一条街"中一处重要的文化标志。楼内有管理、编译、发行、仓储等

部门，还有现代印刷车间，其中一部木轨道升降电梯是北京仅有。

　　新开的南新华街和琉璃厂交会处建造了海王村公园，带动了附近两座大庙即仁威观和吕祖祠的兴盛，古庙融入厂甸文化市场之中。同时，大街旁许多会馆也得到保存，住进很多当时从事文化工作的人，不少邻街老宅也被利用作为报刊社、通讯社、编书处、制版印刷作坊等。其中著名的有战干杂志社、战干日报社、中华电报新闻社、京报馆、影剧报社、华报社等，这里在 20 世纪 20 年代是文化产品最集中的地方。在迄今仍保留的历史遗迹中，还有街南端西侧的五道庙及其庙前明代遗留下来的五街辐射的小广场。这里不仅被称为"龙脉"的起点，而且是北京老城中唯一一处五街交会的城市广场，由此向东北，是北京老城中历史最悠久的斜街群……

（原载《北京日报》2017 年 10 月 19 日）

老北京中轴线与元大都的格局尺度

"中轴线"申遗，如今已被列入北京市"十二五"文物博物馆事业发展规划。作为世界上现存的最长的城市中轴线，老北京的中轴线已走过近600年的沧桑岁月。其实，我们每个人所亲闻、亲历的中轴线故事，也都是中轴线上一个个令人回味的音符。

老北京中轴线始于元大都

北京古都的中轴线是在忽必烈至元四年（1267）开始营造大都时确定的，至明嘉靖三十二年（1553）拓展京师外城后定型，距今已有744年的历史。

明洪武元年（1368），明军攻入大都，立即废弃了城北，把北城墙南移至德胜门、安定门一线，永乐十七年（1419）又重建南城墙于大都南墙以南约2里。明初已全部拆毁了元朝宫殿，永乐时新建皇宫，是不是在元宫的位置上，或有所偏移，曾经有过两种意见：一种认为，明宫在元宫以东约150米，元宫的中轴线正对现在的旧鼓楼大街；另一种认为，元、明两朝宫殿是同一条中轴线。经过20世纪五六十年代的考古勘探和对文献的深入考释，后一种意见得到了确认。明代京师的东西城墙和城门也是在元大都旧址上改建的，明清北京和元大都是同一条中轴线。

一树一岛确定了中轴线走向

元大都是中国历史上继隋唐长安和洛阳以后，第三座平地营造的皇都，它没有受到前代旧城的约束，但继承了前代都城规划的基本理念，其中最重要的就是设置了一条贯穿南北的中轴线。元大都的中轴线是怎样确定的呢？

据元末熊梦祥著《析津志》记载："世祖建都之初，问于刘太保秉忠，定大内方向，秉忠以丽正门外第三桥南一树为方以对。上制可。"就是说，刘秉忠建议以"第

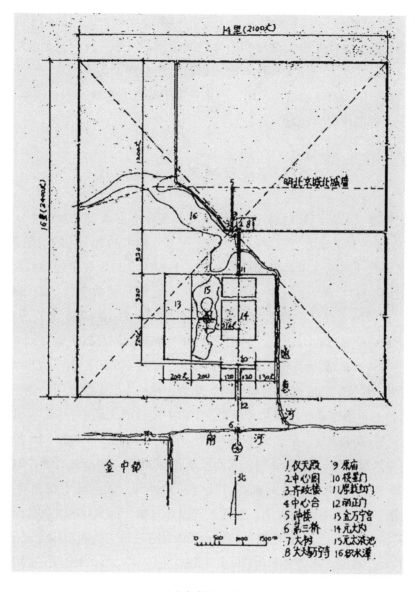

元大都轴线比例图

三桥"南面的大树为基点，向北延伸作为宫殿（大内）的轴线，得到了忽必烈（世祖）的认可。这座"第三桥"是在金中都北护城河（上游是金口河）向东名为"闸河"上的第三座闸桥。闸河的位置在现在的新帘子胡同附近，第三桥以南的大树大约在天安门广场正中偏南。

　　刘秉忠以树定位还有一层深义。原来古人立"社"，象征着土地的权属，所以凡是城市乃至村镇，都建有社坛或社庙祭祀"社主"，而早期的"社主"就是一株大树。以树定位，也含有建造新都，立社定邦的意义。

与此同时，刘秉忠还选定金代离宫万宁宫中两处水面中间圆岛的中心作为另一个定位基点，其位置就是今天北海和中海之间团城的正中。万宁宫是金中都东北郊一处非常巨大豪华的宫苑，大都没有建成以前，忽必烈就住在这里。刘秉忠以岛中心为基点，确定了大都城的格局尺度，后来在这个基点上建造了"仪天殿"，表明这里是上天决定都城仪制的地方。

《易》经象数确定了主要尺度

刘秉忠精通《易》经和地理（风水）、律算等术，在大都的规划中大量使用由《易》经和后人注释的象数方法定位，也就是把某些抽象的数字比附阴阳天候，用它们规定各主要尺寸。他选用圆岛中心为基点，是因为它与大树定位轴线间的距离为216丈（约680米），而216正是《易》经中"天之策"的数字，"策"既有数字的意思，也有掌控的含义。中轴线两边各120丈共240丈（约756米）为皇宫宽度；金代万宁宫包入皇城以内为西苑，陆地宫殿和水面苑景各宽200丈（约630米）其西界即为皇城（名萧墙）西墙；宫殿以东130丈（约410米）为皇城东墙；圆岛向南、北各320丈（约1008米）为皇城南、北墙，在轴线上设棂星门（南门）和厚载红门（北门）；再由厚载红门向北320丈，定出中轴线的北端中心阁；由中心阁再向北1200丈（约3780米），定出北城墙位置；北城墙向南2400丈（16里，约7560米），定出南城墙位置；城周60里，东西城墙各2400丈，则南北城墙各2100丈（14里，约6620米）。以上这些尺寸都可以从《易》经和后人注释中找到对应的内容。如城周60里，是一个甲子的周期，象征王气循环永续，而9000丈的九，则是"阳"的极数；又如200丈的二，是阴数的起始；320丈的三和二是阴阳匹配之数，又是所谓八节、八政、八风、八音之和；120丈、1200丈、240丈、2400丈中的十二、二十四，象征一年十二月、一日十二时，一年二十四节气；130丈则象征闰年月数等。

三个"中心"的由来

元大都城墙经过勘探实测，四边尺寸不完全一致（南墙6680米，北墙6730米，东墙7590米，西墙7600米），但与记载的里数相差都不超过百分之一，出现少量误差，是古代用测绳在荒郊测量筑造土城的正常现象。这个矩形城郭的几何中心，也就是对角线的交点，正在今天旧鼓楼大街的南口，当时建有大都的鼓楼，名齐政楼。《析津志》说，"此楼正居都城之中"，是很精确的记载。这是第一个"中心"。

　　齐政楼的东面是大都中轴线北部的终点中心阁。早在营造大都以前的蒙古宪宗六年（1256），忽必烈就命刘秉忠在今内蒙古正蓝旗营造开平府城，即帝位后，于中统四年（1263）升为上都，至元三年（1266）在上都中轴线北端兴建了一座方形大阁大安阁。第二年开始营造大都，延续上都的传统，在中轴线北端也建造了一座大阁，名中心阁。它和齐政楼相距 50 丈（约 153 米），位置在今鼓楼或钟鼓楼之间。五十是《易》经中的"大衍之数"，五又是数列的中点，古代"河图""洛书"常用为基数。中心阁的功能很复杂，既是佛寺，也是宗庙，有时还是朝会场所。后来在成宗大德元年（1297），以它为主体建造了大天寿万宁寺。这是第二个"中心"。

　　在这两个中心之间，还有第三个"中心"，叫作"中心台"。《析津志》记载："中心台，在中心阁西十五步，其台方幅一亩，以墙缭绕，正南有石碑，刻曰：中心之台，实都中东、南、西、北四方之中。在原庙前。"一亩之方，每边约 25.5 米，15 步约 24 米，距真正的"四方之中"还有约 130 米，所以这个记载并不十分准确。不过《析津志》成书已晚于大都建城 80 余年，作者未必做过精确考证，何况还有"中心之台"的碑刻，从大空间来看，也可以算是大都的中心。

　　齐政楼是报时的鼓楼，中心阁是祭祀的寺庙，中心台的功能是什么呢？文献没有记载，后人也没有考证，这里只能做一些推测。它很可能是一座高台。据明初《洪武北平图经志书》记载："中心台，敌台一十二座，窝铺二百四十三座。"大都在明军占领后降为北平府，这里成了防御蒙古反攻的前哨，于是就把中心台改建成有 12 座敌楼的城堡，可见它原来是一座高台。243 座窝铺是兵营，可能布置在中心台北面的"原庙"废址中。至于它原来的功能，一个可能是郭守敬奉命在全国测绘经纬度时建造的测量中心基点，还有一个可能和伊斯兰教有关。元大都的"业主"忽必烈是蒙古人，总规划师刘秉忠是汉人，而总工程师也黑迭儿是阿拉伯人。元大都城中有不少"色目人"，有些还是高官富商，他们带来了许多西亚阿拉伯的建筑类型和形式；他们也信仰伊斯兰教，每天定时礼拜，礼拜前教长阿訇需登高召唤，这个中心台有可能是召唤用的高台，也有观星望月的功能，如同后来清真寺的"唤醒楼""望月楼"。大都城内必定有不少这种召唤、望月的高台或高楼，但召唤的时间以这里为准，所以有"中心"之称。齐政楼是中原传统，中心阁是蒙古传统，两者之间有一个体现阿拉伯传统的建筑，又由阿拉伯人建造，是符合元朝多民族文化特色的。

（原载《北京日报》2011 年 9 月 24 日）

明代"神路"消失记

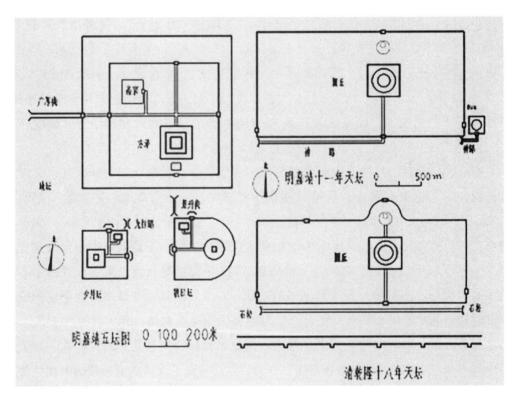

左：明嘉靖地坛、夕月坛、朝日坛　右：明嘉靖、清乾隆天坛圜丘坛比较图

明嘉靖九年（1530），嘉靖皇帝对明初以来的礼制祭坛进行了一次大调整，废弃了合祭天地的天地坛（又名大祀殿），新建了天坛、地坛、朝日坛、夕月坛、崇雩（音同于）坛。每坛都配建有"神路"和神路前牌坊。所谓神路，指的是高等级祭祀建筑的前导部分，位于祭祀建筑之外，如明十三陵前有排列石象生的神路，前端为五间石牌坊；东岳庙前的神路，前端设三间琉璃牌坊，"神路街"的得名即由此而来，且一直沿用到今天。牌坊则是街道的标志，正式名称为"坊"，民间和工匠俗称为"牌楼"。有一种说法，柱上有"楼"（屋顶）的称牌楼，无"楼"的称牌坊。其

实不然，如北京有"西单牌楼"，但它的正名是"瞻云坊"；府学胡同的两座牌楼额题为"育贤坊"和"教忠坊"。正式文书中只有某某坊，而无某某牌楼之名。明代各坛的神路，大多是两侧有墙的一个夹道，名为"街"，其位置在坛外，因地

东岳庙南朝日坛神路琉璃牌坊

而异，不一定正对坛门。然而，不无遗憾的是，明嘉靖时新建五坛的标配神路如今只剩下地坛西门外的通道和重建的"广厚街"牌坊这一点记忆了……

天坛"神路"是何时消失的？

明永乐十八年（1420）仿南京规制，拆元代祭天圜丘，新建大祀殿（又名天地坛）合祭天、地。嘉靖九年（1530）重订礼制，改为分祭，废弃了大祀殿（后改建为大享殿），在其南面新建圜丘祭天，嘉靖十三年（1534）正式命名"天坛"，但祭祀祝文仍用"圜丘"。在明万历《大明会典》的"圜丘总图"中可以看出，当时的天坛外面为方形围墙，设南、北、东、西四门，正（南）门名昭亨门。北墙在皇穹宇弧线的位置，总占地810亩。西、南两面墙外有一条御路，南御路的西端有一座二柱牌坊，坊后（东）即为神路，至昭亨门北折，进入天坛。因为当时天坛尚无外坛墙，这条神路位于坛外，名圜丘坛街，符合路在坛外之制。

嘉靖二十四年（1545）修建外坛墙，这条神路进入坛内，从而失去了神路"街"的意义。至清乾隆十四年（1749）全面改造天坛，在《大清会典》中只说"昭亨门外东西石坊各一"，而不提神

天坛圜丘坛棂星门

路。西坊即明代的神路街坊，东面的石坊则另有功能。原来嘉靖十一年（1532）在天坛墙外的东南角建了一座崇雩坛，为祈免水旱灾害的祭坛，但只在十七年和二十二年祭过两次，以后不再使用，清乾隆十二年（1747）拆除。这座东牌坊就是崇雩

坛前的神路坊。清雍正四年（1726）重编的《古今图书集成·经济汇编·礼仪典》图中，绘出了天坛、崇雩坛和牌坊的相对位置，神路贯通两坊，由于坊门向西坛门向南，所以坊后的神路很短。

在乾隆十五年（1750）绘制的《京城全图》中，却不见了这两座牌坊和其间的神路。究其原因，最大的可能是乾隆十四年（1749）开始全面改造天坛，当时距明代牌坊建成已有200余年，东西两坊形制也不一致，还可能是木构，已经朽坏，加之嘉靖二十四年修筑外坛墙，神路失去了原来的礼制意义，而乾隆皇帝又是一位非常讲求建筑形式美的帝王，所以借改造天坛之机拆去它们另建石质新坊。在清嘉庆版的《大清会典》图中，两座石坊东西对称，成为昭亨门外的礼仪性牌坊，从此，明代天坛、崇雩坛神路和牌坊的礼制功能便消失了。绘制《京城全图》时新坊尚未建成，至乾隆十八年（1753）天坛改造才完成，所以十五年的图中未绘。

1948年，国民党北平守军拆去外坛南墙，在内外坛墙之间修筑飞机跑道，神路和牌坊彻底消失。20世纪60年代在这里建造了大批住宅楼，即现在的天坛南里。原来内坛的昭亨门成为现在的天坛南门，在一定意义上恢复了明嘉靖九年（1530）的格局。

地坛神路为什么变短了？

明嘉靖九年定制天地分祭，在安定门外择地新建祭地之坛。地坛古名"方泽"，此次新坛正式命名为"地坛"，其南北方向为北偏西约2°。新天坛的定位是依原有大祀殿（天地坛）中轴线南延，其方位是"真北"，即以北斗定位南北，而地坛和同时建造的朝日、夕月二坛则改为"正北"，即以磁针定位南北。

地坛占地呈正方形，以符合"地方"之义，外坛墙每面200丈，占地616亩，小于天坛；内坛墙每面144丈，占地320亩。正门向西，正对坛门为神路。神路两侧以夹墙封闭，前端有木牌坊3间，额书"泰折街"。清代定地坛祭礼为大祀级，与天坛一致。乾隆十四至十五年

地坛西门广厚街牌楼西立面（1989年复建）

（1749—1750）与天坛同时升级改造，重建了牌坊，加大尺度，神路更名为"广厚街"。

北京城内的礼仪牌坊，只有国门正阳门外护城河上"正阳桥"前面的牌坊是5间（民间称为五牌楼）。其他很高等级的殿堂如大高玄殿、景山寿皇殿、雍和宫等都是3间。"广厚街"牌坊虽然其形制也依规定为三间，但尺度则大大超过其他牌坊，是皇都礼制牌坊中最大的一座。天坛祭天，天为阳，所有建筑的尺寸都用"阳"数，即奇数；地坛祭地，地为阴，所有建筑的尺寸都用"阴"数，即偶数。这座牌坊和神路的尺寸也遵循这一规制。

广厚街牌坊在20世纪二三十年代仍然保存完好，1925年出版的《北平旅行指南》书中登载了一张它的照片，特别指出它是"高大牌楼"。1953年前后拆除。

1989年为迎接在北京举行亚洲运动会进行市容整饬，决定在通往场馆的主街安定门外大街上恢复这座牌坊，使它成为一处景观亮点。经过考古发掘，找到了保存完好的柱基石，因而确定了它的准确位置和平面尺寸。经实测，三间通面阔为22.96

地坛西门广厚街牌楼东立面（1989年复建）

米，折合清尺7丈1尺8寸，其中明间8.51米，折合清尺2丈6尺6寸，次间7.23米，折合2丈2尺6寸，都是阴（偶）数。立面外观依照老照片与实测平面尺寸按比例推测，均采用清尺偶数。这座牌坊建于清乾隆年间，它的明间尺寸甚至比皇宫主殿太和殿的明间2丈6尺5寸还大了1寸。

重建后的牌坊对原状有两处改动。一处是由于新牌坊梁柱采用钢筋混凝土结构，柱基较深，如位在原址，势必要破坏保存完好的原有石柱基，为了保存地下文物，决定新牌坊后（东）移约3米。当然通过技术措施，也可以不动地下文物在原址重建，但必须增加不少费用，又延长了规定时限。东移后与原神路长度相比减了约1.3%，在景观视觉效果方面并没有多少差别，所以决定后移。另一处的改动是，原牌坊正面额题为"广厚街"，为了临街对外标识醒目，改为"地坛"（原无此名），把"广厚街"放到背（东）面。坊后神路原长72丈，约230米，牌坊移位后便不足此数，原宽9.16米，折合2丈8尺，拆除夹墙后，成为两侧有绿化带的宽阔通道，位置依旧，但已不是原来的形制。

朝日坛和夕月坛"神路"原在何处？

明嘉靖九年（1530），以"日月临照，其功甚大"为由，建朝日、夕月二坛。二坛都用中祀礼，是低于天坛和地坛的次等礼制建筑。

朝日坛选址在朝阳门外一位官员的私邸，占地93亩（阳数），皇帝每三年春分日在此亲祭"大明之神"。正门向西，朝东拜祭，神路在坛外西北方，向南有御路，折向东进入北天门后通向具服殿。神路北端入口有牌坊3间，正面额题"神路街"，清代改为"景升街"。

夕月坛选址在阜成门外驴市附近，占地54亩（阴数），皇帝每三年秋分日在此亲祭"夜明之神"。正门向东，朝西拜祭，神路在坛外东北方，向南有御路，折向西进入北天门后通向具服殿。神路北端入口有牌坊3间，正面额题"神路街"，清代改为"光恒街"。

两坛的神路和牌坊在民国初年均毁弃无存，它们的尺度只能按照《大清会典》图中神路与坛墙的比例，折合至现代地形图测算。得出朝日坛"景升街"长约87.5米，折合清尺约27丈，宽约12.5米，折合清尺约3.9丈，都是阳（奇）数；夕月坛光恒街长约36.8米，折合清尺约11丈6尺，宽约11米，折合清尺约3丈4尺，都是阴（偶）数。神路废弃以后，朝日坛神路成了摊贩市场，即今天的朝外市场街；夕月坛神路进入南礼士（驴市）路，两条神路全部消失。

（原载《北京日报》2017年5月11日）

乾隆皇帝为何在天桥"疏渠建桥"

位于前门大街东侧、天坛路北侧的红庙街 78 号院，原来是明清时期的小庙弘济院，院内保存着一座乾隆五十六年（1791）皇帝亲笔撰写的《正阳桥疏渠记》方碑，碑文记载了当年城南一次"疏渠建桥"的环境整治工程。那么，乾隆皇帝为何在天桥"疏渠建桥"？

开渠修路　绿化降尘

乾隆皇帝撰写的《正阳桥疏渠记》大意是说，天桥至永定门间为一条石板路（据《清会典事例》记载，这条石路是在雍正七年，也就是 1729 年铺砌），石路两侧地势东高西低，以致路西常年积水，而路东积沙又常因西北风刮到路西，堆壅了先农坛的一半坛墙。

为了解决这个问题，在天桥以南平行石路两边各开挖了三条水渠，又在石路两侧各修筑一条土路专供行车。挖渠的土，一部分筑路使用，其余在渠边堆成土堆，上面种植树木。渠中的清水也改善了城南多苦水井的饮水质量。据《正阳桥疏渠记》中记载的水渠尺寸，大约挖出土方 8 万立方米，除筑路用土外，估计可以堆出平均宽约 4.5 米、高约 3 米的 4 座"土山"。挖渠堆山后，用乾隆皇帝在碑文中的话说，"于是渠有水而山有林，且以御风沙，弗致堙坛垣，一举而无不便……胥得饮渠之清水，为利而溥。而都人士之游涉者，咸谓京城南惬观瞻，增佳景……"又说，修渠筑路以后，可以"洁坛垣而钦岁祀，培九轨而萃万方，协坎离以亨既济，奠经涂以巩皇图"，更赋予了强化皇权形象的意义。可以说，这是一次集疏导交通、防治风沙、改善饮水、美化环境、彰显礼制于一体的环境综合治理工程。

《正阳桥疏渠记》中没有说是否重建天桥，但提到了在天街石路两侧各修了一条 2 丈宽的土路专供行车，可见在修路以前天桥上是可以行车的一座平桥。据记载，雍正时期永定门外护城河上还是一座木板吊桥，这时的天桥很可能还是明代遗留的木板桥。既然这次整治工程含有重彰礼制的内容，那就很有可能强化这座中轴路上重要礼制节点的形象重建石桥。重建后的天桥纯是礼仪桥，而不是以往的交通桥，它专供皇帝祭天时坐轿通行，不再行车。

重建天桥　贯通中轴

重建后的天桥，在光绪三十二年（1906）修整道路时降低了桥拱，恢复了人车混行的功能，1927 年通行有轨电车时拆除，改为暗沟。那么乾隆至光绪时期的天桥是什么样子呢？据 20 世纪 50 年代一些老人的回忆，它是一座单孔石桥，桥长 2 丈 5 尺（约 8 米），宽 1 丈 6 尺至 1 丈 7 尺（约 5 米），高 6 尺（约 1.9 米），桥上铺石板御路，两侧有石栏杆。不少文字记载说，桥身很高，站在桥南，北望不见正阳门，站在桥北，南望不见永定门。据一张清末的老照片显示，它确实是桥拱很高的一座石桥。回忆文章中天桥的尺寸也基本上是可信的。桥的宽度，是一条 9 尺的御路，再加两边侍从行走的边路共 5 尺，以应天子"九五之尊"，再加两边栏杆，总宽约 5 米。桥长 25 尺是"双五"之数，五是数列之中，双五是对"中"的强调，以应南北两段中轴。拱高 6 尺，象征"宇宙六合"（东、西、南、北、上、下）。更重要的是，桥的高度强化了中轴线的整体意象。原来天桥的位置其高度在整个中轴线上是最低点，它低于正阳门外约 2 米，又低于永定门内约 1 米，天街在这里形成了一个"塌腰"，这显然大大损害了天街象征皇权直通天下的形象，不利于"王气"贯通。于是便提高了桥身，使它略低于正阳门外，又高于永定门内，形成了一条一气贯通的意象。桥的这个高度，自然就遮挡了在桥下的南北视线，以致出现了天桥是北京甚至华北平原最高点的传说。桥身的坡度大约 1∶0.48，它不利于行车，尤其是雨雪天气更有危险，所以在桥旁另有行车的土路。但这个坡度是正常的台阶坡度，便于抬轿行走。

新造"国门"　彰显古礼

修渠建桥以后，乾隆皇帝亲自写了《正阳桥疏渠记》，刻在方碑上立于桥头东侧，同时又把乾隆十八年（1753）立在永定门外燕墩上《帝都篇》《帝京篇》的方碑又刻了一座，立于桥头西侧。两碑尺寸、形式完全一致，对称放在桥头，形成了一河、一桥、双碑组合的格局。而这种格局正是古代都城门外有河、河上有桥、桥头立表的都门制度。古代的"表"，后来演化为阙，又演化为坊或牌楼。明代的正阳门外有河、有桥（正阳桥）、有牌楼（五牌楼），正是延续了古代都城的形制。

为什么要在天桥这里又新造了一座"国门"呢？这是因为，古代皇帝祭天都在"国之阳"，即都城的南郊，所以礼制称为"郊祀"。元大都祭天的天坛在丽正门外东南7里，大约是在今天天坛祈年殿的位置。明永乐时天地合祭，在这里建了天地坛，嘉靖时天地分祭，在其南新建天坛（圜丘），这里改建为大享殿，即清代的祈年殿，它们都在当时的南郊。但嘉靖三十二年（1553）修筑了外城，天坛就进入了城内，严格说来，祭天就不能称为"郊祀"了。嘉靖皇帝后期笃信道教，明末清初的皇帝们也都没太在意考据古礼。但一贯标榜自己考究古礼的乾隆皇帝，对天坛从"郊祀"变成了"城祀"非常纠结。此前他已重刻了石鼓文，重订了十三经，仿造了"辟雍"殿，自然也要重塑"郊祀"形象，于是在这里打造出了一处新"国门"，象征天坛仍旧在郊外，祭天仍旧是郊祀。当初燕墩上的石碑就是一座国门前的迎宾表，乾隆在碑上的《帝都篇》诗中说："我有嘉宾岁来集，无须控御联欢情。"现在再刻一座，也有同样国门迎宾的意义。其实这层意思在《正阳桥疏渠记》的名称上已经表示明确了，《正阳桥疏渠记》全部说的是天桥以南的事情，可题目却是"正阳桥"，可见乾隆就是把天桥看作了"第二正阳桥"，他在《正阳桥疏渠记》里一开始就把永定门至天桥的道路称为"会极归极之宗"，"极"在哪里呢？就是天桥象征的新"国门"。

红庙街78号院内的《正阳桥疏渠记》碑

（原载《北京日报》2012 年 6 月 29 日）

宋徽宗曾囚居在哪座延寿寺

　　4月20日《文史》版刊登的《宋钦徽"二帝"都囚居在悯忠寺吗》一文，订正了景山公园举办的"北京中轴线历史文脉展"介绍文字中的几处错讹，介绍了宋徽宗、钦宗被俘的一些史实，读后受益颇多。但对于文中所写的宋徽宗囚居的延寿寺位于现在的延寿街，有些不同看法。据考，老北京城曾有过3座延寿寺：一座位于今天的枣林前街；另一座位于米市胡同和迎新街之间；第三座位于现在的延寿街北口，但此寺建于明英宗正统六年（1441），那时宋徽宗已死了306年。宋徽宗囚居了4个月的地方，应为始建于东魏、重建于辽代、位置在枣林前街的延寿寺。

　　这座延寿寺始建于东魏元象元年（538），原名尉使君寺，后改名智泉寺，寺毁于后周，隋初重建。它的位置在唐幽州城（辽燕京城）子城东门外百余步（约200米）大道之北。子城的东墙在今天的南线阁大街，东门外大街即今天的枣林前街。智泉寺在大街北，其位置大约在今天北京六十六中学范围内，斜对面还有一座崇效寺，至今尚有一些清代寺庙遗存的建筑。隋文帝笃信佛教，于仁寿元年、二年和四年（601—604）分3次向全国颁送了111份舍利，同时按照统一式样建造了111座舍利塔，这是中国佛教史上的一件大事。幽州是当时的一等大州，前后得到两份舍利，建了两座舍利塔，一座在西郊，名弘业寺，另一座就在智泉寺。此寺在唐代改名大云寺、龙兴寺，唐文宗太和八年（834）被火焚，武宗会昌六年（846）重建，改名胜果寺。重建时在废墟中掘出舍利函，移藏于悯忠寺。胜果寺于宣宗大中年间（847—859）又被火焚，不久后由幽州节度使张信伸重建，更名为延寿寺。辽景宗时（969—981）扩建，有九间大殿和阁楼回廊，规模巨大，兴宗时（1032—1055），遭火灾重修。宋徽宗被囚的延寿寺，就是这座位于燕京子城东门外百余步，始建于东魏，改扩于隋唐，重建于辽代的大寺。

　　这座延寿寺在宋徽宗住过15年后，即金熙宗皇统二年（1142）又遭火灾，10年后海陵王迁都燕京，扩大为中都，于天德三年（1151）重建此寺作为皇宫，称为延寿宫。至世宗大定二十一年（1181），可能是因为此寺屡遭火灾，风水不佳，也可能是因为此处曾是海陵王的皇宫，而海陵王是被废黜的皇帝，"宫"随帝废，于是向东迁移，另建新寺，于章宗泰和二年（1202）竣工。寺的位置在扩建后中都东城墙内，大约是今天南横街北面的米市胡同和迎新街之间。但新寺也只存在了30多年，随着蒙古成吉思汗灭金（1215），它也灰飞烟灭了。

明代时，这块废墟被建成南城兵马司。

明宣宗宣德八年（1433），一位叫湛然的禅师发愿重建延寿寺，"改其故址，鸠工命匠，始创建焉"。延寿寺于明英宗正统六年（1441）建成，但规模已大大缩小，这就是位于今天延寿街北端路西的延寿寺。此寺至清末已残颓，1958年拆除，改建为简易工厂，亦即王致和腐乳厂。此后工厂迁出，又改成了旅馆、浴池。

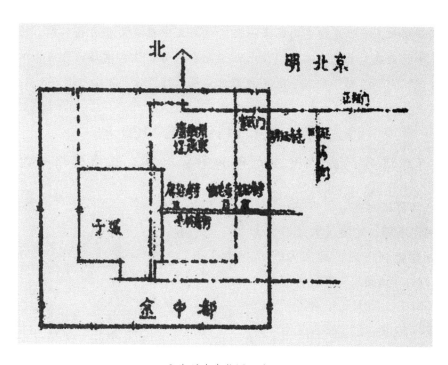

3座延寿寺位置示意图

（原载《北京日报》2012年5月21日第44版）

天宁寺塔到底建于哪年

编者按　本版前不久刊发的《北京最古老塔有哪些》，详细介绍了天宁寺塔、妙应寺白塔和万松老人塔3座著名古塔，引起很多读者关注。古建专家、北京古代建筑研究所原所长王世仁先生专门写来一文，认为文中根据某些古籍记载，称"广安门外天宁寺的前身是北魏光林寺，隋代改名为弘业寺，寺内建塔，即今天的天宁寺塔……"有"张冠李戴"之嫌，为避免以讹传讹，特撰此文加以厘清。

天宁寺塔建于1119年至1120年
大辽建塔碑记载"天庆九年奉圣旨起建天王寺砖塔一座"

1992年修塔时在宝顶座中发现了一块建塔碑，这块《大辽燕京天王寺建舍利塔记》碑文为："皇叔、判留守诸路兵马都元帅府事、秦晋国王，天庆九年奉圣旨起建天王寺砖塔一座，举高二百三尺，相计共一十个月了毕。"非常明确此塔名天王寺舍利塔，建于辽末天祚帝天庆九年至十年（1119—1120），这位主持建塔的"皇叔"名叫耶律淳。建塔两年后中京失陷，天祚帝出逃，耶律淳在燕京自立为帝，号天赐皇帝，改元建福，但仅3个月便死了。

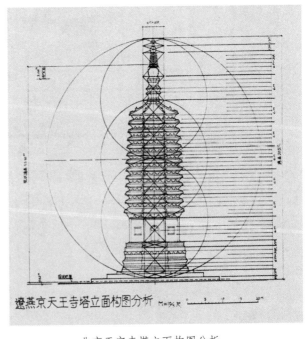

北京天宁寺塔立面构图分析

虽然塔建于辽，但是许多历史文献却把它和北魏光林寺、隋代弘业寺混为一寺，经常被一些文章引用。只有 82 年前（1935）梁思成、林徽因著《平郊建筑杂录——天宁寺塔建筑年代之鉴别问题》，对唐代以来十种文献逐一考辨后提出"其确实性根本不能成立"，接着从"（一）整个建筑物和图案之形式；（二）建筑各部之手法或作风"入手，分析塔的形制，得出了此塔"是辽末的作品"，与建塔碑所记完全一致。此文原载于 1935 年《中国营造学社汇刊》第五卷第四期，2001 年收录《梁思成全集》第一卷。

辽代天宁寺与隋代弘业寺并无关系
明清古籍《长安客话》《帝京景物略》等记载有误

其实，辽代的天宁寺与隋代的弘业寺并无关系。隋文帝曾在仁寿元年（601）下诏："……宜请沙门三十人，……分道送舍利前往诸州起塔，……就有山水寺，所起塔依前山。……所司造样，送往当州。"二年（602）又下诏再次颁送舍利建塔，这次共五十一州，其中就有幽州。《续高僧传·宝岩传》记载："仁寿下敕召送舍利于本州弘业寺，即元魏孝文帝之所立也，旧号光林，依峰带涧，面势高敞。自开皇舍利到前，山恒倾摇未曾休止，及安塔竟，山动自息。"此处之开皇也是隋文帝年号，但在仁寿之前，《续高僧传》是唐朝道宣所著，唐记隋事，略有差错，可以理解。此后仁寿四年（604）又

天宁寺

颁送舍利于三十州，前后共计 111 所。其中幽州是刺史陈国公窦抗驻地，位置重要，所以二次获颁舍利建塔，不过此塔位于州治蓟城内的智泉寺，与弘业寺无关。

弘业寺在唐代改名为天王寺，供奉毗沙门天王。元人耶律楚材《湛然居士集》载，金大定二十一年（1181）一度改弘业寺为大万安禅寺。到了明代，蒋一葵著《长安客话》、刘侗著《帝京景物略》，直接就把天宁寺的前身说成是隋的弘业寺，此说又被清代官书《日下旧闻考》和乾隆二十一年、四十七年（1756、1782）《御制重修天宁寺碑》所沿用，长时期误导后人。

自1992年建塔碑发现以后，这些说法不攻自破，但即便未发现以前也站不住脚。其一，隋仁寿颁舍利建塔明确要求，塔须建于"山水寺"内，后倚山岭，弘业（光林）寺所在地势"依峰带涧，面势高敞"，而幽州城里却是平坦的街坊，两者地形不符。其二，1974年山西应县佛宫寺塔发现辽代雕版印经，刻经者既有"燕台弘业寺"僧，又有"燕京右街天王寺"僧，可见辽代弘业、天王两寺并存。其三，唐代幽州城内建天王寺，专供毗沙门天王（汉译北方多闻天王），没有建塔记载，弘业寺则建塔藏舍利，唐寺与隋寺同时存在。

这111座舍利塔都是由朝廷"所司造样，送往当州"，统一式样建造。据唐会昌六年（846）《采师伦书重藏舍利记》碑："幽州刺史窦抗智泉寺创木浮屠五级"，这些舍利塔都是五层木塔。隋炀帝大业三年（607），日本遣数十名僧人到中国学法，可能同时由他们带回了隋仁寿寺"所司造样"的标准塔式，现存日本飞鸟时期（相当中国隋朝）的法隆寺五重塔大约就是按照此式建造的，它的平面尺度与长安隋大兴（长安）灵觉寺方塔遗址和南京（蒋州）栖霞山舍利塔（五代时改为八角五层石塔）基本一致。这种五层舍利塔其实只是外形仿成楼阁式样，而内部并不分层，也不能登临。

天宁寺塔

那么真正的光林——弘业寺在哪里呢？据《日下旧闻考》引《山行杂记》记载，香山之南有门头村，村后有万安山，山后有寺名宏（原为弘，避乾隆名弘历，改弘为宏）教禅林，山门内有大神通塔院，前有平台，后有泉水，与《续高僧传》描述的弘业寺基本一致。门头村为西山浅山区入口，由于背靠万安山，金代一度改名为大万安禅寺，元代重修，复名"大宣文弘教寺"，从万安、弘教（教与业通）、塔院等地名和山水地形分析，大致可以认定这里就是弘业寺所在地。《日下旧闻考》编者也说这里"相传为宏（弘）教寺遗址"，清代改建为法海寺、法华寺，近代已荒废，附近划入万安公墓范围。

中国第一座用具象诠释经义的密檐式塔
建塔碑中留有"垒塔作头"和"勾当"等工匠大名

天宁寺塔的文化价值同样不可小觑，可以归纳为宗教意义和建筑艺术两部分。

首先是宗教意义。中国的佛教，由魏至唐主流都属大乘派，共形成八"宗"，八宗又分为重经义的显教和重仪轨的密教，以及融合两者的"圆教"。其中华严宗就是中国自创的一种圆教，所奉经典也引入了《圆觉经》，传法的场所名圆觉道场。北方契丹人有拜日的习俗，又接受了以毗卢遮那佛即大日如来为主尊的华严教义，经过辽道宗推广，成为辽朝的国教。天宁寺塔就是按照圆觉道场的经义设计场面，一层塔身八面，按圆觉仪轨布置了53个塑像（遗失一个），包括佛、菩萨、天女、力士、奴仆，还有狮、象坐骑，个个生动逼真。八角塔始见于唐，但都是单层墓塔，辽代突然出现了许多八角多层密檐塔，主要原因是密教在中唐以后受到皇室推崇，以"曼荼罗"（坛城）为修法场所，这是一种呈"井"字分隔，共9个间隔、5个空间的布局，中部为大日如来，其余八处或五处为各种佛、菩萨、明王等驻所。辽代尊崇显密合一的华严宗，密教的曼荼罗也被引入造塔的设计概念。塔下的须弥座、平座和莲台，原为佛座，圆觉道场以塔为佛，所以于其上放塔；十三层檐则来自《华严经》描述的华藏世界第十三层是大日如来驻地，有城郭宫室，因而设计了仿木结构的殿堂构件。总之，天宁寺塔是中国第一座用具体形象诠释经义的中国特色佛教文化的艺术之作。

天宁寺塔

其次是辉煌的建筑艺术：第一，平面与高度关系。1992年在脚手架上用手工实测通高为55.38米，折合辽宋尺约为185尺，与203尺之差18尺即为清代缺失的塔刹高度。以塔中间（第七层）实测面宽 18 尺（5.5 米），则八角内切圆周长 135 尺，塔高为其 1.5 倍。许多辽塔都是这种 1∶1.5 的比例，可看作一种造型规则。第二，立面各段比例。据实测，塔下部基座和塔身、中间十三层屋檐、上部塔刹三者比例为 1∶2∶1，这也是控制造型的规则。第三，模数。中国古建筑设计为求得内在和谐之美，又便于估工算料，很早就使用某一构件（如斗拱）或某一部分、某一数值为模数，以其倍数或分数控制造型。天宁寺塔的模数是 10 尺/3，三分十尺也是中国古代艺术常用的"三分损益"法。第四，韵律。中国古代建筑的韵律俯仰可见，梁思成先生就曾以天宁寺塔为例作出五线乐谱。第五，外轮廓。天宁寺塔的外轮廓不是简单的直线形锥体，而是继承了魏唐以来丰满的抛物线形，各部分屋檐长度按一定参数略有微差，叫作"收杀"。经分析，这个参数约为 0.71，是沿用了古人计数"方五斜七"的理念。总之，天宁寺塔是中国密檐式塔最后一座，也是最具文化意义的一座佛塔。幸运的是在建塔碑中还留下了工匠的名字："垒塔作头"寇世英、寇世兴，"勾当"（助手）戴孝诠、黄永寿。

天宁寺塔（局部）

（原载《北京日报》2017 年 12 月 28 日）

元代萧墙与明清皇城的兴废

随着《北京城市总体规划（2016—2035 年)》的正式公布，关于"老城的保护与复兴"也成为一个热点话题。"规划"中特别强调，要"整体保护明清皇城，严格执行《北京皇城保护规划》"，消失多年的皇城也因此再度引起人们的关注……

元大都设三"城"
大都外城名大城，中间皇城名萧墙，核心宫城名大内

元世祖至元四年至十三年（1267—1276）建京师大都，延续了唐宋以来国都规划理念设三"城"：大都外城名大城，中间皇城名萧墙，核心宫城名大内。大都萧墙的北、东、西三面为明代皇城沿用，南墙约在明皇城端门与午门之间，总占地约482 公顷（含灵星门前千步廊）。正（南）门名灵星门，取灵星为"天神"之义；后（北）门名厚载红门，取《易经》。"坤"卦"坤厚载物"之义；东、西门名红门。北门位于明清皇城北（地）安门的位置，东西二门位置有所调整。由高梁河引入的金水河和由积水潭（海子）引入的通惠河（明代称玉河）环绕萧墙内外。萧墙

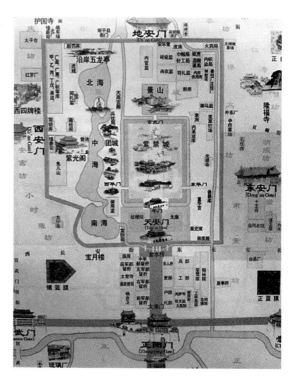

代皇城、紫禁城、御园平面示意图

205

里面以皇宫大内为主体，宫西为太液池宫苑，池西有西宫兴盛宫、隆福宫和太子宫。明洪武元年（1368）明军攻入大都尽毁元宫，仅留下西宫为燕王朱棣王府。朱棣登基为永乐帝，营造北京，对皇城进行了彻底改造，元代萧墙全部消失。明代末年，孙承泽著《春明梦余录》卷六记载："（永乐）十五年，改建皇城于东，去旧宫可一里许。"近代学者朱偰认为文中的"皇城"实指宫城（紫禁城），但新中国成立后曾对故宫以西进行过考古勘探，并未发现任何元宫遗址，所以明宫东移之说不能成立。元代萧墙内其他建置已无可考，但其东、西、北三面墙的位置由明代沿用则是肯定的。

明代皇城是皇家禁地
北东西三面在元代萧墙位置，南墙南拓至大明门

　　明永乐十五年（1417）建皇城，北、东、西三面在元代萧墙位置，南墙南拓，把新开挖的西苑南海包在其内。元代在都城正门丽正门和皇城正门灵星门之间设有东西对峙的连房，又折而向北，形成 T 形广场，名"千步廊"，这一形制也被明皇城继承下来，千步廊南端为皇城南门，名大明门。大明门内的千步廊东西各 110 间，折而朝北各 34 间，主要是为皇宫前面的礼仪安排，但也有实用功能，是朝廷六部定期集体办公的场所，如吏部和兵部考核铨叙文武官员、礼部勘磨乡会试卷、刑部大案定谳判决、工部核发木料以及户部核发官米（仓在连房后面）等。北安门内也有类似大明门内千步廊的夹道礼仪建筑雁翅楼。大明门内千步廊 T 形广场东有长安左门，西有长安右门，正面是皇城正门承天门（清称天安门）。东门东安门正对紫禁城东华门，西门西安门因紫禁城西华门正对太液池，所以北移至万岁山前大街至西苑中、

明清紫禁城午门

北海间大桥以西；北安门为元代厚载红门址。宣德七年（1432），由于通惠河（玉河）在城内断流，原在东皇城外的河沟两边形成街市，摊商嘈杂，影响宫禁安宁，于是把皇城墙东移，将玉河包在城内。在新墙上新开东安门，保留了原门称东安里门，二门之间跨河有桥名望（皇）恩桥，这座东安里门和皇城的东、西、北三门一样，都是黄瓦三门的"三座门"形制。

清代御园之北海琼华岛远眺——白塔为顺治时所建

　　明皇城总占地约734公顷，其内全部为皇家禁地，集皇帝的权力运作、生活服务、物资储藏和神灵祈佑于一"城"。在紫禁城和西苑三海之外，主要是由宦官掌权直接为皇帝服务的内府"二十四衙门"，其中的司设监、尚衣监和内官监财力最富，占地最大，以黄瓦红墙夹峙于北安门内，俗称内皇城。城内还有许多为皇家生活服务的厂、作、局、库，其中西什库规模最大，储藏最多。据清代文献记载，明代宫中有太监十万，宫女九千，再加上皇帝后宫后妃子女，还有卫戍兵士，供役工匠，合计不下十几万人，这么多人的居处吃喝需要多少空间可想而知。紫禁城、西苑以外，还有外宫别院，最大的是东部的重华宫（又名东苑、南内）和飞龙桥。琼华岛和万岁山二山以外，明代皇城西南部还有一山名兔儿山，山前有一水绕的圆形高台，两边坡道盘旋而上，称为旋转（磨）台，上面建有赏月亭阁，它在清代已经荒废，只留下一条和兔儿山谐音的图样山胡同。此外，还有几座皇家敕建的寺庙，其中大高玄殿等级最高、大光明殿规模最大（占地约4公顷）。皇城周边街道，承天门外名东、西长安街，西墙外名皇墙西大街，北墙外名皇墙北大街，东墙外名火道半边街夹道。

清代皇城沿长安左右门各向东西延长一里
顺治时在琼华岛建白塔，乾隆时在景山建五亭

　　清顺治元年（1644）清军占领北京，保存了明代紫禁城和西苑三海离宫，但皇城变化较大。顺治初年北京内城划归八旗（每旗又分满洲、蒙古、汉军三旗）官兵占用，原有居民象征性给予补偿后全部迁至外城居住，只有个别恩准的汉臣由皇帝"赐第"可以住在内城。

　　清代皇城继承了明代格局，在乾隆十九年至二十五年（1754—1760）改造重建了皇城墙，大清门、长安左门、长安右门建成五间三拱门黄瓦歇山式大门，又由长安左、右门各向东西延长约1里增筑红墙，两端各设一座黄瓦三座门，称东、西长安门，使皇城面积扩大了约6.4公顷。皇城外道路，北墙外地安门以东名东皇城根，以西名西皇城根；东墙外名东河沿；西墙外西安门以北名北皇城根，以南名南皇城根；重建了承天门改名天安门，门前之东名东长安街，之西名西长安街。北安门改名地安门，东、西安门仍用原名，三门都改建成7间三门黄瓦歇山式大门，只有东安里门仍存旧制。

明代皇城东门——东安门遗址（明宣德七年）

　　清代皇城变化较大。一是景观，顺治时在琼华岛上建了一座喇嘛塔（白塔），乾隆时在景山顶建五亭，构成了皇城中最重要的天际线标志；二是改造河道，废弃了玉河，改为引积水潭、后海水通过西步粮桥（讹为西不压桥）进入西苑三海补充水源；三是废除了明代内府二十四衙门，缩减厂、库、局等机构作坊，腾出了不少土地建造祭祀庙宇，新建了佛寺宏仁寺（又名旃檀寺），在北海新建了先蚕坛，皇宫周边建造了宣仁庙（祀风神）、凝和庙（祀云神）、昭显庙（祀雷神）、时应宫（祀雨神龙王）、永佑庙（祀城隍），另外又兴建了许多喇嘛寺，著名的有普度寺（原睿亲王府）、普胜寺、嵩祝寺、智珠寺、福佑寺等。康熙四十二年（1703），还在蚕池

口建造了一座法国哥特式天主教堂，光绪十三年（1887）迁至西什库废地，以后不断扩展，成为禁中之禁的教会领地。

明代北京不设王府，清代王公府第都在内城，共有贝勒以上的王府80余所，位于皇城以内的有清初睿亲王府、英亲王府、乾隆四公主（下嫁宠臣福隆安）府（后为京师大学堂）、松公府等，其中为宣统之父载沣所建的新摄政王府位于西苑之西的集灵圃，规模最大。只是王府尚未建成清室垮台，这块地被改建为民国的国务院，墙外街道名府右街。

清代景山绮望楼和万春亭

清代皇城有门有墙有守卫，名义上是禁地，实际上由于空地较多，到后期管制松弛，出现了许多商业和民居的街、巷、胡同。民国以后皇城划入市区，民国二年（1913）皇城东部划为"中一区"，西部划为"中二区"，1928年后统一改为"内六区"。原皇城外东、西、北三面街道都叫皇城根。至于何时改"皇"为"黄"，有一种说法是1966年整顿地名时。但据1929年陈宗蕃著《燕都丛考》第七章所述的"昔日皇城（今俱改称黄城）"，可见在1929年前已改，最大的可能是1928年首都南迁至南京，北京更名为北平特别市，重新划区，为了淡化皇都名义而改。

昔日皇城如今只有天安门两侧总长约2000米的红墙保存下来，成为长安街的标志。2002年，经过考古发掘，又找到了部分东墙遗址，按原状恢复了一段，算是留下一点记忆。

（原载《北京日报》2017年11月23日）

1951年我的高考记忆

1951年以前的高校招生，都是各校独立招考，没有统一的时间。于是不免"撞车"，名校被少数"尖子"学生占据，结果浪费了名额，于是从1951年开始，改为大区联合招生。北京地区有华北华东和华北东北两片，每片有若干大学联合招生。统一时间，统一报名，统一考题，统一录取，大多数大学都参加了联合招生。1952年以后又改为全国统考。这一年我17岁，有幸参加了当年的高考，今年（2020）86岁了，一些当年场景仍然记忆犹新。

高三冲刺

高中三年，到高三上学期，各门课都已上完，下学期就是为高考准备的。各中学都有自己的高招，最主要的是聘请名师"代课"，这是一批已上完本校课的名师，在本校或外校，专为高考代课。他们都很忙，往往一天要在好几个学校上课，有时达到七八节课。我印象最深的是一位姓陈的化学老师，他穿着一身笔挺的西装，踩着上课铃声走上讲台，没有一句多余的话，一边讲一边在黑板上写下反应式和计算公式。下课铃一响，正好讲完内容，也整整齐齐地写满了两块黑板，依然一身笔挺西装，一尘不染走下讲坛。这位姓陈的老师可真是"神人"，他讲的内容中有不少和高考题目完全相同。拜他所赐，我的化学考了92分的高分。还有一位英文代课的唐老师，他的本职工作是北方交大的教师。他给我们上课的内容，主要取材英文杂志《中国建设》，等于是一边讲英文，一边讲时政。果然当年高考题中就有不少与抗美援朝有关的词语，如"志愿军""美帝国主义""走狗"乃至李承晚、麦克阿瑟、李奇微这些名字都没有难倒我。还有一位物理老师，他一身黑布棉袄棉裤（缅裆裤），操着一口山西方言，活脱一个山西老农民。他来代课没有任何准备，只说，我给你们说说近代物理吧。他讲了原子构造、裂变，居里夫人的贡献，以及钱三强、何泽慧的发展，高考中果然有这类题目。高考中有一门"政治常识"，这是公立学校的长项，高中就有这门课程，由政治老师和校长主讲，内容切合时政，又补充了几篇毛主席著作，考试加分不少。

填报志愿

1952 年以前，北京的中学都是男女分校，我所在的是男五中。高考报名是在中学填写志愿，华北华东和华北东北两片的学校和专业自己选择，当年参加联合招生的华北区有京、津、晋、冀（含平原省），共 27 校的 232 个专业（包含二年制专科），在北京的就有 12 所，占了将近一半。共报 5 个志愿，当年的男校，虽然没有硬性规定，但有志愿导向。那时正值抗美援朝期间，国家开始大规模建设，急需大量工程人才，所以报考导向都是工科，文科不用说，连理科医科也不在导向以内。为此专门组织我们去参观北京大学工学院，此校在西直门内原端王府，清末拆去，改建为高等工业学堂，一片灰砖欧式楼房，气派很大。学院中有建筑工程系，我本来想学文史，但迫于规定只能随行。等参观到建筑系时，眼前一亮，墙上挂着学生作业，有各式房屋设计图、渲染图、素描水彩画，还参观了美术教室，看到多种石膏像，原来这是一个名为建筑"工程"，实际有不少人文因素的专业，于是下定决心报此专业。报名表上可填 5 个志愿，我和几个同学商议，可选一般大学冷门专业为四五志愿保底，二三志愿力争，只有第一志愿下不了决心，后来决心"赌一把"，报了清华大学营建学系（1952 年北大建筑工程系并入，改称为建筑学系）。我父母希望我学医，我没兴趣，为了满足家长要求，第二志愿报了天津医学院，第三志愿填了一个航海学院，四五志愿都是一般大学的冷门专业。

志愿表填好装入档案，便是录取的依据。接着就去报名，地址在北大二院，原清代四公主府，后来的京师大学堂，五间古式大门内，几张桌子一字排开，因为是统考，所以不要户口本，唯一的凭据是高中毕业证书，验证很仔细，把一张一寸照片对照本人无误，当面贴在准考证上，盖上蓝色骑缝章，交了报名费和试卷费，盖了一个收据章，就算是报名合法了，可以入场考试。准考证上没写考场，是临时派位。这么严肃的准考证居然印有误差，原来印的考试日期是七月十五、十六、十七 3 天，而在右下角却又有 3 行小字，把日期改为了七月廿二日、廿三日、廿四日，其实廿这个数字用在这里也不规范，这张准考证可称得起中国高考第一"八卦"证，应当成为具有历史价值的文物。

备考攻略

从 6 月下旬到 7 月下旬，一个月备考，要考八门，其中数学包含有代数、平面几何、三角、解析几何、立体几何五科。中外史地包含有中国历史、世界历史、中国地理、世界地理共 4 科，共计 15 科，显然不可能全部深入复习。我的攻略是有所为有所不为，必保几科，争取几科，放弃几科。化学有底必保，生物、政治常识内容单一，下功夫死背也能得高分。物理有"山西老农"老师补习的近代原子部分估计可以加分。国文自认为是我的长项，可以放心得高分。我最头疼的也是学得最差的数学，决心放弃三科押两科。我相信"临阵磨枪，不快也光"的道理。在最后半个月里，一早起从家里拿两个馒头，就一头扎进北京图书馆，整整一天死背课本，直到晚上闭馆才回家。这半个月的磨枪还真有效，考试的不少答案都是这次背下来的。

两天考试

当年的北京考场集中在北京铁道管理学院，这个学校位于李阁老胡同和府右街转角，校门在李阁老胡同，院里有几座平房大教室。它的前身是清末和民初的邮传部、交通部，临府右街是一座豪华的三层欧式大楼，后来成为铁道学院正门。考生进前门，验证了准考证，核对了照片，留下书本、笔记本，只准带一个文具盒，检查后只留仅需的几件文具，绝对不准带纸片。检验完毕发给一个考场座位卡，考生对号入座，这个卡非常重要，因为在座位上已经放好了你的考卷，卷后有密封的名字，判卷后揭开封条，你的名字和座位号必须一致才

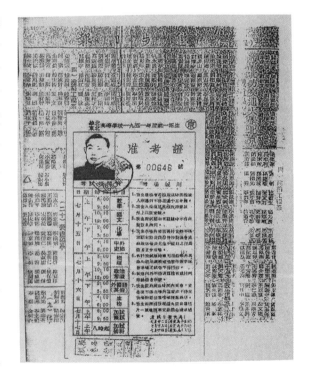

当年的准考证图

行。考卷都是密封的，开考后开封答题。每节 1 小时 50 分钟，迟到 10 分钟即不准入场。第一节是数学，我已心中有"数"。放弃两门，专做两门，估计可得 40 多分，后来入学查卷得知 46 分。第一节数学就是一个"下马威"，考完后当时就有几个人放弃了后面几场考试离去了。一个考场大约三四十座位纵行，行间大约 1 米，防止侧目偷看，场内两名监考老师，室外两名老师巡查。门窗紧闭，正值 7 月下旬，酷热难当，我所在的考场中就有一名女生中暑晕倒，抬出教室，这真是不近人情的考场恶果。第二节考国文，试题前部分为国文常识，有文言文断句，成语填空等，占 40 分，后部分是作文题占 60 分，题目是《我最难忘的一件事》，我狂妄地认为，我高中作文每篇都是班里的范文，此作文我必得高分，结果却是审题错误，栽了跟头。这本来应当是一篇抒情的散文，必须真实，事要真，情也要真，例如鲁迅的《一件小事》。我自作聪明，写我听了志愿军归国代表的报告，因而难忘，一个十几岁的学生，对战争一无所知，听了报告就"难忘"，明显是假的，文不对题，瞒不过判卷老师。好在文字本身还算通顺，又加前边的国文常识，勉强得了 72 分。化学考试我要感谢代课陈老师，押题准确，得了 92 分的高分。我的"攻略"发挥了作用，内容单一的生物和政治常识考试也得了高分。其他各科也还可以，合计下来可能有 580～600 分左右，二三志愿应该不成问题。

张榜录取

7 月 24 日考完，一个月后 8 月 18 日发榜录取。当天各大报纸都发专版公布录取名单，同日各校把录取通知书也就是入学报到的凭证，以挂号信寄到考生家中。清华大学的通知书是一个普通的信封，上面竖写，某某君收。里面是一张薄薄的白纸，油印字，"某某君，你已被录取到我校，空处用钢笔填写某学院某系，请于某月某日报到"，下面盖一个校章。这张油印薄纸终于使考生们取得了合法身份，甚至决定了他一生的前途。最隆重的是公开张榜，贴在老北大红楼门外墙上，是一张高约 1 米、长七八米的白纸，分上下两栏，竖写学校名，后面是系名和录取人名，每个字大约 1.5 厘米见方，名字下面又有小字，为考区所在地，如：京、津、沪、杭、宁，女生又加一个女字。古时进士开榜是在"贡院"墙上，现在在前身京师大学堂的北京大学墙上，也算是延续了"文脉"。榜在当天黎明贴好，7 点多开放。那时榜下挤满了人，有考生也有家长，有笑的，有跳的，有哭的，有闹的，乱成一锅粥。不由人想到《儒林外史》范进中举，秀才看榜的场景。我骑了一辆破自行车，挤到前面，先由第五志愿往前看，五四都没有，估计在三二，但第三志愿也没有，我就开始紧张了，看到第二志愿还没有，彻底失望了，最后咬牙硬着头皮，投向第一志愿，清华大学营建学系，王世仁京，赫然有名。那时各地区考生是按考试成绩排名，营建学系在北京共录取 21 人，我居然名列第九名。我在榜上名字前足足站了 5 分钟，享受"金榜题名"的快感，然后骑车回家，我唱着歌，快速飙车，"雄赳赳、气昂昂"……一路下去。那时北京城内道路宽敞，不分快慢车道，在王府井大街上停有一辆汽车，我太得意了也不看路，一头撞到汽车后尾摔了下来，好在只是停车追尾，爬起来继续高歌猛进，给我的高考生涯留下了最后的回忆。

初入清华园"大匠之门"

10 月上旬报到，在东华门外大街有清华校车站。校车是美国老道奇，上为银色顶，下为蓝色车身，非常醒目。校车按规定路线绕行市区，持报到通知的可免费乘车。车停在二校门的"清华园"牌楼门前，一院（"清华学堂"楼）门前摆了好多桌子，承办入学手续，二十几个系一两千人挤在一堆，我们这些初来的"土老帽"真不知道有什么流程，该怎么走。有些系有学长们引导，营建学系是个小系，还不见学长来。幸亏这时来了一位女生，两条长长的辫子，走起路来风风火火，对各处流程、房间像在自己家里一样，原来她叫周如枚，是教务长周培源的千金，从小住在清华校内。她考的是土木系。她的男友是上一届历史系的梁思成的公子梁从诫。梁从诫原来也报营建学系。因分数不够，正谋求转系，可那时文学院长李广田不批准，据说别人子弟转学可以考虑补考，唯独你梁思成的儿子不行，只好作罢。周如枚好像第一志愿也是营建学系，分数也不够录入，被第二志愿土木系录取，结果这一对金童玉女终于只留下建筑的情结。周如枚和梁从诫，青梅竹马，门当户对，两强相遇，婚后不久便分道扬镳。

20 世纪 80 年代初，我去八宝山革命公墓，为父母扫墓，居然在另一处骨灰龛面上见到周如枚的名字。当时规定进入这里的必须是局级以上的干部或各界名人，不知她属哪类，斯人已矣，当年那个两条长辫子风风火火的少女形象依然留在印象中。

入学报到后，还要经过系主任面谈才能进入"大匠之门"（这是往届毕业生送给母系的一块石碑上的题字）。当时梁先生不在系里，系务由级别最高的美术老师李宗津代管。李先生是教授，人保养得很好，手拿一根象牙烟嘴，插一支大前门香烟，靠在椅子上，跷着二郎腿，手里拿着我们的考卷翻看。我就是从他的翻看中瞄到了我的一些考分。他只问了我一个问题，你们中学有几个考入清华的，我回答只有两人，他看了我一眼，好吧，就算正式进入"大匠之门"了。

我写的这些，琐琐碎碎，一地鸡毛，其实正是中国高考转型时期一段鲜活的历史。历史不仅需要高头讲章，更需要这些流光碎影，它比起那些干巴巴的光辉校史来更有记忆的价值。

（原载《北京晚报》2020 年 7 月 12 日）

追忆林徽因的最后一课

　　我于1951年考入清华大学营建学系，1952年院系调整，北京大学工学院建筑工程系并入清华营建学系，改称建筑系或建筑学系。当时，系里只有梁思成、林徽因两名一级教授，但是自1950年后，梁、林二位就不再授课了。

　　梁先生被任命为北京市都市计划委员会副主任，主任是时任市长彭真。所以实际日常业务，包括总规、详规、城市设计直至重要建筑方案，都要亲自过目甚至亲笔修改。同时他又是全国人大常务委员会委员，还是许多学会、协会的负责人，其中担任的中国建筑学会理事长，外事活动频繁，所以无暇顾及系里事务，更不用说登台讲课。而林先生从来就不上建筑学的课。营建学系初期分为4个组（专业），一是建筑设计，二是城市规划，三是园林景观，四是工艺美术。1952年后，园林景观并入林学院（今中国林业大学），工艺美术组原定并入工艺美术学院，由于林先生坚持仍在建筑系保存下来。尽管几位骨干如高庄、常沙娜、李宗津等陆续调离，林先生只保留了两名女生，坚持做现代景泰蓝图案设计。但是，在1955年年初一个寒冷的冬季，我却有幸听了林徽因先生给建筑系学生上的最后一课。

　　那是我们四年级时的一个设计作业，题目是舞厅设计，建筑的平面或矩形，或圆形，或椭圆形，自己决定，重点设计天花板、地面、门窗、墙壁，也就是室内装修设计。我的设计指导教师是留美海归周卜颐教授。未动手设计之前，周先生告诉我们，林徽因先生听说我们要做室内装修的课题，主动提出要给我们上课，地点就在胜因院家中。胜因院是抗战胜利后新建的一批红砖坡顶美国式独立住宅，比他们原来住的新林院两户并列的住宅要宽敞明亮。因为我们这班有60多名学生，家里容纳不下，所以分两次授课。上课那天我们每人带一个小马扎进到她家。她家的前厅和书房连通，书房临窗一张大书桌，林先生从书桌后面站起来，走在前面。这是我第一次近距离见到她。我们知道，她从20世纪40年代就患有肺结核，经常要卧床养病，今天为了上课，居然挺直身板站在学生面前。她穿着一件肥大的宝蓝色丝绵长袍，因为身体太瘦了，看起来长袍特别肥大。脚下穿一双翻毛一体的连帮鞋。她那时不过 50 岁，头发黑亮，只是面颊凹陷，瘦得有些脱形，只有一双大眼睛闪烁着炯炯的光芒。她讲课没有讲义提纲，而是漫谈式地讲了艺术构图的基本法则，色彩的运用，纹饰的构成。她把当年设计国徽的所有方案和许多景泰蓝花纹，大约有十几幅图，一张一张给我们讲评。她强调说：国徽是国家的象征，必须要有中国的精神，这就是以中立国、以中治国、以中处事，所以全部构图必须绝对对称，又必须有一座能代表国家的古建筑形式作为构图重心，天安门理所当然成为代表。最后的方案达到了这些条件，最终就是现在的式样。在讲解中，她特别强调要注意细节。她说一个细节就如同画龙点睛，她指着靠墙的两个小沙发，说这是梁先生自己设计的，坐垫和靠背角度很舒适，两个木扶手是仿明式家具，在扶手下面和木腿之间各衬有一条木条，这就是细节所在，木条的线型遒劲圆滑，感觉上有一股灵气。既展示，又点评，讲了一个多小时，最后长舒一口气说："行了，下课吧，秃小子们先走，丫头们留下，我还有话说。"事后，我们这些男生悄悄问女生，她（林先生）讲了些什么？女生都笑而不答。后来逐渐透露，原来她是对女生说了一些"淑女风范"的规矩，如发式、衣着，坐、站、走路姿势等。只是那时讲究朴素，没说如何化妆。

　　这节家中授课以后，她又卧床不起了，不久转入市内住院，再也没有起来。一代才女名师在 1955 年永远闭上了眼睛，再没能返回她的清华园，凑巧我们也在当年毕业，告别了母校。

　　斯人已矣，只有这最后的一课，就像她的诗句"你是人间四月天"，永远留下青春的记忆。

（原载《北京晚报》2020 年 5 月 15 日）

1956 年我的毕业设计

1951 年我考入清华大学营建学系，1952 年北京大学建筑工程系并入，改名建筑学系，学制四年，下一届 1952 年入学按照苏联建筑学学制改为六年，20 世纪 60 年代工科统一又改为五年制，我所在的班级以毕业年（1955）编序，称为建五，这是清华大学建筑学系最后一个以毕业年编序的"建五"，以后凡带"五"字的都是以入学年编序，如 65 级、75 级、85 级，我们班就被称为"老建五"。这些也算是历史纪念。

1952 年院系调整，清华一些工科扩大为独立学院，如地质学院、矿冶学院、石油学院、航空学院等，一些外校的同类专业也并入这些学院，一时间都挤进了清华校园，房屋大大不够，于是决定扩大校园，加建房屋，建筑系、土木系停课，教师和高年级学生做规划设计和施工主任，梁思成和张维主持工程，我们这些低年级学生都被分配到各工区当施工员、材料员、质检员，我被分配到水道工区当材料员兼质检员。

半年建校后恢复上课，延迟一学期毕业，这延长的半年把我们班（约 70 人）分成了三个"专门化"（这也是六年苏式学制中后三年的专业），即城市规划、工业建筑、民用建筑（又分公共建筑和住宅建筑两组）。"专门化"是一种学制，我们的毕业证书都写明"建筑学系某某专门化"。专业课程就是一项全面系统的"毕业设计"。我被分到住宅组，共有八九个学生，主要指导老师名叫辜传诲，一位留英的海归教授，曾参加英国曼彻斯特新区规划设计。各专业指导教师临时指派。

毕业设计的课题都是实际工程，如城市规划选中了 3 个城市，做到详细规划，工业建筑选了某地火电厂，公共建筑选了某部办公大楼，住宅建筑选了河南洛阳涧西住宅区。具体用地为 1 公顷（100 米×100 米），为自然起伏地形。

当时中国全面学习苏联，住宅小区规定了 7 项 K 值指标，最重要的是 K1（建筑密度，又称覆盖率）规定为总用地的 35%～40%，其余 60%～65% 为道路绿化用地。K2（容积率）低层（五层以下）规定为总图用地的 1.2 倍，折算为三层建筑。还有

一个 K 值，是建筑南北间距，即日照间距，苏联称为"卫生间距"，为建筑高度的
1.5 倍，当时实行二模制，层高 3.0 米，坡屋顶折为半层 1.5 米加 0.3 米基座，共约
11 米，1.5 倍约 16.5～17 米，以建筑单元最大进深 10 米计算，减去退红线距离和道
路用地，可排四列房屋，以此为准组成两个内庭式组合，而这正是当时苏联住宅小
区规划的模式。

　　用地内配套设施有幼儿园、托儿所、小商店、市政和物业用房，只做概念式平
面，插入住宅组合之间。重点是住宅单元设计。当时比较多的是 3.2 米一间，横承重
墙，墙上铺楼板。（那时楼层已多使用预应力空心板，墙顶隔木檩，即所谓的"硬山
隔檩"做法）单元内共 3 户，每户两室，每户有厨房 1 间，单蹲位卫生间一间，如
需一室或三室，在单元内调整，或单元端另加 1 间。

　　布置建筑之前还必须做场地设计，自然地形起伏不平，要做用地的设计等高线，
一是规定排水方向，排水坡度，二是计算土方平衡。最后定出 ±0 标高，建筑、道
路、市政管线均依此布局设计。

　　住宅的施工图是设计的重点，平面、立面、剖面图（一般用 1∶100 比例尺）都
要详细标出结构轴线，详细写出材料做法。还必须画一幅大比例尺（1∶25）的"外
檐剖面图"，由坡顶檐口直剖到基础，包括瓦顶出檐、外墙（37 墙）、过梁、拱券、
门窗一玻一纱木构造，地面台阶，等等。

　　立面图是设计的重点，分整体（1∶100）和局部大样（1∶50）两部分，指导老
师建议我选用机平瓦顶，青红砖组合清水砖墙，墙身为"四丁"砖，局部用传统
"停泥"砖磨砖对缝精砌，总之要在清水砖墙上砌出趣味。

　　接下来的是结构设计，由结构教师辅导。做两个设计，一是标准单元楼层的钢
筋混凝土结构布置，分预制与现浇两部分。二是选一个现浇构件做结构计算，包括
力学计算、钢筋配置选型，水泥混凝土标号选择，给我的构件是一个两跑楼梯。

　　再接下来是市政设计，上水、下水（雨污）管型、窨井、化粪池布置，还有一
个供暖锅炉房和烟囱概念性设计。

　　最后是施工组织设计，分两部分，一是施工总平面、出入道路、材料场地、变
电站、水泵房、安全栅网、脚手架（杉篙）、马道跳板的布置等都要表示。二是施工
进度表，也是日用工表。我们没学过预算课，现补也来不及，可以免去，这部分由
专门教施工的教师辅导。所有设计须有说明文件，还必须绘成彩色渲染图，用以考
查绘图功力。

　　设计完成后要举行答辩，因为这是中国第一次毕业答辩，所以答辩会很隆重，
各答辩委员都是外聘专家，我们这一组共 5 人，主任是中直设计院院长汪季琦，其

余四位都是外校知名教授，他们一字排开坐在铺有白色桌布的长条桌后，后面是旁听席几排座位，坐满了教师和师弟师妹们，很像法庭审案。学生身后一大背板，挂满设计图。主任宣告开始，告知有 15 分钟。我哪里见过这阵势，啰啰唆唆语无伦次，忽然一声铃响，主任宣布再给 5 分钟，结果草草结束。接着委员提问，只有一位问道，你把工期排满，有没有考虑冬天停工？我当时就蒙了，确实没考虑，忽然灵机一动，回答说，洛阳地处中原，冬季不长，最冷时也在零度上下（这也是蒙的）遇到零度以下，可在砂浆混凝土中加入防冻剂。养护期用草帘或棉被覆盖。委员们可能认为这是抢工期采取的可行措施，不再提问了。休息半小时，委员们开秘密会评分，然后 5 名学生站成一排听"宣判"，结果我们那组成绩全是"优"。因为那时全面学习苏联，我们的设计都是照搬苏联模式，今天看来这个"优"含金量是不高的。答辩结果用长条图章盖在毕业证书后面，"已做毕业设计成绩优"。半年的毕业设计顺利结束。

捌

高层建言

关于编写《宣南鸿雪图志》的建议

一、意义

1. 北京宣武门以南至永定门一带，旧时称为宣南或城南，是明末清初至20年代末北京人文社会最繁盛的区域之一。作为北京风貌的代表，皇城内外，三海周围是宁静的、婉约的、雅致的典型；而宣南一带则是活跃的、直露的、凡俗的典型。北京城市历经变化，古都风貌至20世纪90年代已颇多丧失，也恰恰只有这两处典型地段尚有不少遗存，"雪泥鸿爪"历历可辨。作为北京人文社会发展的形象见证，亟应加以记录。

2. 保护古城风貌已是当今世界城市建设的文明标志，并大都有了切实的成效。我市自提出保护、挽救古都风貌以来，宏观规划者多，细致研讨者少，真正经过周密调查，提出切实保护措施者更少。坐而论道，徒托空言的不良作风，事实上已导致了贻误时间，直至风貌实物丧失殆尽，而后扼腕三叹；不得已时乃"创造"一些毫无文脉依据之"古都风貌"，毁真作假，去真存伪，实不足为训。是以从调查实物入手，继而分类排比，寻求宣南风貌特征，乃是改变规划建设工作之风，切实办事之举。

3. 宣南地区有自己独特的文脉传统。从内涵来看，如文商同步发展，商业促进文化；外表浅露凡俗，内在韵味醇厚；既开敞胸襟外向，又不舍内在独创。从形式来看，为重视小空间、小装饰、小趣味；不拘一格灵活运用传统"法式"；大胆吸收最新的外来形式而又率性加以改造创新；等等。这些文脉在现存许多建筑的风格、式样、做法等方面都有体现，把它们加以记录、整理，体会其文脉内涵，撷取其意味形式，应是保持和创造宣南地区风貌最直接的依据。

4. 危房改造、地段开拓、市政改善，必将大量拆除旧有建筑，改变原有风貌。但是，保存"雪泥鸿爪"，采撷传统的"零件""符号"，按照新的功能"拼装""组合""镶嵌""复制"在某些地段、某些建筑中，乃是顺应形势、解决矛盾，以保存固有风貌的一种有效办法。为此，收集、鉴别这些"雪泥鸿爪"，研究其"组合""拼装""镶嵌"的可能性，更具有现实的实际意义。

鉴于以上意见，迅速组织人力，悉心钩沉遗迹，实为建设工作当务之一急。

二、体例

1. 《图志》以图为经，以文为纬。图则照片、测绘、素描皆可，总体、个体、局部不拘，随内容而决定表现形式；文则包含现状记述、历史考据、变迁志录、人物故事，按不同对象记载其特征。

2. 以记录现存实物为主，绝不作无根据之推测。但依据充分者也可表现复原后之状态。毫无实物遗存，又缺乏复原依据，但确曾有过重要地位的建筑，要记录其地望现状，尽可能寻找旧时形象加以记载。

3. 邀请专家故老，撰写专题文章，不求其全，只求其实，凡能说明风貌掌故者，尽可录志。

4. 本次编写属"抢救"性质，所以，凡耗时耗力太多的作业，为全面详细测绘图，应尽量精简，代之以省时省力又能反映风貌特征的作业，如标准小比尺之总图，照相记录，局部测绘等。凡已有详细资料，或列入文物保护单位者，本书只做一般记录，而另附资料索引。

5. 以建筑类型分章，各类型中再按年代风格排列建筑。建筑分类为城阙、寺庙、会馆、住宅、剧场、商场、商店、银行、学校、园林、工厂、机关、交通、市政等。

三、操作

1. 由宣武区建委与北京市古代建筑研究所合作编写，以区建委为主，组成一个专业工作班子，至少有一半成员为专职。

2. 区建委与古建所各出一名主编，聘请王世仁同志为学术指导，通审全书。邀请一位区领导指导编写方向，审定政治内容，为全书作序，协调各方面关系。

3. 此计划预计需经费 10 万元，工作时间一年左右。如获批准，可立即着手组建班子，进入操作。

王世仁

1994 年 8 月 29 日

注：此建议获批准实施，1995—1997 年完成工作，1997 年 8 月出版，再版 2 次，获 1999 年第三届北京市哲学社会科学优秀成果特等奖。2014 年重编"增订本"。

敬民书记：

　　经王世仁同志提议，为研究南城城市风貌、历史文脉在建筑形象上的反映，经几次与王世仁同志商讨，拟编写《宣南鸿雪图志》一书。王世仁同志为此撰写了一份建议，请您审阅批示。按照您多次对建委的要求，集中收集一些宣武历史风貌的资料。我想借此书的编写，可以集中一段时间、一些人力，借助专家的力量做一些工作。此举妥否，请您指示。

于得祥

1994 年 8 月 30 日

关于拆除原俄国兵营建造招待所的意见

北京市委、市政府领导：

近日得知，市委有关部门有拆除东交民巷原俄国兵营，建造招待所的意向，我认为应当谨慎决策，理由如下：

1. 这里位于东交民巷历史文化保护区范围内，在保护区内拆除有文化价值的历史建筑，违背总体规划和有关法规。

2. 这里曾经是清康熙五十四年（1715）第一个获准在京师外国机构常驻的馆所——俄罗斯南馆，1861 年后延续为俄国使馆，1901 年后扩建。这批建筑是中俄关系史上在首都留下的唯一历史见证，有"历史地标"的价值。

3. 这批建筑是北京留存的唯一纯俄罗斯风格的建筑遗存，在一个角度上反映了首都面向世界、百汇容纳的大国风度；这里还有一个小礼拜堂，是北京七种宗教中唯一存在的东正教教堂。

4. 这里是 20 世纪 20 年代共产国际与中共北方组织联络的据点。1926 年李大钊等共产党人在此处避难，被军阀强行闯入，逮捕就义，应该说是一处革命纪念地。

现在俄罗斯——苏联使馆已被改建为最高人民法院，所剩这唯一的中俄关系史迹，不应当被抹去了。在不久前召开的党的十七届六中全会号召发展社会主义先进文化，北京市历史文化名城保护委员会全体会议的形势下，根据刘淇同志一再强调要加大保护文化遗产力度，彰显文化遗产内涵的要求，我们首先要做到的是多发掘、多保护，而在这时却出现了这个"强势"项目，岂不是令人费解，实在让我们这些专家顾问对市领导保护历史文化的决策能否得到有效的贯彻产生疑问。

我认为，即使决定在这里建招待所，也可以做到保护与建设两者兼容。这就需要请一位对历史文化有一定修养的高手（千万不要请外国人），通过精心规划设计，把历史遗存"融合"到新建筑中，新旧交融，中外结合，可能会更有文化的、审美的价值；而在功能上，两者也有一定的共性。即使矛盾很大，个别古建筑适当挪位，甚至保多弃少，也是可以商量的办法。总之，保存这批建筑是非常必要的，也是完全可能的。切切陈词，敬请酌研。

北京市历史文化名城保护委员会专家顾问

王世仁

2011 年 10 月 30 日

注：此意见引起重视，市规委决定暂停规划方案。

关于山西应县木塔抢险加固维修方案的建议

尊敬的温总理：您好！

我是一名从事文物保护工作的人员，现有一件重要的事情向您陈述。

山西应县木塔，建于公元 1065 年，是世界上现存唯一一座年代悠久（近 950 年），体量最高（约 67 米）的纯木结构建筑，在人类工程技术史上有着重要的地位。但是，它现在的结构已发生严重变形，残损移位部分达 130 多处，一旦遭遇地震，很可能整体失衡倒塌，据地震预测，今年在晋冀蒙地区可能发生 5～6 级中强地震，而应县正处于这个地带之中。为此，今年 6 月 18 日至 19 日，山西省和国家文物局在朔州召开防震会议，与会专家一致认为必须立即采取措施，否则后果不堪设想。会议决定立即搭设临时抗震支架以应对危机。估计这个架子需要几百万元。

其实，木塔的险情早已存在。塔的高度，1962 年测量为 66.64 米，到 1999 年下沉了 32 厘米，基础完好，完全是木结构挤压的结果。塔的倾斜度，1957—1962 年，平均每年增加 0.6 厘米，而 1975—1999 年增加到了 1 厘米。20 世纪末的 10 年中，经过 50 多位专家多次考察计算，一致认定，木塔"危在旦夕"，整体处于失衡前的极限，局部支撑已不能解决问题，必须整体大修。

21 世纪初，经过向海内外征集修缮方案，最后集中为四种类型：一是只做局部加固，"带病延年"；二是在塔的内部再造一对钢架系统代替木结构；三是把损坏不大的三、四、五层"抬升"，对损坏严重的一、二层解体大修；四是全部解体，构件落地大修，再重新组装。2002 年 12 月，国家文物局召集全国各方面专家、院士对方案进行评审，由于意见不统一，最后采用投票方式，在 47 位投票者中，第三种即"抬升"方案以 27 票多数通过。但是至今不知何故仍未实施，如果不是这次地震预警，连临时支架也不知要拖到何时。

作为一名从事文物保护实践近 30 年的高级研究、技术人员，我提出的是第四种即落架大修的最传统的方案。我反对第一种，因为现在状况不可能"带病延年"。反对第二种，因为用钢结构取代木结构，丧失了木塔的基本价值。反对第三种"抬升"的理由是：（一）尽管案头计算，设计周到，但毕竟没有实践的先例，我们不能拿一个世界级的精品去承担风险做试验；（二）整体"抬升"上面三层，近年来发生了问题，仍需大修，工作量并不比落架小多少；（三）造价高昂，据估算，仅抬升架子就需5000多万元，而且是专用设备，折旧率很高。而我提出的解体落架的理由是：（1）我国和世界上（主要是日本）已有丰富的技术积累，最安全可靠；（2）解体后便于对每一构件每一节点进行检测，采取相应的加强措施，全部排除危险因素；（3）造价至少减少二分之一，而且用的是通用型架子，折旧率很低。既然有这么多的优点，为什么不被多数人支持呢？这里有操作程序的问题，也有认识的问题。反对者的理由有四：一是全部解体后失去了历史信息。其实木塔的"历史信息"就是木塔本身，历史上木塔多次修缮留存的仍然是木塔本身，并没有失去什么。二是解体后再建起来就不是文物的原状，这就涉及对"原状"的认识。在日本，著名古建筑每隔若干年都要解体大修一次，修复后仍然是公认的原状，有的还是世界遗产。何况解体修缮后排除了一切险情，正是对原状最好的保存。三是群众感情难以接受。我国落架大修古建筑的事例很多（天安门就是一例），可以说是群众最能理解的一种传统工艺。四是大量木材落地后，万一起火，后果不堪设想。木塔木料不过4000多立方米，周边有足够的工场用地，只要管理到位（例如储放、加工分离等），防火安全不是问题。除了上述文物保护的意识以外，我认为更重要的是，近几年在社会上（包括学术界）存在着一种清谈"创新"的非务实倾向，或者说是一种学风。当时有一位专家说，我们在21世纪修文物，总得有些创新吧。于是，把降低风险、保证安全这个根本的要求，把节约办事这个主要的标准淡化了。几千万元不是一个小数，清谈误国呀！另外，在程序上也有问题，我认为，任何专家都不是万能的，院士也有各自从事的学科领域。我不赞成学术技术问题以投票数判是非。专家可以提方案，但主管部门不能以专家投票结果作为决策的依据。

现在面临的问题是，为了预防地震灾害，要花几百万元搭一个临时支架，过后再拆去，又花几千万元搭一个修缮的架子，从职业良心讲，我实在不愿意看到这个结果。木塔所在的山西北部，并不是一个富裕的地区，还有不少贫困人口和面临失学的儿童。

因此，我认为那个经过投票表决通过的"抬升"方案，在今天应该用科学发展观和务实的精神重新加以评价。事关国宝的安全和国家的巨额投资，思考再之，陈述如上，请在百忙之中予以关注。

王世仁上
（北京市古代建筑研究所原所长）
2004年7月1日

注：此信转至国家文物局，局领导单霁翔等约我谈话，我又陈述了此意见，甚至提出我愿意以 3000 万元承包修塔工程，此后国家文物局中止了原方案，改为精准观测后再议。

家宝总理：

我是一个 60 多年从事古建筑学习和保护研究的工作人员，新中国成立以后 50 多年来一直在中央文化部文物局和国家文物局工作，现在虽已年过八旬，但还想再尽绵薄之力，再效犬马之劳，为祖国的文物古建保护做一点力所能及的工作。

关于国之瑰宝世界人类的文化财富应县木塔的抢救维修问题，一直得到党和国家历代领导和各方面专家、社会各界的关心。但维修方案一直未能定下。听说长春同志近日去山西时专门做了考察。我现在作为国家文物局古建专家组长和中国文物学会会长未能做好工作深感惭愧。

兹转呈古建筑保护维修老专家王世仁先生给您的信一封，恳切进言。此信曾向国家文物局汇报并向吴良镛、周干峙院士报告过。世仁先生之意务呈温总理审夺。

我本人因处国家文物局工作地位，对各方面专家意见不敢擅专。但从我 50 多年的经历和所学所知是赞成王世仁先生意见的。其优点：一是能彻底解决问题，二是继承了传统的古建筑保护维修技术，三是大大节约了资金和材料。是否有当敬请总理审夺。

罗哲文

2004 年 8 月 26 日

良镛、干峙院士、老友：

关于应县木塔的修缮问题，王世仁先生有一封致温总理的信，我非常同意他的意见。其主旨是能彻底解决问题，是中国古建筑独具特色的传统技艺，而且能大大地节约资金和材料。从中国营造学社建立之初，梁思成、刘敦桢、杨廷宝等先生参加故都文物整理进行古建筑修缮修整以来，凡重大工程莫不如此。

自新中国成立以来，全国上百处的重点古木结构维修工程，非"落架"不能解决的都采用了这一行之有效的原拆原装的传统办法，几乎百分之百的重大项目都是如此。近年的大修项目如山西晋祠圣母殿、崇福寺、蓟县独乐寺等，更是在落架拆卸中注意保护原构件取得了成功的经验，百分之九十五以上的原构件都得到了保护加固，用回到原部位。而一些过度糟朽破坏的构件因危及安全，不得不更换，这是任何修缮方法都要解决的。

关于应县木塔的维修，我自清华调到文物局后，郑振铎局长就十分重视，在雁北考察团之后，又专门派我和杜仙洲先生等专门考察。我曾写报告并摘要发表在1952年的《文物参考资料》上，我曾和当时在北京文物整理委员会（属文化部）的工程组长赵正之先生（约在1951年）研究提出过约100亿元（合今100万元）的预算。由于费用过大和其他原因未能进行。当时的方案就是落架重修原拆原装，该换就换。我们向梁思成先生汇报时，他十分高兴，他说：应县木塔太重要了，必须作为古建筑保护的重点，要修就要彻底解决问题，同意落架维修的办法，否则解决不了问题。所以我一贯主张是落架维修、彻底解决问题的办法。在投票时虽投了吊、抬方案，但说明了我的意见。

王世仁先生自清华毕业后（1956年），一直从事中国建筑史的研究，转到文物部门后，30年来主要献身于古建筑的保护维修，有丰富的理论与实践经验，提出的建议值得重视。

听说山西将在月底再次召开会议，二位是执牛耳者。给温总理的信尚未上交。世仁同志嘱我先送请二位指教，并再次表明我的支持意见。

顺颂
暑祺大安

罗哲文再拜
2004年8月12日

关于我市历史文化街区保护的几点意见

刘市长：您好！

北京市自1990年公布25片历史文化保护区以来，已过去了十几年，但至今尚未取得实质性的进展，问题就在于对"保护"的认识存在分歧。根据我近年来接触到的一些问题，提出几点认识上的意见，供您参考。

一、要把文物建筑与历史文化街区区别开

文物建筑的根本属性是文物，它的主要特征是个体性、纪念性、观赏性；而历史街区的根本属性是生活环境，它的主要特征是群体性、更新性、实用性。前者重在保护实物遗存，而后者重在保护整体风貌。保护文物的目标是尽量延缓其更新变化的速度，而保护历史街区的目标是在不断改善实用功能的前提下，尽量使历史风貌得以延续。

二、要正视北京历史街区现存的主要问题

第一，大多数老房子危险破旧，据我了解，像南池子、大栅栏等地区，可以保存修缮的房屋只有30%左右。第二，人口密集，据统计，平均每公顷人口多达580人左右（清代约220人左右），但贫富悬殊很大，最差的每公顷高达千人左右。第三，居住质量极差，"水""火"隐患尚不能完全排除，更谈不到享受现代生活。第四，许多街区正插入不少与原来风貌极不协调的新建、翻建的房屋，基础设施的改善也在冲击着原有的街巷格局和建筑。我认为，历史街区同样需要进行危改。

三、要建立科学的保护理念，当前急需解决两个问题

第一，科学地分析构成历史街区的要素及其量化指标。一般说来，这些要素包括：1. 城市肌理，包括街巷格局、尺度、名称、标志物等，这一要素，可占全部风貌值的30%；2. 历史遗存，主要是房屋，也包括有价值的遗址，可占40%；3. 风貌基调，包括建筑的尺度、色彩、主导风格，可占20%；4. 文化内涵，包括历史功能、人物故事、老字号等，可占10%。由于改善市政，改造危险房屋，保留非传统风貌的建筑，增加社区服务设施，必然会对上述要素产生负面值，根据我对国内外考察

的印象，正负相抵后四项要素综合值能达到 60% 以上，就应当说是基本达到了保护的要求。

第二，确定历史街区的"保护"主要是保护风貌，其主要内容包含保存—更新—延续三个不可分割的部分。保存（Preservation）就是保存上述四个要素；更新（Rehabilitation）就是改善市政，进行危改；延续（Continuance）就是在更新中保存原有的风貌特征。据我所知，世界上大多数历史街区都有这三方面的内容。

四、要澄清几个提法

1. 危改不能"推平头"。这个提法是对的，但不全面。有保存价值的当然不能推平，但破败、危险、简陋的就应当"推平"。文物专家罗哲文说："保护原状不是保护破烂。"更何况作为生活环境、居住场所的街区。完整的提法应当是：既不推平头，也不保破败。

2. 四合院不能拆。所谓"四合院"是一个笼统的概念，作为传统文化的载体，四合院有精华，也有糟粕；作为历史建筑，四合院有的保存较好，有的已破败不堪，难以修复。作为居住场所，可以满足少数人的高档生活情趣，但无法承载多数人要求提高生活质量的重负。正确的方针应当是，保护典型，保护群落，保护景观，具体对象具体分析，具体对待，具体解决保、用、改、拆等问题。

3. 不能搞"假古董"。文物建筑是文物，当然不能搞无根据的修复，否则就是搞假古董。但历史街区不是文物，为了延续历史风貌，更新的建筑采用原状整合，或采用与原风格谐调的形式，或仿造原有的建筑，都是合理的选择。因为它们本来就不是古董，所以也就无所谓真假。

以上意见当否，请酌。

北京市古代建筑研究所研究员

首规委规划专家组织成员

王世仁

2002 年 6 月 19 日

注：此意见由刘市长转市委书记贾庆林，批示给予肯定。

关于重建永定门的建议书

　　北京自忽必烈至元二年（1265）建大都城，便规划了一条南北中轴线，由丽正门（约在今天安门位置）至中心阁（约在今钟楼位置），共长约3.5千米。明永乐十四至十八年（1416—1420）在元大都基础上营建北京，南城墙南移，由正阳门至钟楼，中轴线增至4.65千米。明嘉靖三十二年（1553）加筑外城，永定门成为中轴线南端起点，全长达7.5千米（如从护城河桥计算为7.8千米）。

　　北京的中轴线大体上分为三段。中间为宫殿（包括故宫、景山），南北两段以道路为主。南段路上的标志建筑有：永定门（桥、箭楼、城楼）、天桥、五牌楼、正阳桥、正阳门（箭楼、城楼）、棋盘街、大清门、天安门；北段路上有：北上门、北中门（清代废除）、地安门、万宁桥、鼓楼、钟楼。近几十年来，这些标志性建筑多有缺失，尤其是永定门、天桥拆除后，中轴线失去了3.1千米，占总长的41%。

　　北京是世界著名的文明古都，古都风貌最主要的标志之一就是这条中轴线。保护、强化这条中轴线，正是展示古都文化最主要的措施之一。首先，世界各大古都中，只有中国有这样大手笔、大气派的城市规划。中国的古都中，平地建城，以中轴统率全城的共有两座，一是唐长安，二是元大都。唐长安已无存，唯有在元大都基础上发展的北京是仅存的硕果，也可以说这种规划构思是世界之最。

　　其次，以中轴线统率全城，体现了中国传统的审美理念，即中正均衡，主次分明；也体现了传统的政治理念，即国家统一，政令贯通。还应当看到，唐、元这两个最强调都城中轴线的王朝，正是中国历史上最强大、最统一的王朝，也是对外最开放、最有影响的王朝。这种传统的理念，对今天的城市规划仍有深层次的启迪作用。

　　最后，完整的中轴线也代表了北京的历史文脉。中轴线上的门、桥、坊、殿，就是文脉的标志，每处都记载着首都的历史变迁。城市失去历史标志，等于失去了记忆，保护好这条中轴线，也就是使后人不至于看到一个失去记忆的城市。

　　为此，我建议将永定门重建起来，恢复它作为古都中轴线南端起点的标志功能，将丧失了41%的中轴线重新连接贯通。原址附近尚无大型永久性新建筑，危旧房急待改造，道路尚需调整，根据现状应有重建的空间。只是这段护城河（约120～150米）须作技术处理，如必须通航，则恢复后的城门可建在桥上，否则改为暗渠通水。永定门的尺寸、做法尚留有基本资料，重建的设计难度不大。应当指出，重建的永定门定性为城市标志性建筑，不是文物修复，所以只求外形复古，内部可使用轻型结构，尽量减轻重量，增加使用效益。

此外，明清时期在先农坛和天坛北墙外有一条河沟，名东、西龙须沟，沟上有桥3座。因皇帝赴两坛祭祀须经过此桥，故名为天桥。此桥在20世纪30年代尚存，它既是中轴线上的一座标志性建筑，也是北京河道变迁的重要史迹，因此，建议在拓宽正阳门外大街时，在原址重建此桥（不一定三桥都建），恢复其标志性功能。

长治久安，永远安定，这是人民的企盼。"永定"虽是古城门名，但重建起来，还有一定的象征含义，也可以说是对传统文化的积极继承。

个人管见，是否有当，请予斟酌。

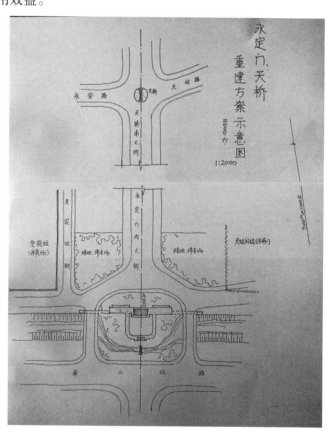

永定门、天桥重建方案示意图（2000年6月）

建议人：王世仁

（北京市古代建筑研究所研究员）

2000年6月1日

注：此意见获得市领导采纳，永定门城楼于2005年9月在原址重建竣工。

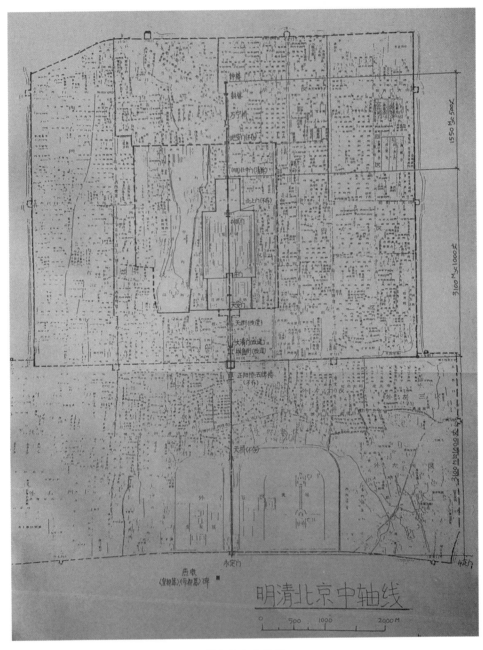

明清北京中轴线

致国家文物局局长函

霁翔同志：

鉴于近年来我国文物保护工程规模迅速扩大，项目类型日益增多，许多有重大影响的工程即将或正在实施，因此，前期筹划、科学决策、理性动作的重要性更加突出。但遗憾的是，目前恰恰是这个环节比较薄弱，例如：

一、某些大型遗址保护规划缺乏坚实的科学基础资料，从而导致研究结论肤浅，认识理念含糊，保护方法错误。如我曾参与过评审的汉唐陵墓和圆明园遗址保护规划，都有类似问题。

二、修缮方案选择缺乏严格的专业论证。对"不改变文物原状"的解释见仁见智。缺乏科学的评估体系和程序，诸如"修旧如旧""再现辉煌""恢复历史"等等歧义甚多的提法，屡屡出现在专业文件中。应县木塔方案讨论 10 载，前期耗资 1000多万元，至今分歧很大，便是典型事例。

三、对修复、重建项目考证不足，轻率"设计"原状。如前年圆明园正觉寺拟复建的两座殿堂，在即将施工之前才发现复原方案错误。报批的圆明园中某些拟修复的桥梁方案，只凭早期绘画，不去核对遗址，只是想象的"原状"，完全有悖文物修复原则。

四、不做前期详细勘察论证，直接上报施工图设计，一旦发现考证、基本理念、方案选择等根本性问题，则造成颠覆性后果，大大浪费学术技术资源。

五、由于大型遗址保护工程中不确定因素很多，很难按照一般修缮工程程序进行设计、施工，也难以一次提出施工设计报批。因此，前期考证、理念定位、概念设计才是重要的、关键的部分，而目前的程序又对此缺乏要求，以致矛盾迭出，影响了保护水平。2004 年圆明园西部遗址整治中出现的矛盾，从根本上说，是程序上的缺陷。

上述的问题，事实上首先是给决策者、审批者出了难题。因为，他们不可能，也不应当要求他们对细致的、非常专业的技术方案明确回答可否；他们的职责应当是审查综合评估结论、总体策划方案和若干技术方案的可行性。但这又恰恰是目前上报方案中最缺少的部分。其次，也给审核方案的专家出了难题，因为他们并不"万能"，一旦交来的是一个不熟悉的，而又很细致的专业设计，恐怕很难提出确切意见，只能说些原则性的套话。

上述问题，还造成了一种无人问责的后果。设计者只报"工程"，上报后即无责任；专家审核，只限于个人意见，不负责任；审批者又往往只综合专家意见，只要不出倒塌伤人事故，同样无责可问。

为此，我认为必须扭转这种局面，建议国家文物局研究制定一种切实可行的方案编制审批机制。其内容如下：

一、以后凡报审的均应是"工程项目论证报告"，其内容分两部分，一是综合价值评估、总体策划、概念性规划和技术方案；二是相关的考古、考证、勘察报告。不必报审施工图设计。

二、"论证报告"必须专家领衔，承担问责。领衔专家不必固定在某一单位，"只认人，不认牌子"。可以视不同工程，由不同专业的专家领衔（考古、工程、科技、管理等），但必须有一人负总责。审核部门既审报告，也审领衔人。

三、重要项目的"论证报告"采取招标制。

四、可以试行成立文物保护工程咨询公司，例如澳大利亚的"高登－麦楷公司"，专门承接研究、策划概念性方案设计，提交规范性文本。其资质不必和工程设计或施工挂钩。

五、各级文物主管单位只负责审批方案论证报告，施工设计可委托或成立专门的审图部门审核。

六、充分发挥中国 ICOMOS 组织的作用，如推荐领衔专家、组织评审等。

现在有一种现象值得注意。我们文物界和相关的文史界、规划设计界"专家"很多，院士、大师、教授、博导、学会会长，光环璀璨，名声很大。但毋庸讳言，在文物保护的专业方面，名不副实的都也不只是个别。由于这类名人专家往往一言九鼎，甚至其名声可以左右决策，一旦出言误导、后果可想而知，这类现象恐怕也不是个别的了。

以上仅是个人管见，说错了，得罪了人，在所难免。但我绝不做"以其昏昏，使人昭昭"的事，是否可行，请您裁夺。

王世仁上

2005 年 1 月 26 日

玖 遗址考据

避暑山庄山区园林建筑

山区建筑概述

避暑山庄的西北部，是一片峰峦起伏、沟壑纵横的山地，面积约为全园564公顷的五分之四，约412公顷。山区地形由西北向东南倾斜，以松云峡、梨树峪、松林峪和榛子峪（包括西峪）四条自然沟峪为骨干，依山就势，共布置了四组（座）园林风景建筑，占全部山庄110组（座）左右建筑的五分之二，其中属于康熙、乾隆七十二景的，有十九景。

康熙在创园初期（康熙四十二年至五十年，1703—1711），就很重视山区风景的经营，首先，在山区主要制高点的山峰上建造了四座亭子，即"四面云山""南山积雪""北枕双峰""锤峰落照"，这样就基本上把全园景物控制在一个交叉的视线网中。其次，在各沟峪入口处，选择优美的自然地段营造成组的园林建筑以引人入胜，如松云峡入口处的"云容水态"和"旷观"一组，梨树峪入口处的"涌翠岩"和"灵泽龙王庙"一组，西峪入口处的"风泉清听"和"松鹤清越"一组。在这之外又选择形胜之处再点缀个别组群，如"青枫绿屿""梨花伴月""坦坦荡荡"等。这时期的建筑，一般比较规整，多为利用原有地形，很少动大的土石方工程；假山偶有施用，但仅止于包镶土山，或砌筑蹬道，极少叠山造景，建筑装饰简单，风格淡雅，不用雕刻，寓巧于拙，余韵无穷。乾隆二十年（1755）以后，在山区进行了大规模的修建，重点是在通向西北门这一主要通道的松云峡两侧。一直到乾隆四十五年（1780），随着外八庙中最后一组"须弥福寿之庙"完成，才停止山区的修建。这个时期，多在山区深处成组成片地修筑园林建筑，如西峪的"秀起堂""鹫云寺""静含太古山房""眺远亭"一组；松云峡的"广元宫""古俱亭""山近轩""敞晴斋""翼然亭"一组，"玉岑精舍""含青斋""碧静堂"一组，"旃檀林""水月庵"一组；梨树峪的"珠源寺""绿云楼"与原有的"涌翠岩""瀑源亭"一组等。这些

文物古建遗踪集萃

园林中，有相当一批是规模宏大、工程艰巨的建筑，平面空间变化丰富，较多使用假山造景，大量砌筑蹬道，铺设地面；又注重建筑装饰，精雕细刻，与康熙时期的风格有相当大的差别。

山区的建筑中，有11处为寺观祠庙，它们是"碧峰寺""珠源寺""旃檀林""水月庵""鹫云寺""涌翠岩"（以上佛寺），"斗姥阁""广元宫"（以上道观），"灵泽龙王庙""山神庙"（"仙苑昭灵"）、西峪"龙王庙"（以上祠庙）。这批寺庙有的规模宏伟，有的只有少量殿宇，还有的只一座殿阁，但都带有园林手法，与一般宗教祠祀建筑所区别。除此以外的绝大多数，从占地十几亩的大型组群，到只一亩上下乃至几分地的小庭园，或只一亭一榭一碑，其功能都是供休闲游赏，吟风弄月，很难说有什么特定的使用要求。因此，它们也就可以主要从园林建筑的构图出发，最大限度地发挥出园林艺术特色。从一定意义上说，避暑山庄园林中最精华的部分是山区的建筑。

山区建筑，按自然地形，可区分为以下几组。

1. 松云峡。沿湖往北，顺清溪过"文津阁"，山麓濒水为一敞亭"云容水态"。由此进峪，一关横亘峪口，上建楼3间，名为"旷观"，松云峡旁山溪水从关侧水门流出注入长湖。条石铺砌的御路，沿沟峪直达西北门。峪内南山坡有"清溪远流"一组建筑，依山建造，山上有亭，名"凌太虚"。沟侧有卧碑一座，上刻乾隆"林下戏题"诗。由此前行，北山坡假山石上有山神庙3间，名"仙苑昭灵"，院内有旗杆，现仍存夹杆石。由"清溪远流"跨涧，蹬道直上北山，可至"南山积雪"和"北枕双峰"二亭，二亭间的山鞍部分为"青枫绿屿""罨画窗"，这三组（座）建筑连成一线，为一组整体。山坳遍植枫树，炎夏青翠郁郁，深秋金红烂漫。顺山腰小溪西北行，可至小庙"斗姥阁"，转而前进，至"山近轩"后门。再由"山近轩"侧蹬道直下，过三孔石桥后又折而上行至"翼然亭"再上即达山区北部最高处的"广元宫"。出"广元宫"后门为"古俱亭"，此亭高踞北山峰顶，是乾隆时建造，意在俯瞰北宫墙外狮子沟一带景色，狮子沟山坡上的"狮子园"和"罗汉堂""广安寺""殊像寺""普陀宗乘之庙""须弥福寿之庙"尽收眼底。由"广元宫"北侧蹬道下山，又过石桥至"敞晴斋"。"广元宫""山近轩"和"敞晴斋"，三足鼎立，跨越二沟，中间连以蹬道，又有蹬道可下至松云峡御路，是统一规划的一个大组群。御路尽端为三间门殿的西北门，门北侧为较规整的庭园"宜照斋"。御路南侧又有岔沟两道。沿南部岔沟上山，可至"旃檀林""水月庵"。"旃檀林"高踞山坡一侧，用层层叠砌的条石台座组织建筑，气魄宏大，错落有致；"水月庵"在山腰，小巧玲珑，庵下山间有白石牌坊1间，雕刻精致。北部岔沟先至"含青斋"，继至"碧静

242

堂"和"玉岑精舍"。这3组园林都在山腰坳地，因山就势，空间内向，构图丰富。总计松林峡共有园林建筑20组（座）。

2. 梨树峪、松林峪。过长湖闸桥"长虹饮练"，湖分内外，内湖西侧有小榭三间，负山面湖，点缀假山，名"石矶观鱼"。湖西山坡上有"珠源寺""绿云楼""涌翠岩"。"绿云楼"与"涌翠岩"之间有源出松林峪之瀑布涌出，直泻湖中。"涌翠岩"之北，山上有台阁1座，名"灵泽龙王庙"，近处又有"瀑源亭""笠云亭"。这些建筑构成了梨树峪口的一大组群风景园林，山水花木，高低错落，景色奇丽。入峪后约200米，沟分两岔，西北为梨树峪，正西为松林峪。梨树峪南侧山峰峻峭，下为涧溪，北侧山坡起伏，梨花遍野。山麓建一大组群建筑，临溪敞亭1座，名"澄泉绕石"，后面拾级而上，层层殿宇，名"梨花伴月"。过此前行，至"创得斋"。"创得斋"建于山腰，规模不大，但围墙逶迤直下，间以水门及题名为"星津"之城阁，使得山区园林风味十足。梨树峪沟底原有山径可上"四面云山亭"，但此径久以湮没。

松林峪不长，这条沟峪以茂密的松林和丰沛的山溪取胜，没有布置太多的建筑物。沟峪中段有一座名为"观瀑"的亭子，隐在松林之中。往内到达沟底，紧贴山崖布局一组小庭园，名"食蔗"，是仿佛人吃甘蔗，越到根部越甜，所谓"渐入佳境"的意思。"食蔗居"深藏沟底，隐入崖间，不到门前难见全貌，是一群特殊的园林布局意境。总计梨树峪和松林峪有10组（座）建筑。

3. 西峪。由正宫区后面下玉鳞坡，沿御路西折，即进入榛子峪。入峪不远，北山缓坡上为"风泉清听"和"松鹤清越"两组紧邻的庭院。院落规整，东为宫廷居所，但配以古松清泉，灰鹤飞翔林间，使其建筑具有一番宁静超逸的风味。由此而上，可至峰顶敞庭"锤峰落照"。沿沟西进，直抵大型佛寺"碧峰寺"，寺前部为严格对称的庙宇布局，后部则布置假山亭阁，具有园林特色。寺的西侧对碧峰门有假山一座卧碑一通，上刻乾隆所题"古栎歌"诗。碧峰门高踞宫垾西南，形制与正宫门相同。西侧有四合院一区名"新所"。由此沿宫垾向东南，为"坦坦荡荡"，这是一组独立的庭园，在宫墙上开门直接向外，门外又建瓮城，宫墙城台上建乾隆题名的"绮望楼"，由于地势高爽，又临宫墙，登楼可俯视承德街市。沿榛子峪西行，北侧有一小岔沟名小榛子峪，在峪口布置一组园林，名"有真意轩"。再前行折北，转入西峪，内有"鹫云寺""秀起堂""静含太古山房""眺远亭"等，互相间用假山蹬道联系，是一组大的组群。"秀起堂"侧有管理西峪的办公处所，为一组三合院。北部沟上跨涧建城阁1座，即西峪"龙王庙"。总计西峪共有13组（座）建筑。

4. 北山。北山多峭壁悬崖，不宜建筑。唯靠崖的平地，建有"澄观斋""宿云檐""翠云崖"等，园景多借山色。但北山泉水下泻之处，康熙有摩崖题字"泉源石壁"，往西有一座"瞩朝霞"亭，可算山区一景。

山区建筑表（附避暑山区园林建筑分布图）

编号	名称	建筑特点	附注
1	风泉清听	规整的四合院型宫廷庭园	为康熙三十六景之六
2	松鹤清越	规整的四合院型宫廷庭园	为康熙三十六景之七
3	碧峰寺	前部为对称的佛寺布局，后部为园林	
4	碧峰门	与丽正门、德汇门形制相同	包括碧峰门内新所
5	绮望楼	较规整的大型庭园	为乾隆三十六景之六，康熙时名"坦坦荡荡"
6	锤峰落照	大型敞庭	为康熙三十六景之十二
7	有真意轩	缘山跨沟，大型园林	
8	鹫云寺	规整的佛寺形制，中有六角三层大阁香界阁	包括墙外八角亭
9	秀起堂	缘山跨沟，大型园林	
10	静含太古山房	位于山嘴的小型园林	
11	眺远亭	大型八角亭	
12	西峪龙王庙	城台跨涧水门，上建三间殿	
13	西峪	小式四合院	管理西峪办公处所

编号	名称	建筑特点	附注
14	石矶观鱼	负山临水，三间敞庭	康熙三十六景之三十一
15	珠源寺	较规整的佛寺布局，带有园林手法，中有铜殿宗静阁	
16	绿云楼	临峰面湖，向外为主，内向为一小型庭园	
17	涌翠岩	园林布局的小型佛寺，旁临瀑布	为乾隆三十六景之十四
18	瀑源亭	方亭	北侧有笠云亭
19	灵泽龙王庙	圆形城台，上建楼阁	
20	梨花伴月 澄泉绕石	总平面严格对称，建筑逐级升高	"澄泉绕石"为康熙三十六景之二十九，"梨花伴月"为康熙三十六景之十四，"素尚斋"为乾隆三十六景之三十五，"永恬居"为乾隆三十六景之三十六
21	创得斋	较规整的小型庭园	
22	食蔗居	紧贴山崖的小型园林	
23	观瀑亭	松林峪中部路亭	
24	四面云山	大型方亭	为康熙三十六景之九
25	云容水态	背山面水，五间敞庭	为康熙三十六景之十八
26	旷观	松云峡入口城关，上建殿三间	
27	清溪远流 凌太虚	比较规整的大型庭园	凌太虚为乾隆三十六景之二十八

编号	名称	建筑特点	附注
28	仙苑昭灵	三间小殿	山神庙
29	南山积雪	大型方亭	为康熙三十六景之十三
30	北枕双峰	大型方亭	为康熙三十六景之十
31	青枫绿屿 罨画窗	较规整之中型庭园	"青枫绿屿"为康熙三十六景之二十一，"罨画窗"为乾隆三十六景之十
32	斗姥阁	小型道观，三合院	
33	广元宫	规整的大型道观，带有园林手法	包括"古俱亭"
34	翼然亭	大型方亭	
35	山近轩	大型园林，以巨型假山取胜	
36	敞晴斋	较规整的中型庭园	
37	含青斋	靠山布局的中型庭园	
38	碧静堂	跨溪布局的中型园林	
39	旃檀林	园林手法之佛寺	
40	水月庵	园林手法之佛寺	
41	玉岑精舍	大型园林	
42	宜照斋	较规整之大型庭园	

编号	名称	建筑特点	附注
43	西北门	三间门殿	
44	泉源石壁	泉水、摩崖石刻	包括"瞩朝霞",为康熙三十六景之二十
附	驯鹿坡	榛子峪北侧山坡	为乾隆三十六景之七

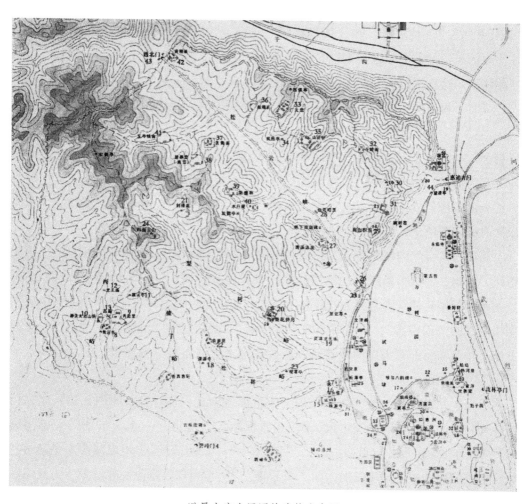

避暑山庄山区园林建筑分布图

山区建筑手法分析

1.总体布局。山区 40 多组（座）建筑，是经过了大约 80 年的时间才建成的。虽然在康熙年间经营山庄的初期，不一定考虑到尔后扩建的远景，但乾隆对以后形成的全部山区建筑，都在总体上有明显的规则，可以看出，在陆续修建的过程中，是根据一定的规划原则布局的，最主要的有以下三个方面。

第一，在制高点上建造独立亭子，彼此呼应，构成视线交叉网，以控制山区全部风景。山区山峦起伏，峰岭甚多，但在康熙时都选择了最靠近平原的三个山峰建"南山积雪""北枕双峰"和"锤峰落照"，这显然是首先考虑到它们最接近当时山庄主要的风景地带平原区和湖区，同时也兼顾当时山区建筑较多的松云峡峪口和榛子峪峪口。这三亭以外，在中部的山峰最高处造"四面云山"，以控制梨树峪一带。至乾隆时，松云峡成为山区重要风景线，埒外狮子沟一线大建筑群陆续建成，则在"广元宫"后山岭上建"古俱亭"，以便控制北山一带和松云峡中"水月庵"至"玉岑精舍"一线。登上这峰巅五亭，全部山区和湖区风景无不尽收眼下，而且彼此呼应，互为借景。峰岭建亭，要在既能控制全貌，又不可过多，过多则流于造作，所以终全部山庄建成，制高点上也仅此五亭，而且后建的"古俱亭"紧逼北墙，不与康熙时的四亭争景，处理十分得体。

第二，以自然沟峪为骨干，在峪口和峪底布置园林建筑，中间连以人工经营的道路、树木，使得多条风景线脉络分明。康熙建园初期，重在峪口经营，已如前面所述，至于峪底建筑则全部为乾隆时期完成，如松云峡底的"宜照斋""玉岑精舍"，梨树峪底的"创得斋"，松林峪底的"食蔗居"，西峪底的"秀起堂"一组等。总的看来，每条沟峪都有头尾两组建筑，然后在这之间再布置其他组群，使风景线延伸至山区每一角落。

第三，几组（座）建筑统一布局，成组群地构成一体。这一原则在建园之初已有体现，如"南山积雪""北枕双峰""青枫绿屿"是北山一组，"旷观""清溪远流""云容水态"是松云峡口一组，"风泉清听""松鹤清越""坦坦荡荡"是南山一组。至乾隆时则更进一步发展，如"鹫云寺""秀起堂""静含太古山房"为西峪底一组，"含青斋""碧静堂""玉岑精舍"为松云峡底一组，"珠源寺""绿云楼""涌翠岩"为梨树峪口一组，而"广元宫""山近轩""敞晴斋"三大组群鼎足而立，跨二沟涧，占三山脊，彼此间以蹬道石桥相通，控制了松云峡北山的大部分，实在是大手笔的规划。在这种"三位一体"的大组群前后，又多点缀独立亭榭，以资衬托。如"广元宫"一组，前有"翼然亭"，后有"古俱亭"；"秀起堂"一组，前有"鹫云寺"，旁有八角亭，后有"眺远亭"；"珠源寺"一组，前有"石矶观鱼"，后有"瀑源亭"；"风泉清听"一组，前有"绮望楼"，后有"锤峰落照"。上述这七大组群，基本上成一环状平均布置在全部山区的四周，然后在它们之间再点缀独立的组群，从总体上看，既突出了重点，又照顾到全面，布局井然，有条不紊。这是山区建筑中最成功的一项规划手法。

2. 园林手法。中国古代造园，不外因山、理水、铺路、植树、造屋五项内容。避暑山庄山区的园林建筑对这五项内容都有很丰富的创造。下面先叙前四项。

（1）因山。山岳地带造园，必须胸中丘壑分明，因山势，就地形，见景生情，灵活处理。过分的凿崖削坡，犹如削足适履，大量的堆石造景，直似画蛇添足。山区地形丰富，举凡自然山势所构成的地形地貌，几乎都有所经营，而绝少挖填砍削。

山峰：山峰营造，以亭阁为主。亭阁基底小，而体量集中，富有向上感，建于山峰绝顶，更添山势之陡峻，起画龙点睛作用。亭阁周围可不必再添廊屋，以免模糊山峰形式，显得干净利落，著名峰顶亭阁如"南山积雪""北枕双峰""四面云山""凌太虚""灵泽龙王庙""古俱亭""放鹤亭"等，都是这样。其间也有因山峰平缓而变通形式的，如"锤峰落照"取横向构图的歇山式屋顶，以与山势取得协调。

台地：山间偶有台地，面积有大有小，均尽量利用全部平坦部分营造较规整的庭园，如"青枫绿屿""坦坦荡荡""宜照斋""甝檀林""鹫云寺"等。虽然以规整为主，但结合地形也有一些变化，或在庭园内点缀少量假山，以增添山林风味，或在台地边缘依地势变化砌筑挡土墙台，使建筑有所错落，或将一部分建筑延伸至台地之下，以扩大空间。

山崖：山崖断壁，一般均临崖建屋，以便视崖下景物，建筑必须兼顾内外，如"绿云楼""涌翠岩""青枫绿屿""静含太古山房"等。但也可靠崖修建，将园深藏谷底，给人以渐入佳境之感，如"食蔗居""玉岑精舍"等。

山坡：山坡有缓有陡，缓坡地带就山势布置规整的建筑组群，如"风泉清听""松鹤清越""水月庵""斗姥阁""珠源寺""宜照斋"等。陡坡则垒砌挡土墙台以为建筑基座，有的规整对称，造成强烈的韵律，如"梨花伴月"；大部分则依坡地自然起伏灵活布局，墙台高低错落，空间变化多端，如"有真意轩""清溪远流""含青斋""敞晴斋""秀起堂"等。

山峪：沟峪底必有溪涧，因此在沟峪造园，贵在利用水流。如"创得斋"的下面部分、"秀起堂"中部、"旷观""碧静堂"等。尤其是"碧静堂"，深藏松云峡底，跨一山脊二沟峪，处理最有特色。

山脊：山脊陡峻，其上造园，尤其造大型建筑组群，难免要动大土石方工程，所以在避暑山庄中只有"广元宫"和"山近轩"两处。"广元宫"沿山脊两侧砌高峻的石墙台，在其范围内平衡土方，同时保留一部分自然山石，又在其周围堆砌少量假山，相互结合，真假难辨，实是既经济又美观的一种手法。"山近轩"依地形用大量假山构成四级台地，上下高差20多米，灵活布置建筑，气派很大。这两组都是乾隆时所建，与康熙时代简朴淡雅的风格是不同的。

假山：山区大多处园林都有假山，多的像"山近轩"，全以假山取胜，少的只点缀几处，或仅为踏步步级和小型蹬道，纯为观赏的则极少。其中大量的是用作处理地形的挡土墙，同时作为主要交通线的组成部分，砌为山涧驳岸、蹬道，如"青枫绿屿""山近轩""敞晴斋""梨花伴月""食蔗居""碧静堂""旃檀林"等。其次是作为自然地形与建筑间的过渡，设于驳岸、屋基、桥端、阶前、墙底、溪中等处，以散缓逶迤为其特征。在这以外，又作为分隔庭院空间的一种手法，少量加以配置，如"绿云楼""广元宫""坦坦荡荡""宜照斋"等处。假山的风格，以雄浑为主，重在浑然一体，避免过多的凹凸起伏。山石多为青褐色片石或块石，间有少量"北太湖"，石块纹理顺直，棱线清晰，叠砌时只要顺理，自然可以成章，但必须仔细推敲总体布局构图，务使整体造型及纹理构成一定皱褶，与自然山势取得统一，切忌与山争势。总的来看，山区园林假山，却能做到雍容大方，不媚不俗，体态自然，质朴中见秀丽，平衡中寓奇峻，与天然峰峦相得益彰，其手法颇有独到之处。

（2）理水。山区水源充沛，因地形出观溪流、山涧、瀑布、池塘、泉源等状。庭园借水，大增秀色。

溪流：溪流主要在松林峪和梨树峪，清澈见底，旁山而下，临岸造园，潺潺溪流萦绕园侧，最增园林气氛，如"清溪远流""食蔗居"；或临山叠成石矶，上筑庭榭，入室观赏，沁人心脾，如"云容水态""石矶观鱼""澄泉绕石"等。

山涧：山涧多在岔沟，平时泉水淙淙，雨后山洪盈涧，或跨或傍，因山涧作为楼阁、空廊、城台、门窦、小桥，以及楼、台、庭榭，是山区园林最多见的理水手法，尤以"碧静堂""创得斋""秀起堂""玉岑精舍"等最为出色。

瀑布：山区瀑布原有两处，一处在松林峪口，飞流直下内湖，夹瀑布建"绿云楼"与"涌翠岩"，形式磅礴；又一处在北山，即"泉源石壁"，壁间悬流，直泻山下半月湖，摩崖刻巨字，西望小亭"瞩朝霞"，山水树木交映，古趣盎然。自然瀑布之外，又有在山涧狭处砌山石数叠，造成小瀑布，顿增园林风味，如"静含太古山房""食蔗居"之侧，都有这种处理。

泉源：峡间泉水叮当，风来谷间，妙音清远，借泉声意境之园景有"风泉清听"

"瀑源亭"等。

池塘：截流山泉汇集成池，置于庭园之中，也是理水一法，如"梨花伴月"前院之双池，"旃檀林"之天池"沧州趣"。

（3）铺路。山区道路种类不多，但规划结合游览风景线，为自然景物增色颇多。按材料分，有以下四类。

御路：全用方整大条石铺路，宽达3.5米，随峪沟水流曲折通达，临涧一侧，用料石砌筑为驳岸。但此种道路纯为皇帝车辇而设，工程浩大，在山区中只有松云峡和榛子峪中的一段。

自然砂石路：次要道路用砂石铺垫，只求平整，其余任其自然。

山石蹬道：山坡地带，各个风景园林之间用自然山石连续铺砌成蹬道，宽1米左右。最长的是联系"广元宫""山近轩""敞晴斋""翼然亭"间的山路，其次是联系西峪"秀起堂"一组的，和联系"珠源寺""绿云楼""涌翠岩""石矶观鱼"的一条。自然山石蹬道蜿蜒在峰顶谷底，结合山势林木，自然成趣，是构成山区风景面貌的重要细节。

卵石铺装路面：中间方砖，两侧用小卵石铺砌花纹，宽度在1.5米左右，大部分用于庭园内部。

（4）植树。山区树木，纯任自然，很少人工配植。大片山峦和庭园内外，多为松林，当初应是在山林中按照一定规划间伐原有树木，并非造园后补植。古松青翠挺拔，其下衬以山杏、黄荆、碧桃和其他野生灌木，山野气氛极浓。松林以外，北山凹处遍布青枫，梨树峪内满栽白梨，使这两处别具一格，因而有"青枫绿屿""梨花伴月"两景。

3. 园林建筑。中国园林的主体是建筑。清代皇家园林的建筑一概为官式做法，单体建筑各类不多，造型比较简单，园林建筑的主要特点是组合布局和推敲尺度。山区建筑，除"广元宫""碧峰寺""珠源寺"等寺庙为殿式建筑，一部分使用琉璃瓦顶以外，其余都是布瓦卷棚的建筑，尺度不大，造型小巧。分类如下：

亭：大部分是单檐方亭，个别是重檐，也有少量的六角、八角亭。建于峰顶的独立亭子，尺度较大，多带廊步或使用擎檐柱，以增加建筑体量。绝大多数亭子带门窗装修，内部设皇帝宝座。还有一些变体，如"锤峰落照"是大型方亭，"山近轩"中"古松书屋"有草顶亭子，"静含太古山房"的"趣亭"带山墙，"玉岑精舍"的"涌玉亭"是重檐四出厦方亭等。山区造景，亭子作用很大，数量也最多。避暑山庄中共有亭子约60座，近半数建在山区。

门：大型庭园多用三间六檩硬山式门殿，中小型庭园则多用单间门楼。多数园林有随墙侧门或后门。只有"碧静堂"的门最奇特，是一个八角形的重檐亭子式样。

殿：各庭园主体是较大体量的殿座，多数是五开间前后廊或周围廊，也有个别变体，如"山近轩"是前带抱厦，"素尚斋"是九开间大殿。殿座外形简单，卷棚歇山式较多，而室内分隔则丰富多样。据清朝陈设档案的记录，这些殿座中大量使用碧纱橱、罩、圆光门（罩）等，很少通间大厅，往往将一部分后墙推到檐柱位置，在老檐柱间安装修，形成一个后走廊，作为联系各间的通道。

房：次要殿座、配房、围房、堆房、净房，多用卷棚硬山式，依造园要求，不拘一间、二间、三间。其中也有许多有趣的处理，如"秀起堂"的"绘云楼"上层三间硬山房，两山墙带歇山小抱厦；"山近轩"的"古松书屋"是两个前后和高低都相错的草屋；"梨花伴月"的围房因地形上叠五层，使用歇山屋顶，层层山花向前，构成和谐韵律；"绿云楼"的"水月精舍"和"木映花承"各3间，两建筑的山墙紧贴而相错一廊；等等。

庭：庭多接近方形，用卷棚歇山顶。以单座建筑为独立景观者，亭外即敞庭，如"石矶观鱼""云容水态""澄泉绕石"；此外，大型庭园中也必有一座，为体现其开敞的特点，并适应歇山式屋顶构造，所以有一些明间特宽（4米以上），两次间实即廊子。庭院中的敞庭，其两侧多连以回廊，成为交通线上的一个休息处。

楼：楼只二层，平面视地形广狭，不拘二间、三间、四间，或作曲尺形。屋顶多卷棚歇山式，也有硬山式，其栏杆、门窗的安装方式，梯级部位，都很自由。因在山区建楼，有一些是利用地形高差建造靠崖楼，前两层，后一层，如"秀起堂"的"绘云楼""振藻楼"，"山近轩"的"远山楼"，"敞晴斋"的"绘韵楼"等。跨涧则有城楼，如"旷观"、西峪"龙王庙""创得斋"的"星津"水门等。

阁：阁多为多边形，结构复杂，体量庞大，故小庭园皆不建造。山区中有"灵泽龙王庙"在独立的城台上建阁，"鹫云寺"的"香界阁"为佛寺主题，都是特殊建筑，非一般庭园建筑。

廊：凡园林必有廊。廊在庭园中既是主要通道，又是造景的主要因素。所谓"步移景异"的效果，许多是由在廊中活动而得。山区庭园，用廊最多，其形式有全开敞和半开敞两种，宽度一般1米略多，绝无超过1.3米的。半开敞的墙壁一侧，据清朝人的图画所示，多粉壁，每有在内侧做假槛窗的。由于山区地形起伏较大，所以爬山廊子甚多，少量斜廊，大多数是跌落式。爬山廊子的屋顶和基座，随地势起伏跌落，或升或降，构成和谐的韵律感，为山区园林最大的特色之一，如"秀起堂""玉岑精舍""梨花伴月""食蔗居""山近轩"等处爬山廊，都很精美。"山近轩"中有名"簇奇廊"的一组建筑，就是在大堆假山上建爬山廊子，成一奇观。

台：改造地形下砌挡土墙，上面建成平台，以便凭栏远眺，也是古代园林常见的一种手法。山区实例有，"山近轩"的"延山楼"后为半圆形平台，"秀起堂"下的分层方台，"梨花伴月"几处殿坐落的平台等。"青枫绿屿"的"风泉清听"殿东有平顶小殿，为赏月平台，是一个特殊的例子。

桥：山区多涧，跨溪涧则建石桥。桥多数为石拱桥，一孔、三孔都有，虎皮石桥身，条石发券，其布局随地形可正可斜。桥端部叠砌假山，为桥身与自然涧岸的过渡。

垾：山区庭园围墙朴素自然，主要形式是虎皮石下肩，白粉墙身，顶砌瓦花；也有一些全用虎皮石砌筑，但多位在庭园以外沟涧一侧。至于寺庙围墙则全为通脊瓦顶红墙。在垾上设什锦窗灯的，只有"青枫绿屿"一处。

复原实例

山区园林，在清朝末年已逐渐颓圮，后经地方军阀、日本侵略者和国民党政府的肆意破坏，几乎全部无存。特别是承德解放前夕，国民党军队在山区修筑工事，大量挖掘砖石材料，绝大多数基址面目全非，成为一堆堆荒土瓦砾，很难找出确切的柱位或台基。虽然如此，经过多次实地仔细勘察，有一些尚可辨认，可以测绘出大体符合原状的平面图。再结合《热河志》的记载，清朝人的图画，清朝内务府陈设档案，以及个别的早期照片（如"梨花伴月"），还能试作出一部分庭园的复原图。下面选择其中有代表性的"梨花伴月""青枫绿屿""秀起堂""碧静堂""山近轩""静含太古山房"和"食蔗居"七组庭园，加以介绍。

梨花伴月

入梨树峪内1里许，北侧山崖陡峻，清溪蜿蜒；南侧平岗逶迤，梨花遍野，台地上建一大组群庭园，即"梨花伴月"。这组庭园包括康熙和乾隆三十六景的各二景，即临溪水的敞庭"澄泉绕石"（康熙第二十九景），门殿"梨花伴月"（康熙第十四景），第一层五间殿"永恬居"（乾隆第三十六景），第二层九间殿"素尚斋"（乾隆第三十五景）。现状基址残毁极为严重。"澄泉绕石"因台地被挖掘，已全部无存，"梨花伴月"东部围房也被切去一角。绝大部分的阶条、柱顶石被拆去，地面积土堆积甚厚，只有个别建筑基址轮廓勉强可辨。所幸大部分台基的角柱石尚存，仍能测出基址平面和大约的标高，结合一些文字图片资料，可作出复原图。

这组建筑是避暑山庄中最早建造的庭园之一，建于康熙四十二年（1703）至四十七年（1708）间。"梨花伴月"门以内占地 3700 余平方米，地形高差由门殿至后墙脚约 19.20 米，坡度为 1∶3.1。原有建筑（不包括"澄泉绕石"）106 间，建筑面积约 1705 平方米，建筑密度高达 46%，虽然建筑密度很高，但由于巧妙地利用地形组织空间，并配以水池山石，所以庭园气氛仍然很浓，空间丰富，不显拥挤。

"梨花伴月"前面的"澄泉绕石"，因基址无存，只能依据间接资料推测。据《康熙三十六景图咏》及《热河志》图所绘，"澄泉绕石"为三间敞厅，与"梨花伴月"门殿隔开。《热河志》记载，"有亭北向，圣祖御题曰'澄泉绕石'"，既称为"亭"，则体积不会太大，参照山区内某些单间周围廊的敞厅（如"秀起堂"对面敞厅），可能与它相近，故复原为略近正方形的单间周围廊平面，屋顶为卷棚歇山式。

门殿"梨花伴月"三间六檩后出廊、硬山卷棚顶、后带抱厦 1 间。山庄各处的门殿有两种形式，一种是大门式，即明间后金柱间装大门，次间砌扇面墙，中间不分隔；另一种是明间装隔扇、屏门，次间隔成房间。按陈设档记载，此门殿应属于后者。门殿左右接围房各 8 间，又与东西跌落式围房相接。东西围房各 13 间，依地形成五层台阶跌落，各层建筑山花向前，作歇山式，构成很强的韵律感，是这组建筑中趣味最浓的一项手法。各层围房以假山蹬道通入院内，东侧有一角门通至山下。

门殿以内为一庭院，中部辟水池，中架石板桥。东西配殿各 3 间，台基高出庭院 2.3 米，其前廊与围房用爬山廊联系。爬山廊通过配殿前廊直通后殿，也作跌落式处理，是南北各殿座间的通道，并与跨院正房联系，将整组建筑分隔成 6 个院落空间。前院正房为"永恬居"，面阔五间，进深应为八檩，屋顶因两山接净房，故应为硬山式。此殿高踞 5.65 米的金刚墙上，设台阶分左右上下。室内分隔，按陈设档记载推测，后廊步成夹道；明间面南设宝座；东二间面西设宝座床；西次间面南设宝座床；西梢间面南设罩，罩内有宝座床。这种室内分隔，是山庄内寝宫的典型形式。另在两山有净房各 1 间，通过游廊可进入净房天井，按山庄内普遍的做法，净房与游廊的屋顶上，往往又支搭一个平顶棚子以利排水（复原图未绘此棚子）。

"永恬居"后面为"素尚斋"，两殿高差近 6 米，其间的庭院与前院不同，院内是一簇假山，在它的两侧叠作蹬道上至"素尚斋"，与前院的水池适成对比。"素尚斋"面阔 9 间，是山区庭园中面阔最多的一座建筑，进深应为八檩，屋顶形式按两山墙紧接围房，围房屋顶低于正殿一步，所以不可能是歇山式，应是卷棚硬山式。室内分隔根据陈设档记载，中三间通敞，面南设宝座一张，东西次间隔为暖阁，内有宝座床，这 5 间以外的东西各二间内均设宝座床一铺，而后廊则隔为夹道以为联系各间的过道。"素尚斋"后面以假山作为土墙，外砌围墙。因后部无可通向之处，所以无后门。

　　这组园林是山区建筑中极少见的一个对称布局的群体，但其空间和立面处理的趣味，并不亚于自由式庭园，在造园上是很特殊的一个实例。（附复原图）

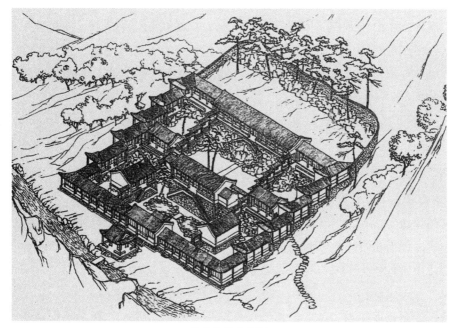

梨花伴月复原图

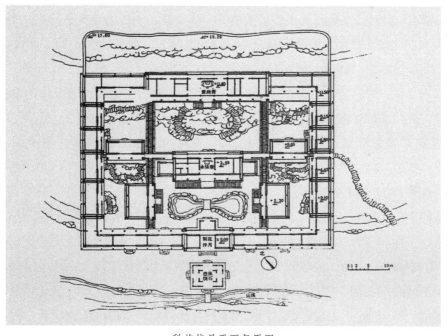

梨花伴月平面复原图

青枫绿屿（"霞标""罨画窗"）

这组庭园位于"南山积雪"与"北枕双峰"二亭所在山峰间的山鞍部分。由武烈河东岸各庙及山庄万树园中西望，恰如在二峰之间嵌一架桥廊，使得艺术构图丰富完整，视线展开许多。而由此庭园中向东俯瞰，岭下森林寺塔，河水群山，层层叠叠，景色无限；每当夏季旭日初升，红霞映满天际，蔚为奇观，所以整组建筑又名"霞标"。

这组庭园是山庄内最早建造的一批中的一个（康熙四十二年至四十八年，1703—1709）。其中门殿名"青枫绿屿"，为康熙三十六景中第二十一景。门殿东南有康熙题名之"霞标"殿，至乾隆十九年（1754）命名三十六景时，又名为"罨画窗"，为乾隆三十六景中第二十七景。

这组建筑坐落在山坳脊部，东临悬崖，西呈缓坡，构成一级台地，高差约 2 米。整组建筑占地面积（不包括竹篱内的前院）1220 平方米，共有房屋 35 间，约 630 平方米，建筑密度约为 52%，由于这组庭园中的主要建筑都是外向借景，所以向内庭院较小，建筑密度较大。

整组庭院坐北向南。由"旷观"入松云峡，沿御道西行，过"清溪远流"门前石桥，折而上山，至顶部时甬路分为二岔，向北通到门殿"青枫绿屿"，向东北通到"罨画窗"北次间。二殿间又用竹篱围成一个小庭院，入口编为月亮门式。"青枫绿屿"殿面阔三间，进深八檩前后廊，卷棚硬山式屋顶。据陈设档记载，此殿为门殿制度。明间设隔扇、屏门，面南挂康熙题"青枫绿屿"匾，东西二次间陈设简单，只有木床二铺，并不是皇帝起居之处，则"青枫绿屿"的题名，应指的是整组庭园的景物。此门殿前廊东接抄手游廊，南折通至"霞标"（"罨画窗"）后廊，二殿呈曲尺相接。"霞标"殿建于崖端，面阔三间，进深八檩前后廊，硬山卷棚式屋顶，南山墙出小抱厦一间，按清代园林常见形式，此抱厦应为卷棚歇山式屋顶。据陈设档推测，此殿内部三间各自分开，当心间面东，可欣赏东面山下风景，北次间向西，可观赏西侧山间枫叶，而南次间又向南，通过抱厦正对"南山积雪"亭。一个简单三间殿，平面和空间处理如此灵活，可谓独具匠心。殿北为一小院，置净房二间。

"青枫绿屿"之西，地势低下 2 米左右，跌落处以山石处理。紧接门殿西山墙，建曲尺形转角房四间，进深六檩后出廊，主室在南部，正对西面山坳遍野枫林，乾隆题名为"吟红榭"。此榭东侧二间屋顶系顺地形下斜，室内地面在坎下，所以一部分空间特高。据陈设档记载，"吟红榭"内有仙楼一座，圆光罩一樘，则此斜顶部分即为圆光罩隔断，内设二层仙楼。主室北次间为入门部分，内设隔罩及宝座床一铺。紧接"吟红榭"为围房六间，其北部开一侧门通向外面。"吟红榭"与"霞标"间，筑一弧形粉墙，正中月亮门，把庭院一分为二。后院正殿五间，康熙题名为"风泉满清听"，按平面制度，应为八檩前后廊硬山卷棚式大殿。据陈设档记载，其内部分隔是山庄比较典型的主殿形制，即明间面南设宝座；东二间连通，面西设宝座床一铺；西二间以板壁隔开，次间为佛堂，梢间为寝室，寝室面南设罩，罩内设床铺；后廊部分封闭，构成夹道。此殿后部建净房一间。

青枫绿屿复原图

这所庭园中最特殊的一座建筑是位于主殿东侧的一座六开间平顶配房，平顶可登临赏景，故名平台。平台临崖建造，东向，南部以廊子通往"风泉清听"殿，北部二间进深加大，与主殿山墙和南面廊子共围成一个小天井。一则以利排水，并为平台采光，同时堆叠假山，山下有洞通外，侧面有蹬道盘旋可上平台顶部。这座建筑的基址残毁严重，墙壁构造不明，但所有文献图绘，向东一面墙壁均不开窗，外形如同一个石砌高台，据陈设档记载，室内分隔灵活，曲折有致，但尺度不大，估计房屋最高只 1 丈左右。另外，在平台与"霞标"殿之间，沿山崖砌一道粉墙，墙上设磨砖边框的什锦窗，在清朝宫廷园林中，这种窗内往往在夜间燃灯。由山下望去，这段墙在"霞标"与平台南北二虚实的体量之间，构成过渡，艺术效果非常显著。

这组庭园的平面，基本属于规整的格局。但通过利用形高差，以及用竹篱、假山、粉壁等组织空间，既有内向，又有外向，规整中有错落，统一中有变化，显得体态大方，反觉趣味很浓。这是山庄内康熙时转化园林建筑规划的时代特征，到了乾隆时期，园林布局就向曲折多变的形式发展了。（附复原图）

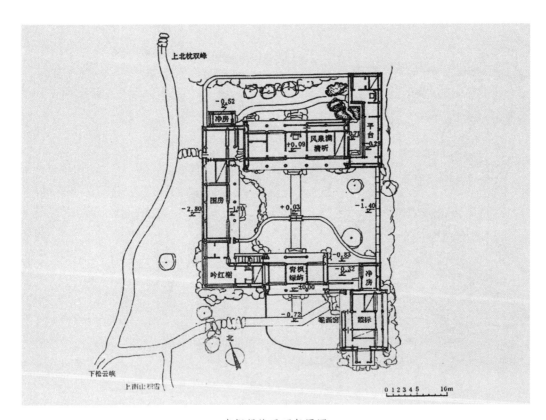

青枫绿屿平面复原图

秀起堂

由榛子峪入山，又折而向北进入西峪，在峪底有互相联系的三组建筑，即"秀起堂""鸥云寺"和"静含太古山房"。"秀起堂"建于乾隆二十七年（1772），是山庄内后期建造的一处大型庭园，因在三十六景题名之后建成，所以没有入"景"。

此园横跨沟涧，一条溪流由东向西贯穿全园，沟涧两侧地形陡峻，由涧边至北部围垟脚高差约 14 米，建筑即依地形高低曲折布置。全园占地约 3600 平方米，共布置各类建筑物 103 间，建筑占地面积约 1074 平方米，共有建筑面积约 1288 平方米（其中"振藻楼"为二层），建筑密度为 35.6%。园中共有游廊 74 间，是山庄建筑中游廊数最多的庭园之一。

此园现状残毁非常严重，尤其是北部建筑的条石金刚墙基座全被撬落涧底，不但上面建筑的基址不清，而且压埋了下部游廊基址，以致推测原状非常困难。但经过比较仔细的查找，与文献资料校证，大部分建筑的面貌尚可辨认。

门殿 3 间，南向，按平面推测为六檩后出廊硬山卷棚式。明间后金柱间装隔扇，后檐柱间安屏风门。门上悬乾隆题匾"云牖松扉"。入门后，正面为缓坡下行，通过跨涧的单孔石桥，可至涧北岸的"绘云楼"；通过下层后廊东部筒子门，接爬山游廊。这段游廊坡度较陡，外侧为块石台基，内侧处理以假山，与山坡相接。这段台基无分间的角柱石，可见是一个通长的整体斜面，因此游廊屋顶也随台基斜度作斜廊，而不是跌落式。游廊向东接一敞庭，此敞庭建在条石砌筑的高台基上，正面无台阶，只在两山前后廊接以游廊，正对山涧北部最高的主体建筑"秀起堂"，显然是规划中有意安排的主轴线。这座建筑最大的特点是面阔一间加周围廊，这一间的面宽达 6.2 米。这样安排柱子，显然是为了适应歇山式屋顶的需要。在早期（康熙时）的有许多无山面廊步（如"烟波致爽""延薰山馆""一片云""风泉清听"等）。只能在稍间金步做顺梁，其上承踩步金，承椽枋，不但构造复杂，而且对装修、天花的安排也有一定不便，所以后期（乾隆时）的歇山式殿座，大都改用周围廊，以便在两山廊步上做踩步金，使结构简单明确。此堂因体量关系，不足三间周围廊，而普通一间的面阔（2.7~3 米）又嫌太小，所以出现了这样大的面阔，也算是山庄建筑的一种特殊处理形式。敞庭往西地形逐步升高，至"经畬书屋"高差达 4.25 米，这中间以六段跌落式的游廊联系，同时顺应地形，"经畬书屋"和"四间游廊"随之折向东北。

"经畬书屋"面阔三间，按进深尺度推测为六檩前出廊硬山卷棚屋顶，其右侧接净房 1 间。这座建筑是藏书的所在，在咸丰年间的陈设档中已没有什么室内陈设，估计当初室内排列书架，或有宝座椅 1 张。屋后有半圆形小院一区，十分幽静。

出"经畬书屋",游廊依地形折而下行,跨越沟涧,其中一间在台基上辟方形水门。游廊层层下跌,最后与"振藻楼"下层前廊相连。绕过"振藻楼",又贴北岸石条金刚垆向西北延伸,直至"绘云楼"下面的前廊。此段游廊中部有一间通向外面,出廊后沿假山蹬道可上至"秀起堂"下部月台。整个游廊再加它所通过的殿座的前廊和侧廊,共84间,把全园建筑和景观联系了起来,很有气派。在涧南岸的廊子层层上升,东岸又层层下跌,到了北岸又紧贴石垆,不但是游览交通的路线,而且在艺术上造成连绵不断的景象,衬托得"秀起堂""绘云楼"等真像是仙山楼阁。

"振藻楼"二层,现在只余部分阶条石,据陈设档记载,楼平面四间,再结合现状遗址观察,是一个曲尺形的建筑,南向三间,西向二间,后部倚崖,二层部分由底层楼梯登上,也可由上部平台进入,是前二层后一层的形制。由平面推测,其形式为八檩前后廊,向南一面作卷棚歇山式,向西的一面因进深成一廊步,歇山披厦与次间屋面相连,而屋顶减低。西向的山墙因正对后部方亭月台踏步,为防止雨水排到台阶上,所以很可能处理硬山形式。"振藻楼"后面的方亭高踞条石砌筑的月台顶部,为单檐四角攒尖顶形式,按山庄中亭子的惯例,各面均有装修。此亭西侧有石踏步,下踏步可进入"振藻楼"的二层。

沟涧北岸依地形用条石垒砖为3个平台。第一层平台上建"绘云楼",虽名为楼,实际上是一个三间殿,只是在它的下面对应建三间前廊,而明间辟为楼梯,由南面看去像是二层楼房。此殿体形不大,进深估计只有四檩,卷棚硬山式屋顶。两山墙各出抱厦一间,按通例应为歇山式屋顶。通过两抱厦可进入"绘云楼"的东西次间,估计两次间有门通至明间楼梯上部,然后可至前廊平台,再由南面(正面)台阶上至主体建筑"秀起堂"前面的大月台。据遗址推测,下面两层平台栏杆有可能是带雕刻的砖砌宇墙,上层月台依残存地栿判断,可能为石望柱栏杆。

"秀起堂"面阔五间周围廊,进深估计为八檩,屋顶是卷棚歇山式。室内据陈设档记载,是典型的殿堂配置,明间面南设宝座,东二间通敞,面西设宝座床,西二间以板壁分隔,次间应为佛堂,梢间面南设宝座床及炕罩。此殿台基较高,保存尚完整,为磨砖干摆做法,这种精细的台基做法,在山中还很少见,推测上部建筑装饰是比较华丽的。

整组建筑的东南两面以半封闭式的游廊围绕,西北两面绕以围垆。围墙西侧辟一角门,出门后可沿蹬道至半山的"眺远亭"。半封闭的游廊垆壁向外一面为白粉墙,向内的一面按山庄通例可能为木质槛窗,但不能开启。围垆的形式按乾隆时期庭园通见做法,为虎皮石下肩,白粉墙身,顶砌瓦花。总观此园面积巨大,建筑众多,全部内向观景,空间组织丰富,构图完整,是乾隆时期大型庭园的典型。(附复原图)

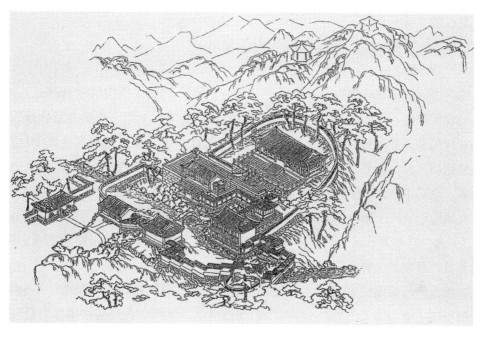

秀起堂复原图

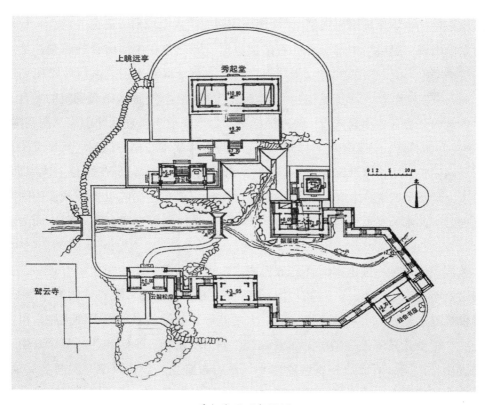

秀起堂平面复原图

碧静堂

山区造园，重在选地经营布局。因势利导，精心规划，所构成的景观或开阔高爽，或幽闲静谧，境界迥异。比较起来，前者较容易取得效果，而后者就比较困难，因为一般说来，开阔可以无限，而幽静则必须适度，过分幽谧，很容易流于压抑沉闷。高明的园林，既要求幽深清静，又必须情趣盎然，静中有动，幽中见敞。从这一点看，全部山区庭园中，"碧静堂"的水平最高。

此园建于乾隆二十九年（1774）。全园面积约2200平方米，建筑共44间，占地427平方米，建筑面积482平方米（"松鹤间楼"为二层），建筑密度约22%，属于建筑布置较疏朗的一类庭园。

入松云峡后沿山溪直向西北，至沟峪最狭处，溯溪流折向西部峡谷，不远处为靠山的庭园"含青斋"。过"含青斋"后沟分两岔，继续向西可至"玉岑精舍"；向东南沿沟涧一侧和蹬道即达"碧静堂"。此园建在一个"Y"形的峡谷中，占有两道沟涧和三道山脊。地形由涧底至山脊最高处高差约14米。由于地形关系，从与入口的关系来看，主要建筑均为"倒座"，即坐南面北。入园以前，先由一座小石板桥上跨过东侧山涧，然后沿中部山脊的石蹬道进园。园门建在中部山脊的前端，是一个八角重檐亭子形式。门两侧连以围埒，埒越过沟涧处辟有水门。入门后紧接一段曲廊，向西三折而下至"净练溪楼"。此楼跨在沟涧之上，下面为条石砌筑的城台，中辟拱券水门。台上建小殿三间，按进深推测，为六檩前出廊卷棚硬山式。据乾隆诗："峡上三间俯碧莹，虽无楼实有楼形"，又"跨溪有室本非楼，似阁居然溪上头。无水每疑名不符，雨余今日练光流"。可见虽名"楼"，实际只是在城台上建屋而已，而且下面沟涧平时无水，雨后排洪，成为巨流。室内布置据陈设档推测，明间与东次间通敞，北廊为夹道，西次间有宝座床，后（北）墙辟方窗，前（南）面为通窗装修。

入园门后通过一段走廊，蹬道分为两岔，正中一条为主，正在山脊正中，直向主殿"碧静堂"；左侧一条下沟，过一小石桥，可至"松甃间楼"。"碧静堂"三间，八檩前后廊。紧邻西山埒有净房一间，无左右廊。此段的屋顶因山面无廊，可能是硬山式，但由几幅清代绘画所见作歇山式，如为歇山顶，则结构比较复杂。由于殿座跨在山脊，所以下面以条石台座取平。室内布置据陈设档推测，明间前后通敞，东次间为板壁隔断，内设宝座床，西次间设榻。此殿虽为主殿，但从其室内分隔来看，主要还是按制度设于主要地位，如从使用来看，主要活动的殿座是在它西侧的

"静赏堂"。此堂平面制度与"碧静堂"全同，只是后廊有一部分封闭成为夹道。金柱间设罩，明间正中设宝座床，两次间以板壁分隔，后部设罩及宝座床，明间与东次间中有一圆光罩。"碧静堂"之东为"松鹤间楼"（《热河志》名"松鹤间楼"，据陈设档记载乾隆题匾名"松鹤间楼"）其间以三折曲廊联系。曲廊跨越沟间，下为条石垒砌的基座，并辟水门。现状条石均被撬落沟底，从平面关系与条石数量推断，此廊可能逐间提高，直接进入"松鹤间楼"的二层。"松鹤间楼"面阔二间，进深六檩前出廊，屋顶形式按山庄内某些楼房通例，可能是卷棚歇山式。室内分隔据陈设档记载，颇为复杂，楼上下均设花罩，楼梯可能设于室内一隅，也可能占用部分前廊。此楼踞于条石台座之上，西北角有假山一簇，砌为蹬道，与涧底石桥相连，可上山脊至中部游廊出园。园的围墙为皮石下肩，白粉垾花瓦顶，顺地形曲折布置，前后辟4个水门。后墙建在山坡上，墙内有假山石垒砌的挡土墙，出"碧静堂"后廊，可沿此假山的蹬道上至园的后门。出后门又有一段蹬道曲折上至山顶，越山即至"创得斋"。总观此园，深藏谷底，幽清静籁，云容风态，清赏悠余，山居趣味最浓。（附复原图）

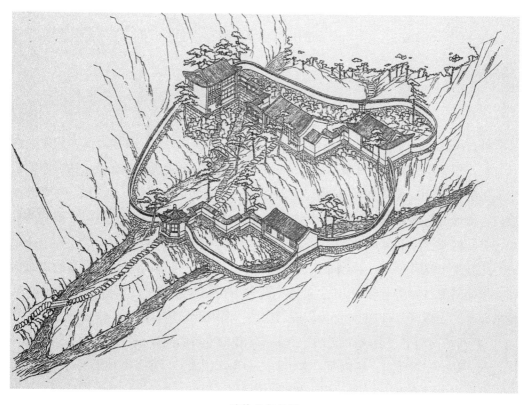

碧静堂复原图

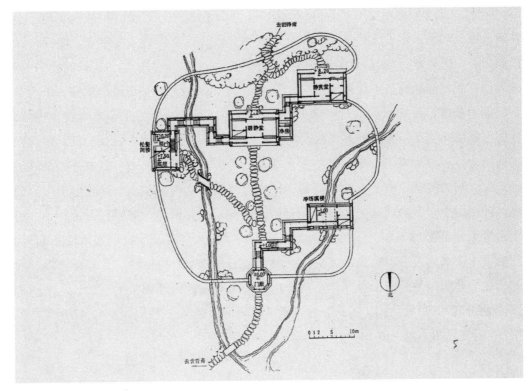

碧静堂平面复原图

山近轩

　　松云峡北山，"广元宫""敞晴斋""山近轩"是一个大型园林组群，其中"广元宫"是规整中带有园林处理手法的道观，"敞晴斋"是较规整的庭园，从造园的艺术手法来看，"山近轩"水平最高。此园建在一个陡峭的山脊上，在约长70米的地段内，地形高差达25米余。地势高敞，既适于向外赏景，又在内部组织了丰富的景观，空间构图技巧很高。

　　此园建于乾隆四十一年至四十四年（1776—1779），北临峭崖，崖下沟涧由东而西，折而向南。沟涧上建高10余米的三孔大石桥一座。过桥西可直上"广元宫"，桥东即至"山近轩"。园的南部为较缓的山坡，沿坡铺设块石蹬道，往东可至"斗姥阁"，往西折而向下，沿峡谷而至松云峡。在南北溪峡之间以石埕、假山叠砌而成4个台地，其上布置建筑，所以西、南、北三面均无围墙，仅东部顺地形围一段曲墙。

　　全园占地约2830平方米，因大量假山崩坍，一部分建筑基址被山石埋压，不能测得建筑的确切间数与面积。现据文献记载并结合地形，将中部"簇奇廊"大体复原后全园共约房屋 70 间，建筑占地面积约 859 平方米，建筑面积约 937 平方米（"延山楼"为二层），建筑密度约 30%。

园门建在第二层台地上，在它下面的第一层台地上紧邻崖边，建有两间堆子房及小院。园门三间，南向，按遗址推测，为六檩后出廊卷棚硬山式，属于殿座式门殿。入园门内的庭园，几乎全部布满假山，以蹬道通往周围建筑。向北，至正殿"山近轩"，向西至"清娱室"，向东南，沿陡峻的假山，上至第二层台地的"延山楼"，向东，为山洞，通过山洞内蹬道，可上至"簇奇廊"。正殿"山近轩"面阔五间，前后廊前带三间抱厦。按其平面形制，立面可能与如意洲的"水芳岩秀"（"乐寿堂"）相同，即主殿八檩卷棚悬山式，抱厦六檩卷棚硬山式无装修。室内布置按陈设档推测，后墙推至檐柱，形成一个后夹道。明间正中面南设宝座床，西次间面东设宝座床，与西稍间以板壁隔开。东次间是一个过渡的厅，由此进入后廊，可通西稍间，另在板壁开门进入东稍间。西稍间靠前窗有罩及宝座床，东稍间南北两面都有罩及宝座床。由"山近轩"正殿前廊向西折南，可下至"清娱室"，向东过净房可沿爬山曲廊层层上升至"簇奇廊"敞厅。"清娱室"面阔三间，八檩前后廊，推测为卷棚硬山式。此室高踞石台之上，北面曲廊也建在石台上，石台之下即第一层台地。室内布置是三间各自分开，后垟推至檐柱形成夹道。明间向东，安罩，内设宝座床，南次间面北设顺山宝座床，北次间为过渡厅堂，可由此厅进入后廊，出至曲廊通向"山近轩"。

"延山楼"面阔三间，北向，建于第三级台地上，是一个靠崖楼，北向二层，南向一层。南面为一半圆形平台，以五层条石砌成，周围宇墙栏杆。台上叠砌假山，种植古松，南面有宇墙留缺口与园外蹬道相通。"延山楼"背靠北平台建造，按进深推测，为八檩前后廊，屋顶可能是歇山式，也可能是硬山式。室内布置三间各个分开，明间通敞向东安罩，内设宝座床，次间设宝座床及椅；南次间面北设顺山宝座床，北次间为过厅，可由此进入后廊，出至曲廊往山近轩。"延山楼"及平台北部被坍毁假山压埋大部，推测其原状，可能是前廊与"簇奇廊"敞厅的南面曲廊相连，过敞厅后又连接"山近轩"东部曲廊。"簇奇廊"据陈设档记载为敞厅 3 间，面西挂乾隆题匾"簇奇廊"，四面横披十二面，估计可能是一个大开间的近于方形的周围廊歇山顶建筑，与"秀起堂"曲廊中的敞厅类似。此厅前后通敞，后（东）面紧通第四层台地，有两条蹬道盘折而上，分别到达"养粹堂"和"古松书屋"。

"养粹堂"面阔三间，进深一间周围廊，西向，六檩卷棚歇山式，后廊向南可直接通至园外蹬道。紧邻后廊又有一条自北而南的排水沟，沿沟边砌以山石驳岸，上跨石板小桥。室内布置，明间正中设宝座床，两次间隔开，后廊封闭成为夹道。此夹道往北通过一间游廊即可至"古松书屋"。"古松书屋"在陈设档中称为"跌落房",两间小殿和一座方亭不仅平面相错,而且高度逐间上升,三个建筑都临崖顶建造,房基下有条石砌筑的高台座,它们高踞山顶,造型非常有趣。室内布局,两个"跌落房"内部都有宝座床及罩;亭子四面安窗。两间"跌落房"应为五檩硬山式,方亭为单檐方攒尖,据《热河志》记载,此三房均为草顶。

"养粹堂"和"古松书屋"之后(东),顺山势有曲墙一道,向内以假山石砌为挡土墙,有蹬道通至随墙小门。出门后可顺山路往东至"斗姥阁"。总观此园,园内园外,真山假山,互相借资,空间非常丰富,游廊交通全用山石蹬道联系,自然风趣颇浓。尤其是从"松云峡"沿沟北上时,蹬道在两山之间左右盘折,中间又经过三座石桥,渐入山林佳境,实是引人入胜的去处。全部建筑以石取胜,槛墙、下肩、宇墙全用石材。假山蹬道岩洞,气象万千,衬以曲廊蜿蜒,真如仙山楼阁,在全部山区的园林中,此园工程最为艰巨,艺术效果也最丰富,所以前后施工竟用了4年时间。(附复原图)

山近轩透视图(吴晓敏重绘)

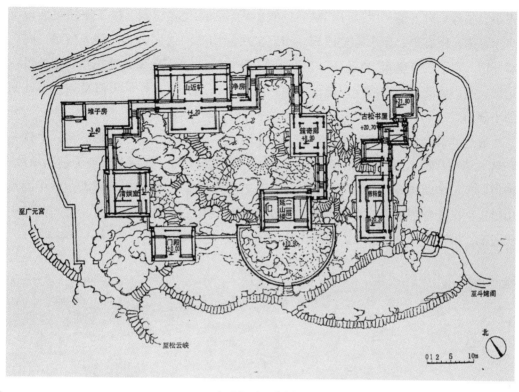

山近轩平面复原图

静含太古山房

避暑的山区中，有几处面积很小的庭园，即"绿云楼""涌翠岩""食蔗居"
"静含太古山房"。其中"静含太古山房"占地只有380平方米，是最小的一组。

此园与"秀起堂""鹫云寺"共同是西峪的一个园林组群，建造年代也在同时
期。它位于"秀起堂""鹫云寺"西部，在两条深涧交会的小山嘴上，总平面依地形
略呈菱形。全部建筑面积约235平方米，占地185平方米（"不遮山楼"为二层），
由于面积很小，但安排了18间房屋的地基，所以密度高达50%。

出"鹫云寺"后（东）门，沿山石蹬道曲折直下涧底，过一个单孔石桥后即至
园门。这个园门仅是一个随墙小门，因墙已坍毁，无法判断其原状，估计有可能是
一个圆洞门或瓶形门。门内为一小三合院，北房为"静含太古山房"，西面临崖建3
间小楼，名"不遮山楼"，南面为"趣亭"，彼此以游廊连接。"静含太古山房"面
阔三间，进深六檩前出廊，推测为卷棚硬山顶。明间无陈设，是前后院间的过厅，
东间面西设宝座床。紧邻西山墙有净房一间。"不遮山楼"面阔三间，高二层，进深

很小，估计只有五檩，屋顶可能是卷棚歇山式。据陈设档记载，楼下明间正面设宝座床，南次间有罩，面东有宝座床。南北二次间均有门通向游廊。楼上通敞，南山墙开窗，窗下设宝座床。"趣亭"建在山嘴部悬崖上，条石台座砌至山崖。据陈设档记载，亭内面北设有宝座床，南北有窗，东西为山墙，故其外形大概是一个单开间的小硬山式房子。

　　通过"静含太古山房"明间，可至北部小院。院的北端为一方形石台，上建一亭名"清凉甘露"，卷棚歇山顶，亭内供自在观音像一尊。紧贴石台前为假山一簇，蹬道向东可至院墙旁门，出门后沿蹬道上山至"秀起堂"。这组园林建在山谷中的小山嘴上，极为幽静可爱。在其西侧的沟涧中部，用山石叠砌两级跌落，每当雨后山水盈涧，即形成两处小瀑布，更增山林风趣。（附复原图）

静含太古山房复原图

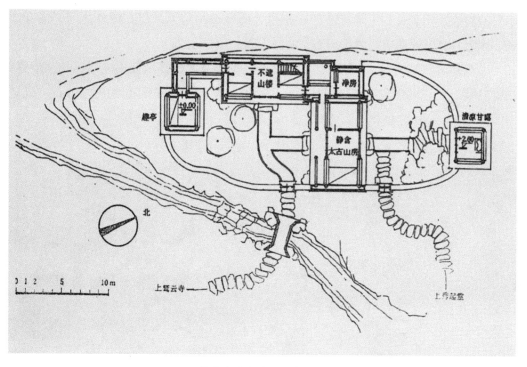

静含太古山房平面复原图

食蔗居

"食蔗居"也是山区中一处很小的园林,建在松林峪底,隐藏在山崖的凹兜中,在山区园林中是一个颇为特殊的例子。在到达这个小园以前,要经过一段曲折的小路,跨过几座小桥,路两侧松林茂密,山峪间溪水潺潺,路径狭窄,用晋人顾恺之吃甘蔗异于常理由根至梢,而是由梢至根由淡而甜,自谓渐入佳境的故事,确有渐入佳境的意境,所以取名为"食蔗"。又由于幽谧封闭,所以其中一个两间的小殿座取名"小许庵"。"庵"即厂,本是半封闭不开敞的殿座,用以题名此处的建筑,也很切题。

此园建于乾隆二十六年(1761),全园占地约 580 平方米,建筑面积约 260 平方米,建筑密度达 45%。大门为一间小楼。入门后紧逼假山,左侧一个高达七米的条石高台上建大方亭一座,名"倚翠亭",旁接爬山曲廊通向主殿,并有蹬道通到下面。紧贴条石高台有面积很小的两间值房。主殿"食蔗居"面阔三间,六檩前出廊,卷棚硬山顶,前面有假山蹬道,右侧有净房一间。左侧爬山廊陡峻,两折下至"小许庵"。"小许庵"面阔两间,六檩硬山卷棚顶,一面向院内,另一面临涧。"松岩

269

亭"高踞在小山顶部，下面堆叠假山蹬道，此亭与小园关系似在内外之间，饶有妙趣。园后只有一段曲墙，紧贴土崖，实际上是一道挡土墙。

总观此园，面积不大，但布局非常紧凑，有收有放，真山假山，建筑相互借资，高低错落，空间组合丰富又很得体，水平很高。东侧涧流中间点缀一些山石，更增添不少趣味。（附复原图）

食蔗居复原图

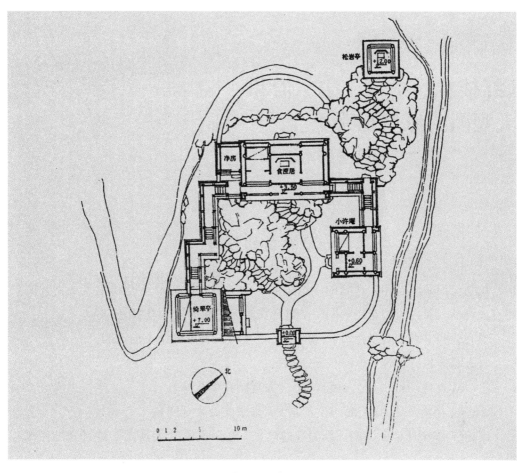

松岩亭 +2.00

净房

食蔗居 +3.60

小许庵 +0.60

倚翠亭 +1.00

+0.00

北

0 1 2　　5　　　　10 m

食蔗居平面复原图

（1977 年末刊稿，2019 年附图）

《红楼梦》中荣、宁二府和
大观园的原型在哪里

50 年前的炒作

民间传说荣国府和大观园的原型是北京什刹海西边的恭王府和花园（萃锦园）。还有人说恭王府西边的花枝胡同就是贾琏安置尤二姐的"小花枝巷"。

也有一些学者一直坚持大观园的"环境素材"都取自恭王府花园。

官方媒体也掀起过炒作，代表文章有：

①1961 年 11 月 1 日《人民日报》《大观园在哪儿》。

②1962 年 4 月 29 日上海《文汇报》《京华何处大观园》。

③1962 年 5 月 8 日《中国新闻社通讯》《红学家说"大观园"遗址在北京恭王府》。

其实都经不起推敲，理由有四：

①时间不对。恭王府的前身是和珅及和孝公主府。此府建于乾隆四十五至五十四年间（1780—1789），和珅败后为庆王永璘府，咸丰元年（1851）赐予恭亲王奕䜣，经过改、扩建。和珅建府时，曹雪芹已经去世（乾隆二十七或二十八年）20多年。

②形象不对。在乾隆十五年（1750）绘制的《京城全图》中，恭王府和花园的范围内是一些中小型宅院，找不到丝毫荣国府、大观园的环境素材。而在此图前 5年，《石头记》已经出现了抄本。

③体制不对。荣国府第一代主人贾源是"荣国公"，第三代主人贾赦是"世袭一等将军"；宁国府第一代主人贾演是"宁国公"，第四代主人贾珍是"世袭威烈将军"。名号虽是虚拟，但爵位符合清初的十个等级。"公"（镇国、辅国）是第五、六等，第七等至第十等是"将军"（镇国、辅国、奉国、奉恩）。清制，爵位降等世袭，荣国、宁国二"公"只是五六等爵位，下传二代，贾赦最多七等，贾珍八等。

他们的府第不可能到达郡王（公主）的体制。

④规模不对。恭王府府邸部分占地约2.4公顷（36亩）远远超过一个"公"府的面积（大约不超过2.5亩）；花园占地2.9公顷（43亩），又容纳不下《红楼梦》中提到的大观园9个院子，300多间房和一个大水池。

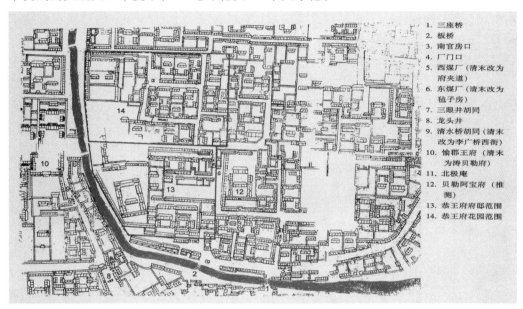

1. 三座桥
2. 板桥
3. 南官房口
4. 厂门口
5. 西煤厂（清末改为府夹道）
6. 东煤厂（清末改为毡子房）
7. 三眼井胡同
8. 龙头井
9. 清水桥胡同（清末改为李广桥西街）
10. 愉郡王府（清末为涛贝勒府）
11. 北极庵
12. 贝勒阿宝府（推测）
13. 恭王府府邸范围
14. 恭王府花园范围

乾隆《京城全图》中恭亲王府所在地段

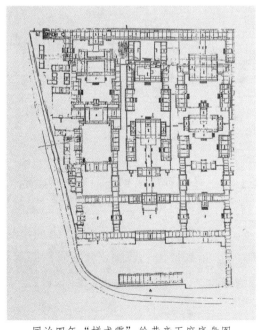

同治四年"样式雷"绘恭亲王府底盘图

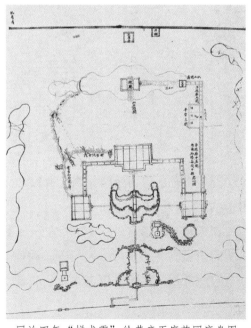

同治四年"样式雷"绘恭亲王府花园底盘图

荣国府的原型是南京的江宁织造署

　　康熙二年（1663）曹玺（曹雪芹曾祖父）由内务府郎中派驻江宁任织造监督，在两江总督府西侧建府。此前在总督府以东已有织染机房，即江宁织造局。曹玺子曹寅，孙曹颙、侄孙曹頫继任，至雍正六年（1728）曹頫获罪抄家返京。曹雪芹即诞生于此。

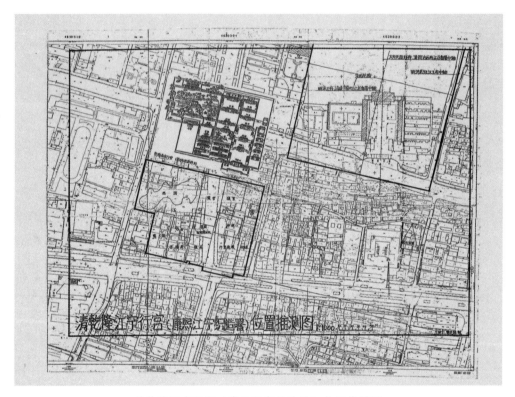

清乾隆江南行宫（康熙江宁织造署）位置推测图

　　曹玺妻孙氏曾为康熙保姆。曹寅之女是平郡王（克勤郡王）正福晋，功勋地位显赫的第二代郡王纳尔苏是乾隆的发小儿，曹雪芹嫡亲表兄。

　　康熙帝6次南巡，有4次驻在织造署。康熙四十四年（1705）第五次南巡正是曹寅官阶最高（正三品，相当于布政使），织造署最兴盛时。曹颙、曹頫官阶降等，接驾亏空严重，多次受雍正申斥，再无力修缮府邸。其后织造官由布政使兼任，织造署荒废。

　　乾隆十六年南巡，指定原织造署为行宫，进行了大规模整修。改修过的行宫绘于《南巡盛典》，在近代南京市地形图中可以绘出其所占范围。府邸部分占地约 1.5 公顷（约 23 亩），花园和箭道约 1 公顷（约 15 亩）。这个规模和京城中三品官（府衙合一）的衙门（如顺天府）基本相同。

这次修缮的工程主要是"改建"，基本格局仍为织造署原状。改建最多的是新布置了一处"便殿"的树石庭院。织造署的东北角拆除了已经倾圮的建筑。西部花园进行了修整。

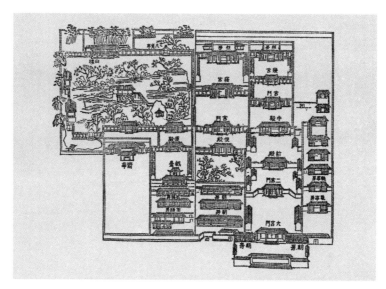

乾隆《南巡盛典》中江宁行宫图

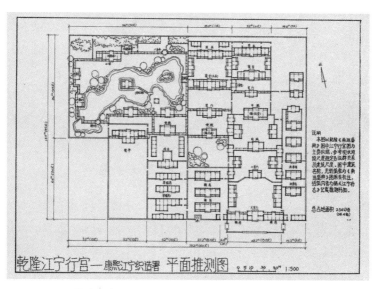

乾隆江宁行宫——康熙江宁织造署平面推测图

乾隆行宫的前身是织造署，也是荣国府的原型，两者的建筑比照如下：

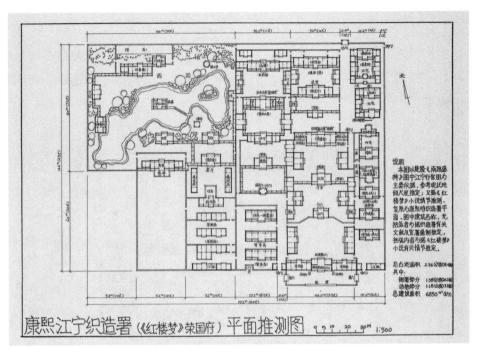

康熙江宁织造署（《红楼梦》荣国府）平面推测图

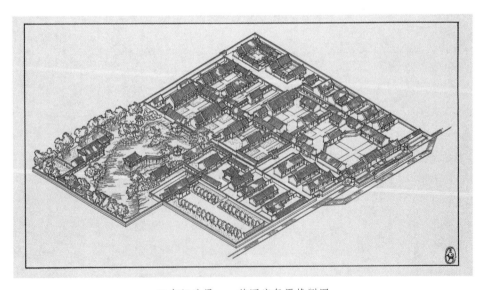

江宁织造署——荣国府复原推测图

乾隆行宫与荣国府建筑对比表

乾隆行宫	康熙织造署——荣国府
大宫门	织造署、荣国府大门
朝房	堂档房
角门	角门
二宫门	仪门
前殿	正厅
中殿（勤政堂）	荣国府荣禧堂
卡墙	荣禧堂耳房
后宫门	穿堂
寝宫	新花厅、退堂
照房	东后照楼
朝房	管事房、荣国府绮霰斋（书房）
茶膳房	茶厨房
便殿院墙	游廊、垂花门
便殿	穿堂
寝宫门	内厅
太后寝宫	荣国府贾母正房
寝宫照房	西后照楼
戏台	戏台
西便殿	荣国府荣庆堂
箭亭	箭亭（宁国府箭亭）
西园	西园
东执事房	荣国府东小院、梦坡斋
东小院	王熙凤宅
空地	荣国府梨香院
街门	街门

织造署布局与《红楼梦》情节符合

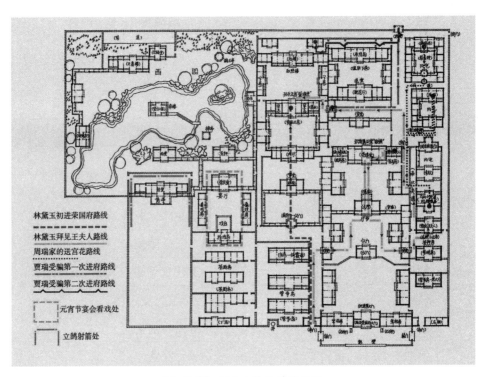

《红楼梦》部分人物活动路线图

第三回，黛玉初进荣国府，由西角门至贾母房的路线。

第三回，黛玉出荣庆堂去贾赦宅，再返西角门去荣禧堂东耳房，又到东廊小正房见王夫人，再过东夹道、北夹道，由贾母房后返回。

第四回，薛姨妈寄居贾府梨香院，在行宫图中是一片空地（原房倾圮）。

第七回，周瑞家的送宫花，由梨香院至王夫人、李纨和迎、探、惜春住所。

第十二回，王熙凤第一次诱骗贾瑞，由后门进入府后穿堂，冻了一夜。第二次诱骗贾瑞在后夹道中空屋被贾蓉、贾蔷捉住。

第五十三回，荣国府元宵夜宴，在荣庆堂宴会看戏。

第五十七回，贾珍等在宁国府会芳园立鹄射箭，移植到荣国府西侧。

宁国府的原型是江宁织造局（机房前院）

织造局是织染工房，其前身是明初汉王（陈理）府，西部隔出一部为织造局，故又称"汉府机房"。乾隆十五年为准备南巡，织造局进奉了一张机房图奏请审阅。其位置在织造署的东面，原型就是宁国府。

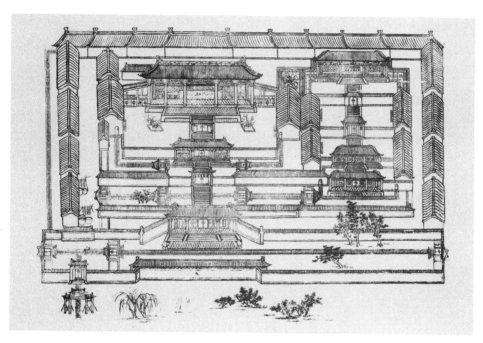

汉府机房（江宁织造局）摹绘图

宁国府在《红楼梦》中描写不多。第五十三回描写除夕祭祖，中路有大门、仪门、大厅、暖阁、内厅、内仪门、内塞门、中堂，是把织造局的中路和东路贯串在一起。

织造局前面有一条东西内街，西面有"街门"，在《红楼梦》第十八回元春省亲，贾府男眷在西街门迎接，实际上是康熙视察时的情景。

织造署的西园是宁国府会芳园的原型。会芳园中有天香楼、临仙阁、丛绿堂、凝曦轩，织造署（行宫）中有塔影楼、彩虹阁、净绿榭、判春室，还有相应的游廊、亭轩。会芳园和织造署都有箭亭。

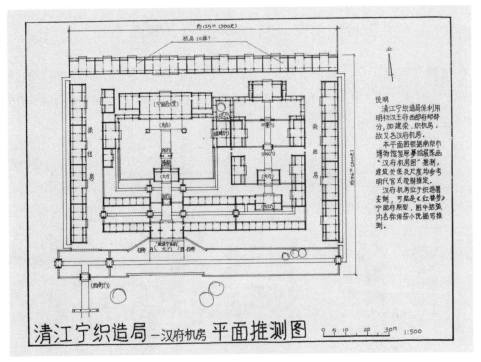

清江宁织造局（汉府机房）平面推测图

《红楼梦》中的建筑都是北京府邸特有的形式

曹雪芹出生年有两说，一是康熙五十四年（1715），返京时已有 13 岁，另一说是雍正二年（1724），返京时只有 4 岁。按前说，写成《石头记》时（乾隆十年，1745）为 30 岁，按后说为 22 岁。考虑到他对织造署的记忆和在北京的经历，写小说的生活积累，生于康熙时较为可信。

曹氏的身份是怡亲王正白旗下的"包衣"（奴才），返京后被安置在蒜市口的"十七间半"小宅中（此说有疑问），由怡亲王管束。

曹頫须定时去王府站班，曹雪芹成年后也须在内务府当差。怡亲王府原在煤渣胡同，后迁至朝内大街（后来的孚郡王府，俗称九爷府）。曹雪芹的姑父平郡王王府在石驸马大街，也是他常去的府邸。曹寅曾主持修建康熙时园林，曹氏家族有供职内务府经管工程的背景，曹雪芹有一位族伯（或叔）曹頫就在内务府营缮司当差。曹雪芹开始当差可能只是一个为工程服务的"笔帖式"（文书），但他接触的王公府邸一定很多。

北京的王府大宅都有一定规制，在格局上都是"三轴四部分"，即①堂邸轴（礼仪），②宅院轴，③书斋轴（附有小园），另有杂务部分（车轿、厨役），大型府邸另有花园。怡亲王府和平郡王府都是这种格局。《红楼梦》中贾赦宅就是王府东边的宅院轴或者书斋轴。

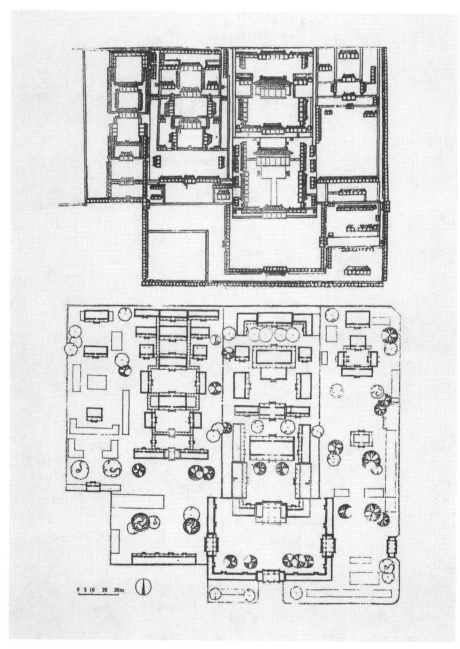

乾隆《京城全图》中之怡亲王府及现状平面图

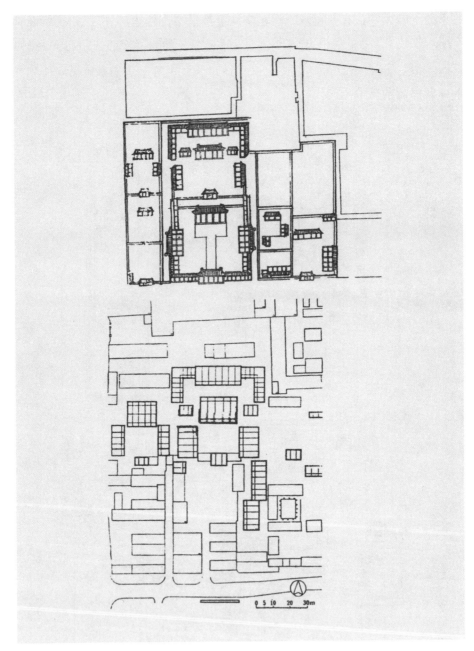

乾隆《京城全图》中之平郡王府及 20 世纪 80 年代平面

　　《红楼梦》中荣、宁二府的建筑都是北京府邸特有的形制，其中也有曹玺在江宁建府时由北京带去的式样。如：府门、角门、仪门、街门、垂花门、穿堂、抄手游廊、钻山游廊、抱厦、倒座厅、鹿顶耳房、暖阁、后照房（楼）、粉油大影壁、泥鳅脊、兽头等。

北京怡亲王府西路大门
（五间歇山式绿琉璃顶，大脊正吻）

北京怡亲王府正殿

北京平郡王府大门
（五间硬山布瓦顶，大脊正吻）

北京平郡王府寝殿

北京贝子溥伦府大门
（三间硬山布瓦顶，大脊望兽）

北京和敬公主府大门
（三间硬山布瓦顶，大脊望兽）

北京某大宅抄手游廊及垂花门
（一殿一卷式）背面

北京某大宅垂花门正门

北京某大宅无厢房穿（钻）山游廊

北京某大宅鹿（盝）顶耳房

北京某大宅抱夏厅

大观园的原型是圆明园中轴线上的后湖景区

　　圆明园是雍正为皇子时的赐园，建于康熙五十四年（1715）前，原来规模不大。雍正三年（1725）开始第一次扩建，乾隆二年（1737）命郎世宁等画师绘《圆明园全图》，上题"大观"，悬挂在"九洲清晏"景区的清晖阁中。清晖阁建于雍正末年，曹雪芹应当见过此图，此时正在写作《红楼梦》期间，"大观园"之名有可能直接受到"大观"的启示。

　　曹雪芹长期住在西郊，他的身份是"包衣"，本人既有才华，又无功名，再加家

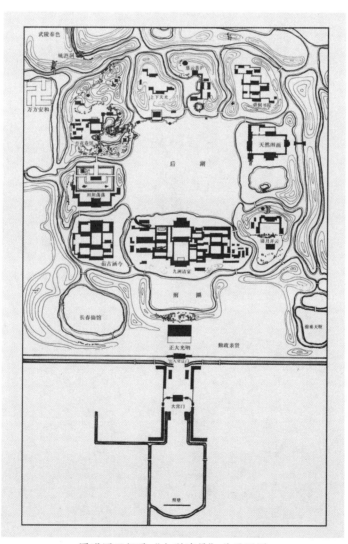

圆明园正门及"九洲清晏"总平面图

族有管理工程的背景，在乾隆三年至九年圆明园第二次大兴土木期间，曹雪芹完全可能在其间谋一个差使，或者是被指派差事，接触到各种园林建筑，而这时正是写《石头记》的时候。工程结束了，《石头记》也写成了。

大观园的原型是圆明园后湖"九洲清晏"等景区，有几点理由：

①面积相等。中心后湖和周边九岛，占地约 19 公顷（约 285 亩）。大观园是 3 里半（第十六回），如是 3.5 千米（1 里 = 500 米），则为 87.5 公顷（1313 亩），显然太大，与小说情节不符；如是边长之和，则正方形约 19 公顷，2∶3 长方形约 18 公顷，和后湖"九洲清晏"等九岛加湖面的面积相同。

②格局相似。大观园的中心是大水池，周围布置了 9 个主要院子组群（怡红院、潇湘馆等）和若干独立景点（沁芳桥、凹晶馆等）与圆明园后湖九岛基本一致，都是皇家园林"集锦"式套路。

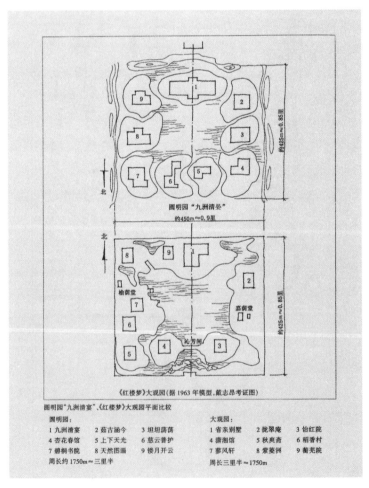

圆明园"九洲清晏"与大观园环境比较图

③题材相似。其中圆明园题材不限于后湖九岛，大观园题材包括拟议的内容，两园题材比较见下表：

题　材	圆明园	大观园
海上仙境	蓬岛瑶台、方壶胜境	蓬莱仙境、天仙宝镜
名胜再现	西峰秀色、苏堤春晓	淇水遗风、睢园雅集
世外桃源	武陵春色、别有洞天	秦人旧舍、世外仙源
不忘农桑	多稼如云、北远山村	浣葛山庄、稻香村
寺庙祈福	慈云普护、日天琳宇	栊翠庵、龙王庙
母恩庇荫	鸿慈永祜	顾恩思义

④形象相似。典型的有：两园大门（5间泥鳅脊），大观楼与"方壶胜境"，沁芳桥与"夹境鸣琴"，稻香村与"北远山村"，浣葛山庄（杏帘在望）与杏花春馆，蘅芜院中的大假山，怡红院、潇湘馆的形式和室内装修，都和乾隆时皇家御园相同。再看对大观楼的描写，"崇阁巍峨。层楼高起，面面琳宫合抱，迢迢复道萦纡，青松拂檐，玉栏绕砌，金辉兽面，彩焕螭头"，简直就是对"方壶胜境"的真实描述，也只有皇家御园中才能有这种规模的楼阁。

圆明园官门
（5间泥鳅脊，两侧为门罩式角门）

圆明园"方壶胜境"

287

圆明园"夹镜鸣琴"（桥上有亭）

圆明园"杏花春馆"（前面有帘杆，挂"旗幌"）

圆明园"北远山村"

北京北海快雪堂庭院大假山

　　大观园的设计者是一位"老明公号山子野"（十六回）。"明公"指的是无官职又有文化技艺的人，"山子某"是造园叠山的某姓高手。明代江南第一高手张涟称"山子张"，其子张然在康熙时由曹寅引进北京，参与营造皇家园林，也参加圆明园建设。野不是姓氏，但野与张字义相通，如张狂、乖张、张牙舞爪，宋代诗人张先字子野，"山子野"就是"山子张"。

谨以此文纪念曹雪芹诞生300周年

图说清代热河狮子园

狮子园位于河北省承德市清朝热河行宫即避暑山庄外西北部，它和避暑山庄园庭、南北两路行宫并列为内务府管理的热河行宫三部分之一。但是自清朝覆亡以后，历经地方军阀和日本侵略者、伪满政府占用，园中古建、林木、河湖都被彻底破坏，只余少量围墙，地形大体保存原状。新中国成立后划为军事用地，园内有所建设。从此一百年来狮子园淡出了人们的视野，关于它的原状也鲜有论著面世。

笔者披阅相关资料后认为，狮子园是盛清时期一座亲王级的皇家园林，其规制、格局颇有特点，在建筑、园林史方面具有一定的典型性。虽然目前尚难以进行实地勘测，但依据已掌握的历史文献，在比较准确的地形图上，尚能推测出基本形象，因之案头作业，绘制线图，为文解说，是为"图说"如下。

"图说"文献

"图说"以建筑划分景区，暂不涉及植物配置，所述建筑，其文献依据分为图、文、画、像四类。

一、图类

［图1］狮子园位置图。

［图2］20世纪60年代承德市城建局狮子园1∶5000地形图。

二、文类

［文1］承德民族师范高等专科学校、避暑山庄研究室校点，（清）和珅、梁国治《钦定热河志（校点）》，天津古籍出版社，2003年版。

［文2］《钦定热河志》卷四十二，乾隆六年至四十七年狮子园诗。

［文3］陈东辑录《乾隆御制诗文全集》乾隆四十六年至嘉庆三年狮子园诗。

［文4］中国第一历史档案馆、承德市文物局合编《清宫热河档案》，中国档案出版社，2003年版。

［文4-1］乾隆五十二年内务府堂清册《乾隆五十一年狮子园等处粘补岁修糊饰砌墙等项目用过银两数目清册》。

［文4-2］嘉庆元年十二月内务府陈设册《狮子园等处陈设铺垫漆木器皿等项清册》。

［文4-3］嘉庆元年内务府堂清册《乾隆六十年狮子园等处零星粘补糊饰等项用过银两数目清册》。

［文4-4］嘉庆五年内务府堂清册《嘉庆四年狮子园等处糊补零星活计并席拍推拔等项目用过银两数目清册》。

［文4-5］嘉庆七年内务府堂清册《嘉庆六年狮子园等处零星粘补糊饰等项目用过银两数目清册》。

［文4-6］嘉庆八年内务府堂清册《嘉庆七年狮子园等处零星粘补糊饰等项用过银两数目清册》。

［文4-7］嘉庆十二年五月内务府黄册《热河园内外庙行宫粘修工程销算银两黄册》。

［文4-8］嘉庆二十一年五月十三日宫中朱批奏折《热河总管嵩年等奏请派员勘估修理前宫等处园庭外庙行宫急修话计折》。

［文4-9］嘉庆二十一年六月初八日宫中朱批奏折《热河总管嵩年等奏销修理狮子园等处园庭行宫及继德堂等处奉旨抢修话计折》。

［文4-10］嘉庆二十四年三月初一日宫中朱批奏折《热河总管常显等奏报核估修缮理前宫等处园庭庙宇行宫需用工料银两折》。

［文4-11］嘉庆二十五年六月初六日宫中朱批奏折《热河总管祥绍等奏报继德堂等处园庭外庙行宫应行续修话计折》。

［文4-12］道光九年十一月十七日军机处录副奏折《恩禧等奏报勘估热河行宫等处工程折》。

［文4-13］道光十一年三月内务府黄册《郎中庆魁等呈报查核修理热河行宫等工程用过银数查对相符送堂办理文》。

［文4-14］同治六年八月初八日军机处录副奏折《热河总管锡奎等奏陈园庭内外殿宇坍塌渗漏等事请派员查勘折》，附件《园庭内外请查修话计处所清单》。

［文4-15］光绪二十年十二月内务府清册《热河总管衙门呈送园庭各处本年续坍殿宇房间数目清册》。

［文4-16］光绪三十三年八月二十九日宫中朱批奏折《热河都统廷杰奏石坝宫墙被水冲刷请拨款兴修折》。

［文4－17］无朝年内务府黄册《热河园内外庙并南北两路行宫等处粘修工程销算银两黄册》。（估计是嘉庆十至二十年间）

［文4－18］无朝年内务府黄册《热河园内外庙并南北两路各等处粘修工程销算银两黄册》。（估计是嘉庆十至二十年间）

［文5］傅增湘《藏园游记》（1910年），印刷工业出版社，1995年版。

［文6］天津大学建筑系、承德市文物局编著《承德古建筑》，中国建筑工业出版社，1982年版。

［像1］民国初年薛桐轩摄狮子园待月亭

［像2］民国初年薛桐轩摄狮子园草房殿

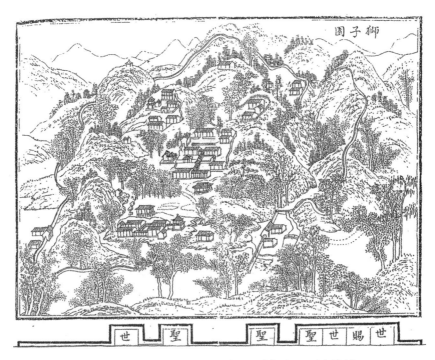

[画1] 影印本四库全书《钦定热河志》狮子园全景图

[画2] 1934年辽海丛书《热河志》狮子园全景图

［画3］天津古籍出版社《钦定热河志（校点）》狮子园图

［画4］避暑山庄博物馆藏，清中期绘画避暑山庄全景图（一）狮子园部分

［画5］避暑山庄博物馆藏，清中期绘画避暑山庄全景图（二）狮子园部分

［画6］中国第一历史档案馆藏《舆图汇集》，清中期绘画避暑山庄全景图狮子园部分

［画 7］私人藏品，清中期绘画狮子园全景图，笔者据原画摹绘建筑

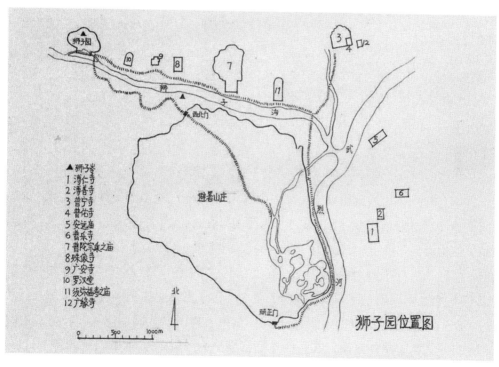

▲ 狮子岭寺
1 溥仁寺
2 溥善寺
3 普宁寺
4 普佑寺
5 安远庙
6 普乐寺
7 普陀宗乘之庙
8 殊像寺
9 广安寺
10 罗汉堂
11 须弥福寿庙
12 广缘寺

狮子园位置图

环境地形

　　狮子园位于避暑山庄外西北部，距山庄西北门约 1000 米。其南为一条季节性河沟，当地称为狮子沟，沟南为山庄北墙下坡岭，沟北为逶迤连绵的山陵坡地。该园兴建之时，山庄周边尚无寺庙，当初由山庄赴园，应是出西北门沿山路下行，越河沟而至，沟上建有木桥。从乾隆二十年（1755）在沟北建普宁寺开始，至四十五年

（1780）陆续兴建了普佑寺、广安寺、普陀宗乘之庙、罗汉堂、殊像寺、须弥福寿之庙、广缘寺，随之在沟北形成了连贯诸寺的东西大道，其西端就是狮子园。园的东面紧临罗汉堂，仿自浙江海宁安国寺，建于乾隆三十九年（1774）这时也是狮子园重修后最完整精致的时期。

该园北依山岭，南临河道，平面总面积约 47 公顷，南墙外为道路，临河筑石坝。墙内为缓坡洼地，由狮子沟引水入园，形成由两个半岛隔出的两个狭长湖面。因为是季节性河流，院内又无泉源，故在枯水期间湖水干涸。整个园区地貌由二沟三岭构成，与避暑山庄地貌构成颇为相似。地形高差约 60 米，溪流湖泊及平地约 5.3 公顷，占全园面积的 11% 左右。东沟是山地泄洪的主干，南北设水门木闸调节水流，泄水进入狮子沟主河道。

园名狮子，系由狮子岭而来，但何处是狮子岭，则有不同的指认。《钦定热河志·狮子园》谓"园以傍狮子岭而得名"［文 1］是指依岭而建，则园的北部为狮子岭。同书载雍正《中元登狮子岭感怀》谓"晚登狮子岭，四望尽云烟"，也指岭在园内。傅增湘氏于 1910 年游热河行宫狮子园，游记中记载谓"园傍狮子岭得名"。［文 5］乾隆早期也作此说，如乾隆六年《狮子园即事》诗前言"避暑山庄之北有狮子岭，岭下建园因以'狮子'名；三十二年《再游狮子园》诗"狮峰崒嵂屋檐前，避暑山庄隔一川"；三十九年《再游狮子园》诗"布达拉西狮子峰，自注：普陀宗乘之庙在狮子园东"。［文 1］说明狮子峰（岭）与避暑山庄之间隔有狮子沟，又在普陀宗乘之庙的西面，岭下建园名狮子园，可见狮子岭在狮子园内北部。但到了乾隆四十六年（1781）以后就出现了另外一个狮子岭（峰）。［文 3］如四十六年《游狮子园》诗"狮子峰阴居赐昔"，山之北为阴，园在峰阴（北），则峰在园南，狮子峰改到了河沟对面。五十年《游狮子园》诗"因对狮子峰，园即名狮子"；五十二年《游狮子园》诗"狮子峰阴狮子园"；五十五年《游狮子园》诗"狮子峰阴龙跃津"；五十七年《游狮子园》诗"园对狮峰名至今，山庄之北更山阴"；嘉庆元年（1796）《游狮子园》诗"狮峰东对以名园，自注：东南有狮子峰，园因以名"。如此频繁强调狮子岭是在狮子园外东南，其目的就是借助"狮子"在佛教中的特殊含义，以加强新建寺庙群的神佛力量。据佛教称，佛为人间狮子，力量无穷，佛的神威叫作"狮子吼"。北岸诸寺有狮子（佛）在前面护佑，其宗教力量更加无可动摇。所以，所谓狮子岭，本是康、雍至后代官方民间都认可的狮子园北部的自然山岭，后来又有一个是乾隆皇帝命名的河沟南面的宗教山岭。

康熙四十二年（1703）兴建热河行宫，5 年后建成湖区及周边景点，四十八年至五十二年（1709—1713）全部完成，命名避暑山庄，乾隆时又向东拓展。［文 6］狮

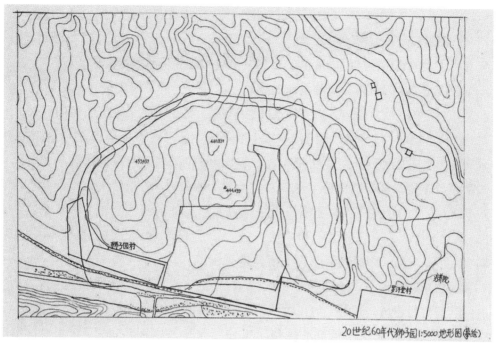

20世纪60年代狮子园1:5000地形图(摹绘)

兴废历史

子园的建造年代，文献无确切记载，但其正门有康熙所题"狮子园"匾，可知建于康熙四十二年至五十二年间。《热河志》载，"我世宗宪皇帝在藩邸扈从，赐居于此"，此园建成后即赐予皇四子胤禛。康熙四十七年（1708），太子胤礽第二次被废，长子胤禔谋太子位失败被拘，三子胤祉醉心编书无意皇位。而皇四子胤禛则谨慎办差，精心侍驾，友爱兄弟，深得康熙欢心，在废太子后的第二年即康熙四十八年由贝勒越过郡王，直升为雍亲王，估计就在封王的当年获赐狮子园。值得注意的是，同年康熙又把北京畅春园以北前明贵戚的一处园林赐予胤禛，即后来圆明园的一部分"镂月开云"。封王的同时，连获北京、热河两处赐园，可见其受宠之隆。

胤禛继位为雍正帝，这时狮子园仍属皇帝禁苑。但终雍正一世未到过热河行宫，直到乾隆继位，3 年后北巡，才来此园游赏。乾隆三年（1738）弘瞻袭果亲王，其后不久乾隆便将此园赏赐予他。但至二十八年弘瞻缘事降为贝勒，两年后殁亡，赐园依例缴进，20 多年间园林颓废严重。乾隆三十一年《狮子园三首》前言："辛酉（六年）初秋，至避暑山庄，曾诣园一游，不胜云日之威，后以分赐果亲王，弗往者二十余年矣。兹闻园颓废特甚，而王又已背世。……仍命奉宸重事修葺，复旧观而止。"据此可知此园在乾隆三十一年（1766）经过一次彻底大修，但只是"复旧观而止"，没有新添景观。

乾隆三十八年（1773）《游狮子园忆旧》诗："山庄仁祖豫游陪，此处狮园慈父开。"这里的"慈父开"，可以理解为由其父亲雍正开启使用，也含有在得到赐园后继续有所兴建的意思，这可以从清朝档案中记载的殿宇匾额中看出脉络。

据嘉庆元年十二月内务府陈设册记载，［文4-2］狮子园中共有康熙题匾5块，它们是：东宫门的"狮子园"，中心景区主殿的"狮子园"及其东边的"乐山书院"，狮子岭上的"妙高堂"和南岛大亭"环翠"。又有雍正题匾9块，它们是：中心景区第二层殿"片云舒卷"和后大殿"群山环翠"，东北沟景区两殿"澄怀"和"松柏室"，南部景区主殿"芳兰砌"和"水情月意"，草房景区主殿"草房"和湖边敞亭（厅）"翠柏苍松"。乾隆三十一年重修后增加的匾额有中心景区的"护云庄"，东北沟景区的"忘言馆"和"秋水涧"，以及法林寺的"法门随现"。从以上各匾大致可以看出，康熙建园之初主要建造了围墙、宫门，"狮子园"和"乐山书院"两座主殿，峰顶的"妙高堂"和正对东宫门的"环翠"亭（实际是一座方殿），还有些其他附属建筑，其时大约在康熙四十五至四十七年（1706—1708）。赐予雍正后又继续增添了各处景区景点，乾隆时重修，只是"复旧观而止"，增加了几块匾额。

嘉庆继位后仍重视保护此园，多次进行修缮。［文4-2］至［文4-11］道光时仍有修缮记录。［文4-12、4-13］咸丰避难至热河，只住避暑山庄，未到狮子园，估计已逐渐荒废，当时醇亲王奕譞还在园中骑马。"同治中兴"后略有修缮，［文4-14］但至光绪时又荒芜坍毁。现在所知最晚的记录是光绪二十年（1894）热河总管衙门的报告"续坍殿宇房间数目"，［文4-15］报告7间大殿乐山书院坍塌了5间；其后三十三年（1907）热河都统报告"石坝宫墙被冲刷请拨款兴修"。［文4-16］光绪时整个山庄、行宫、狮子园等处岁修费只有银4500两，估计很难有多少摊到这处偏远的废园中。

宣统二年（1910），时任直隶提学使的傅增湘氏赴热河考察学校，并游览避暑山庄和狮子园，在"游避暑山庄日记"中记载，［文5］当时园内"大树参天，阴森秀蔚，如入深岩巨壑中"，而园中建筑已残毁，"芳兰砌""乐山书院""水情月意"各殿皆不可见，唯"环翠"大亭巍然尚存。但据民国初年薛桐轩摄影，待月亭、草房殿还比较完整。［像1］［像2］傅文记载，"据看守官张千总言，自光绪九年、十二年两次大水后，将山下各殿座冲刷，水自墙内流行，近乃于临河筑泊岸以防护之，然形势已大变，不特亭馆基址无存，即临河小土山亦为水蚀尽矣"，也就是中心景区和南部景区绝大部分已毁。

清朝覆亡以后，狮子园名义上属于民国政府产权，但一直由地方军阀占据，他们以补充军饷财政的名义拆毁建筑，砍伐林木出售，中饱私囊。日伪时期继续破坏，至新中国成立前已是一片荒丘野岭，但是地权仍非私有，只在墙外形成村落。以后划拨为军事用地，不断有所建设，一代名园全部泯灭了。

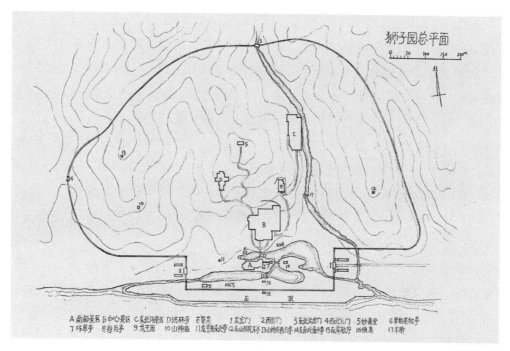

门墙景区

　　狮子沟北侧山地大多呈沟岭相间状态，岭前有较大的平缓地带。当初狮子园选址于此，一是因为这里有三岭二沟，规模适中，而中岭的前后二峰状如卧狮，民间已有"狮子岭"之名；二是沟岭间树木繁茂，山林幽深；三是岭前有较开阔的缓坡洼地，便于布置建筑，引水成景。根据其地形地貌，很自然划分出几处组群景区和若干单座建筑景点。

　　全园绕以虎皮石围墙。据乾隆五十二年（1787）内务府堂清册记载，［文4－1］墙底厚2尺8寸（约90厘米），顶厚2尺2寸（约70厘米），拔檐砖下墙高9尺（约2.9米），堆顶抹灰，拆高7寸（约22厘米）。南墙呈直线，东西端北折，沿山脊蜿蜒包左右二岭。全园共有宫门4座：

　　1. 东宫门。为狮子园正门，东向，面阔五间，中辟三门。门外南、北列朝房，门两侧设有值房3间。门前铺御路，跨水石桥一座。

　　2. 西宫门。形制同东宫门，西向。各文记载面阔均为五间，唯有嘉庆元年内务府陈设册记为三间，[文4-2]应是只记辟门之数。

东、西宫门的形制与避暑山庄宫门相同，[文6]通面阔约53尺（约17米），通进深约17尺（约5.4米），五檩后出廊。朝房每间面阔约11尺（约3.5米），进深约18尺（约5.8米），五檩前出廊。

东西宫门朝房数，据嘉庆八年内务府堂清册记载共32间。[文4-6]笔者推测，东宫门是主门，两侧各10间，共计20间，西宫门是次门，两侧各6间，共12间，合计为32间。但在各个避暑山庄全景图和各本《热河志》狮子园图中所绘建筑开间都是示意，并不准确。[画1至画6]唯有私人藏品狮子园全景图中东宫门绘出5间。[画7]另在[画4]中东宫门两侧绘出值房，其他各画均无。

3. 西北门。它的名称只是在乾隆五十二年内务府堂清册中出现过一次，间数不明。[文4-1]在绘画中有中国第一历史档案馆藏避暑山庄全景图狮子园部分有所表现，[画6]似是3间；另避暑山庄全景图（一）狮子园部分的西南有一座三间穿堂，[画4]可能表现的也是西北门。此门通面阔约30尺（约9.6米），进深五檩，约14尺（约4.5米）。

4. 北城关。嘉庆元年内务府堂清册记有"北城关一间"，[文4-3]八年内务府堂清册记为"北城关三间"，[文4-6]无朝年内务府黄册记有"东北沟进水城关一座"；[文4-18]而二十一年宫中朱批奏折则有"进水城关一座，台身闪裂，城楼头停渗漏"的记录。据此可知宫墙跨越东北沟处，下有单孔（一间）过水关门，上有3间木构城楼。但此门在各画中均未出现，估计下层城台面阔约36尺（约11.5米），进深约25尺（约8米）；台上城楼3间，通面阔约25尺（约8米），进深五檩约14尺（约4.5米）。

园内组群景区共有5处：

1. 中心景区。位在园的中心南部，是全园的主体，建筑最多，占地约8000平方米，地形呈缓坡状，南北长约95米，前后高差约13米。由南到北共有主殿、中殿、后殿、东北殿和戏台五部分。主殿前为湖面，有木桥通向南部景区。后殿之北为山崖，设围墙包入山体。

2. 南部景区。位于中心景区南面半岛上，地形平坦，占地约2000平方米，有东、西两组庭院，另有长廊东连"环翠"大亭。三面临水，北有桥通向中心景区，西有桥通向河湖南岸，"环翠"亭之东有桥通向东南坨，与三间亭子相对。

3. 东北沟景区。位于园内东北部谷地，占地约2200平方米。南北长约95米，前后高差约5米。东临沟溪，筑高台以调整用地平整。共有前宫门、中殿、后殿及后宫门四部分庭院。

4. 草房景区。位于中心景区东北部，占地约 600 平方米。南北约 35 米，前后高差约 3 米，共有前殿、后殿和中间平台 3 个庭院，其外还有一圈木栅栏围绕。

5. 法林寺景区。位于中心景区西北部山地，占地约 1200 平方米。南北长约 50 米，前后高差约 11 米，共有南部穿堂、值房，中部钟楼、正殿及后部佛楼四部分庭院。

5 组景区以外，另有 14 处单独建筑，它们与各自周围的自然环境也构成了特色景观，重要的如妙高堂、待月亭、翠柏苍松亭，东南坨面水亭、山神庙、龙王庙等。

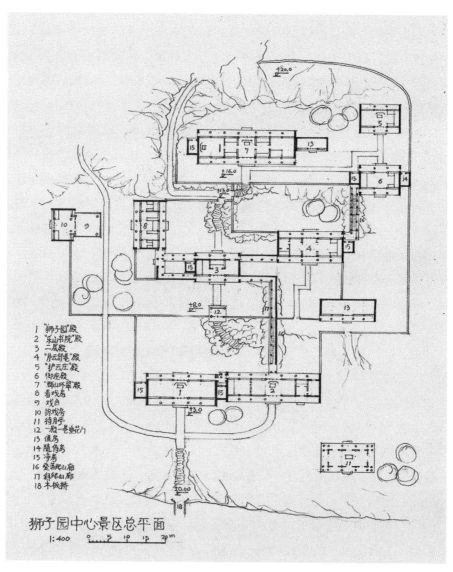

中心景区建筑

中心景区的建筑在历史文献中记录最详细的有《热河志》、[文1] 乾隆五十二年内务府堂清册、[文4-1] 嘉庆元年内务府陈设册、[文4-2] 嘉庆八年内务府堂清册，[文4-6] 图画中表现最全面的有《热河志》、[画1] 避暑山庄全景图（一）中狮子园部分，[画4] 和私人藏品狮子园全景图。[画7] 各殿建筑形象尺度参照同时代的避暑山庄中的建筑也可以大约推测出其原状。

1."狮子园"殿。为全园主殿，殿内南面挂康熙"狮子园"匾。面阔五间，前后廊，通面阔约56尺（约18米），进深七檩，约27尺（约8.7米）。室内正中设屏风、宝座。西山墙接净房（厕所）1间。

2."乐山书院"殿。为读书起居之处，向东隔净房一间与"狮子园"殿紧邻。前檐面南挂康熙"乐山书院"匾。面阔五间，前后廊，尺度略小于"狮子园"殿，通面阔约51尺（约16.3米），进深七檩，约25尺（约8米）。两殿后廊相连，廊北有叠落廊6间（或7间）沿假山上至二层殿。

3.二层殿。为后寝部分的主殿。面阔三间，前后廊，通面阔约34尺（约11米），进深七檩，约27尺（约8.6米）。室内明间设罩，内置宝座床。前后外廊东西各接游廊。前东游廊南折，接爬山斜廊，与"乐山书院"后面叠落爬山廊连接；后东游廊通向"片云舒卷"殿前廊。西面游廊围合成方院，内有净房1间，向北通向看戏房后（东）廊。

4."片云舒卷"殿。为"后寝"部分的居所。形制尺度与"乐山书院"基本一致。殿内面南挂雍正"片云舒卷"匾。内部隔为五间，东稍间面西及西稍间面北设宝座床。东山墙外接净房1间。后廊向北随地形升高设叠落爬山廊，通至"护云庄"御座殿。

5."护云庄"殿。为"后寝"部分的偏殿。前檐面南挂乾隆"护云庄"匾，面阔进深与二层殿基本相同。室内正面向南设宝座，靠东山墙设宝座床。

6.御座殿。为"护云庄"的前殿，两者形制尺度一致。室内东西山墙各设宝座床。西北山墙外接净房一间，东山墙外接随侍房一间。

7."群山环翠"殿。是全园最大的殿座，文献中称为"正殿"，地处景区的最高处，下有砖台二层。在热河行宫中只有避暑山庄如意洲的"延薰山馆"和"乐寿堂"是这种格局。面阔七间，前后廊，通面阔约81尺（约25米），进深七檩，约30尺（约9.6米）。明间面南挂雍正"群山环翠"匾。室内隔为五间，明间面南设屏风、宝座；西梢、尽间相通，面东设屏风、宝座；东梢、尽间相通，面北设罩、床；两次间南、北设"放床"（可拆分的木榻）。殿外西山墙接净房一间，东山墙接值房三间。

8. 看戏房。面西，面阔五间，前后廊，通面阔约 48 尺（约 15.5 米），进深七檩，约 24 尺（约 7.7 米）。室内隔为 5 间，明间、梢间设宝座床及放床。

9. 戏台。方形，每面一间，面阔、进深均约 18 尺（约 5.8 米）。

10. 扮戏房。在戏台之后（西），3 间小式建筑。通面阔约 30 尺（约 9.6 米），进深五檩，约 14 尺（约 4.5 米）。

11. 待月亭。在"乐山书院"东南湖边，也是一处单独景点。三间周围廊，通面阔约 40 尺（约 12.8 米），进深约 24 尺（约 7.8 米），面南挂雍正"待月亭"匾。[像 1] 金柱间安装落地罩，亭内设榻。

12. 内寝门。为一殿一卷式垂花门，由"乐山书院"后假山蹬道进入。面阔约 12 尺（约 3.8 米）。

13. 值房。在"片云舒卷"殿东南方，面阔五间，前出廊，通面阔约 45 尺（约 14.4 米），进深五檩，约 20 尺（约 6.4 米）。另一值房在"群山环翠"殿东山墙外，面阔三间，通面阔约 25 尺（约 8 米），进深约 10 尺（约 3.2 米）。

以上建筑中，待月亭和戏台为歇山顶，垂花门和游廊为悬山顶，其他各殿均为硬山顶。但主殿"乐山书院"也可能是悬山顶。

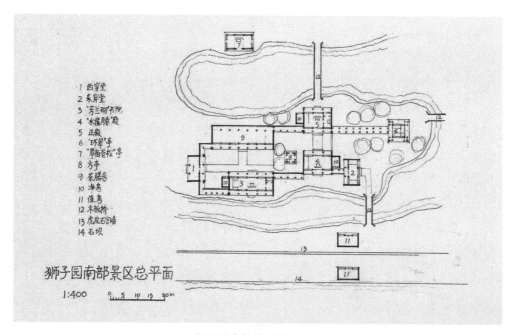

狮子园南部景区总平面图

南部景区的建筑在历史文献中记载详尽的有乾隆五十二年内务府堂清册、[文

4－1］嘉庆元年十二月内务府陈设册，［文4－2］和嘉庆五年内务府堂清册；［文4－4］图画中表现全面的有《热河志》、［画1］避暑山庄全景图（一）狮子园部分，［画4］和私人藏品狮子园全景图。［画7］各座建筑的形象和尺度的参照同中心景区。景区内建筑有：

1. 西穿堂。为西院正门，面西。面阔三间，后出廊，通面阔约28尺（约9米），进深五檩，约16尺（约5.1米），明间开大门。南北接抄手游廊，通向"芳兰砌"殿及茶膳房。

2. 东穿堂。为东院正门，面东。形制尺度与西穿堂相同，但前檐安门窗，两次间设床铺。明间后廊接游廊通向东院"水情月意"殿前廊。

3. "芳兰砌"书院。为景区内主殿，《清宫热河档案》诸档都记其为"前殿"。只《热河志》记为"书院"。殿坐南朝北，前后廊，面阔五间，通面阔约51尺（约16.3米）进深七檩，约25尺（约8米）。殿内明间面南挂雍正"芳兰砌"匾，面北（内院）设屏风、宝座；西梢间面东设宝座床，附二放床；东梢间面南设罩及宝座床。后廊东接游廊至"水情月意"殿。殿外西山墙接净房一间。

4. "水情月意"殿。为东院南殿，坐南向北，面阔三间，前后廊，通面阔约35尺（约11米），进深七檩，约25尺（约8米）。明间面北挂雍正"水情月意"匾，下设屏风、宝座。殿外东山墙接净房一间。

5. 正殿。为东院主殿，形制尺度与"水情月意"殿一致。坐北朝南（内院），明间设屏风、宝座；西次间与明间相通，面东设宝座床；东次间隔开，面西设屏风、宝座。殿外西墙接净房一间。殿后有木桥通向"狮子园"殿。

6. "环翠"亭。位于半岛东端，实为一座方殿。面阔约24.5尺（约7.8米），重檐攒尖顶，周围廊。亭内面西挂康熙"环翠"匾，下设宝座床及放床。西连长廊，通向东院正殿。东有木桥，与东南坨亭子相对。

7. "翠柏苍松"亭。虽独立于湖对岸，但也可归于本景区内。为一小型3间厅堂。通面阔约30尺（约9.6米），进深五檩约16尺（约5.1米），歇山顶。亭内面南挂雍正"翠柏苍松"匾，下设屏风、宝座。

8. 方亭。位于东、西二院之间，体量较小，面阔约12尺（约3.8米）。

9. 茶膳房。全狮子园只此一处供应茶膳之处，面积较大。面阔七间，前出廊，通面阔约72尺（约23米），进深七檩，约25尺（约8米）。西接西穿堂抄手游廊，后廊步东接游廊，通东院正殿。

10. 净房。共3间，每间面阔约8尺（约2.6米），进深约10尺（约3.2米）。

11. 值房。南岸值房3间，通面阔约25尺（约8米），进深约10尺（约3.2

米）。

12. 木桥。本景区共有北、南、东三桥，北桥较长，东桥较短，木梁柱结构，桥身微拱，栏杆为普通寻杖式。南桥只有避暑山庄全景图（一）狮子园部分绘出，［画4］似是一座廊桥。

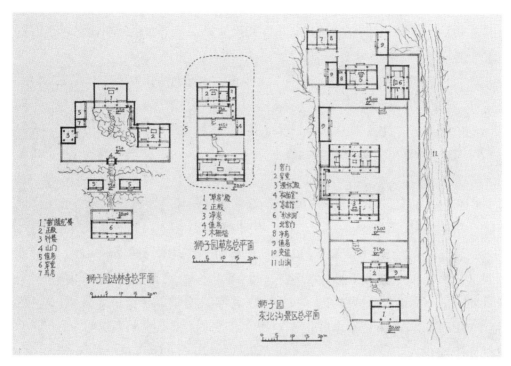

狮子园东北沟景区平面图

东北沟景区的建筑在历史文献中记录最详细的有乾隆五十二年内务府堂清册、［文4－1］嘉庆元年十二月内务府陈设册，［文4－2］和嘉庆八年内务府堂清册。［文4－6］绘图中大部分为示意图，［画1、2、3、5、6］不能与文字记录相印证；私人藏品狮子园全景图则全部省略；［画7］唯有避暑山庄全景图（一）中狮子园部分绘制的比较真实，［画4］与文献记录契合。景区内建筑有：

1. 宫门。位于最南端，坐北朝南。面阔三间，后出廊，明间开门，通面阔约31尺（约9.9米），进深五檩，约18尺（约5.8米）。门西侧围墙与山体相接，东侧围墙向北接临涧平台。

2. 穿堂。在宫门北，为第二级平台院正门。面阔三间，后出廊，通面阔约25尺（约8米），进深五檩，约16尺（约5.1米）。东山墙外接值房3间。

3. "澄怀"殿。位于第三级平台院前部，坐南朝北。面阔五间，前后廊，通面

305

阔约 51 尺（约 16.3 米），进深七檩，约 25 尺（约 8 米）。殿内明间面北挂雍正"澄怀"匾，下设屏风、宝座；东二间连通，面西设宝座床；西梢间面南设罩，内置宝座床。前（北）廊向西与夹道相通。

4."松柏室"。为东北沟景区主殿，坐北朝南，与"澄怀"殿南北相对，形制尺度一致。明间前檐挂雍正"松柏室"匾，因殿前有古松柏各一株而命名。殿内明间面南设宝座；东梢间面南设宝座床；东次间设放床二铺；西梢间面西设罩，内置宝座床。前（南）廊向西与夹道相通。

5."忘言馆"。在第四级院正中，坐北朝南，前檐面南挂乾隆"忘言馆"匾。面阔三间，前后廊，通面阔约 35 尺（约 11 米），进深七檩，约 25 尺（约 8 米）。殿内明间面南设屏风、宝座，西次间面东设宝座床，两侧设放床。

6."秋水涧"殿。坐西朝东，前临平台，下为山涧，又名"高台房"。面阔三间，前后廊，进深七檩，形制尺度与"忘言馆"相同。前檐面东挂乾隆"秋水涧"匾。殿内明间向东设屏风、宝座；北次间面南设宝座床，两侧设放床；南次间面东设罩，内置宝座床。

7.北（后）宫门。位于景区西北隅，坐南向北，面阔三间，南出廊，通面阔约 31 尺（约 9.9 米），进深五檩，约 16 尺（约 5.1 米）。在避暑山庄全景图（一）狮子园部分中，[画 4]此宫门为 3 间，但嘉庆七年内务府堂清册中记载，[文 4－5]后宫门为 2 间，文后又记东净房 1 间，可知此 3 间宫门的明间和西次间为宫门，东次间为净房。

8.净房。共二处，一处在后宫门东次间，面阔约 10 尺（约 3.2 米）进深约 12 尺（约 3.8 米）；另一处在"忘言馆"西山墙外，面阔约 8 尺（约 2.6 米），进深约 10 尺（约 3.2 米）。

9.值房。乾隆五十二年内务府堂清册记载为东值房 3 间、西值房 5 间、南值房 3 间，[文 4－1]嘉庆元年十二月内务府陈设册记载为东值房 1 间、北值房 1 间、南值房 2 间，[文 4－2]嘉庆元年内务府堂清册记载为东值房 6 间，[文 4－3]嘉庆七年内务府堂清册记载为值房 3 间 [文 4－5]；而嘉庆二十五年六月宫中朱批奏折又有修缮东北沟库房山墙和值房院墙的记载。经与避暑山庄全景图（一）狮子园部分核对，[画 4]除去门、殿、廊以外，可能是值房的有穿堂东面南 3 间、"松柏室"后面东 5 间、"秋水涧"后面西 3 间和北宫门内面西 3 间，共计 4 处 14 间，与记载数不同。究其原因，陈设册记载的是室内器皿陈设，有则记，无则不记；而堂清册记载的是修缮工程，修则记，未修则不记，既无陈设又未修缮的都不记录。至于出现"库房"的名称，很可能是当时一部分值房改成了库房使用。

10. 夹道。是"澄怀"殿和"忘言馆"之间的通廊，位在两殿西部。乾隆五十二年内务府堂清册有修缮"西夹道窗户十扇"的记录，[文4-1]可知此夹道为封闭式的游廊，一间二窗，廊长为5间。

草房景区在狮子园中建筑最少，但特色显著。"草房"因其主殿为草顶而得名。此组建筑是雍正获赐园后建造，初时取古史中帝尧宫室"堂崇三尺，茅茨不翦"的典故，（《史记·五帝本纪》）寓意追慕仿效古代明君。但在乾隆诗中，却一再强调并不是套用典故，而是其父雍正昭示敦朴节俭之意，如"昔非意茅茨"，"敦朴俭示训垂长"，"应否茅茨当日心，自注：我皇考于潜邸时建此草房，不过缀景尚朴，原无茅茨土阶之想也"。乾隆时重加修缮，并在北京西郊熙春园和圆明园中也建造了草房。但是在乾隆三十八年《草房》诗中却说，"盖因易以瓦，而草名犹恁"，三十九年诗也说，"瓦房依旧草房名"，似是把草顶改成了瓦顶；可是在四十四年诗又说"不敢轻因易瓦为，依然三架以茅茨"。[文2]而民国初年薛桐轩照片中5间"草房"殿仍是草顶，只不过正脊两侧和山墙垂脊部分为瓦垄。[像2]据此可以推断，乾隆三十一年重修狮子园时，是把雍正时的草顶换成了瓦顶，但在三十九年建北京熙春园草房，四十一年建圆明园草房后，在四十四年又把瓦顶改回了草顶。从相片看，屋脊两侧瓦垄与草顶结合处尚留有灰背。显然是去瓦改草后留下的痕迹。

草房景区的建筑在乾隆至嘉庆的文献中记载基本一致，[文4-1至文4-8]绘画中以避暑山庄全景图（一）狮子园部分比较真实。[画4]但各本《热河志》狮子园中草房周围有栅木围墙，[画1、2、3]与文献记载一致，但避暑山庄全景图（一）狮子园部分和私人藏品狮子园全景图则未画栅木墙。《热河志》修成于乾隆四十六年，所绘是乾隆时的草房形象，至嘉庆十二年还有修理栅木墙的记载，可见此后栅木墙陆续损坏，未再修理，[画4][画7]所绘至少是在道光或更后的形象。景区内建筑有：

1. "草房"殿。坐南朝北，面阔五间，前后廊，通面阔约51尺（约16.3米），进深七檩，约25尺（约8米），草顶，山墙虎皮石墙芯。前檐面北挂雍正"草房"匾。南面台基甚高（约1.2米），檐柱间安栏杆，入口在东次间。室内五间通敞，明间面北设罗汉床，次梢间设放床8铺。

2. 正殿。在第三级院后部，西山墙与"草房"殿相齐。坐北朝南，面阔三间，前后廊，通面阔约35尺（约11米），进深七檩，约25尺（约8米）。明间面南设屏风、宝座；东次间面南设罩，下置宝座床；西次间面东设宝座床。前廊东接抄手游廊。

3. 净房。正殿东山墙外，面阔约8尺（约2.6米），进深约10尺（约3.2米）。

4. 值房。在第二级院东部，面阔二间，约 16 尺（约 5.2 米），进深五檩，约 9 尺（约 2.9 米），有台阶上至第三级院抄手游廊。

5. 栅木墙。嘉庆十二年五月内务府黄册载，[文 4-7]"拆修栅木墙二道，凑长二十八丈六尺"，折合约 91.5 米。各本《热河志》狮子园图所绘之栅木墙皆为四周围合，假设此处之"二道"为东西两面，则周长在 45 丈以上。

这是一处佛寺，但更是一处地形错落、楼殿参差的山地园林景观。景区内建筑有：

1. "普门随现"楼。位于景区后部最高处，为全寺主体。坐北朝南，面阔三间，前出廊，通面阔约 35 尺（约 11 米），进深七檩，约 25 尺（约 8 米），二层。底层由院内假山蹬道上至明间正门，前廊东接叠落游廊下至东侧正殿，室内明间面南设屏风、宝座。上层前檐挂乾隆"普门随现"匾，室内明间设佛龛供桌，供观音菩萨。两山为硬山墙，屋顶在避暑山庄全景图（一）狮子园部分中是歇山式，[画 4] 其他各画都是硬山式。现在所知，清代小型寺庙中的楼阁，多是硬山顶，此处绘作歇山，可能是随钟楼和山门屋顶绘制。

2. 正殿。即皇帝的御座殿，位于院内东侧。坐北朝南，面阔三间，前出廊，通面阔约 35 尺（约 11 米），进深七檩，约 25 尺（约 8 米）。殿内明间与西次间连通，明间面南设屏风、宝座，西设放床 4 铺；东次间北墙面南设宝座床。西次间后廊接爬山叠落廊至"普门随现"楼一层。

3. 钟楼。位于院内西侧，二层，底层通面阔约 18 尺（约 5.8 米），上下二层檐，顶为歇山式，正脊安吻兽。

4. 山门。寺院正门，正对"普门随现"楼，两侧围墙高踞坡上，门前为山石蹬道。门制为大型随墙砖门楼，歇山顶，脊安吻兽。

5. 值房。共 3 处：一为院内西厢房，坐西朝东，面阔二间；二为山门外坡下西侧，坐北朝南，面阔二间；三为山门外坡下东侧，坐北朝南，面阔三间。二间值房通面阔约 16 尺（约 5.1 米），三间约 24 尺（约 7.7 米），进深五檩，约 9 尺（约 2.9 米）。

6. 穿堂。位于山门外坡地最南端，坐北朝南。面阔五间，前出廊，通面阔约 43 尺（约 13.8 米），进深五檩，约 16 尺（约 5.2 米）。北面出平台，宇墙围合。

7. 耳房。位于院内西值房南端，平顶，是此房的贴山"盝（盝）顶"房。

狮子园内的单独建筑，除前文已述之待月亭、翠柏苍松亭和 4 座宫门外，尚有 8 处，它们是：

1. 妙高堂。位于狮子园中心，狮子岭最高处，是全园最主要的建筑，在各文献

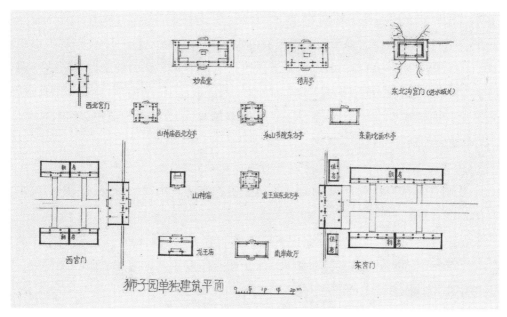

狮子园单独建筑景点

中都有记载，各图画中都有表现。其格局、形式与避暑山庄中康熙时建造的"万壑松风"殿基本一致，应是同时期所建。殿坐北朝南，面阔五间，周围廊，前檐面南挂康熙"妙高堂"匾。通面阔约63尺（约20米），进深七檩，约27尺（约8.6米）。殿内五间通敞，明间面南设屏风，前置榻，东西梢间前后窗前各设放床一铺。歇山屋顶。

2. 龙王庙。各种文献均有记载，只避暑山庄全景图（一）狮子园部分有表现。[画4] 位于园内西南隅，坐南朝北，前临溪流。面阔三间，前出廊，通面阔约35尺（约11米），进深七檩，约27尺（约8.6米）。殿后（南）墙设神龛供龙王，前置供桌。大式硬山顶，正脊安吻兽。

3. 山神庙。各种文献均有记载，各种绘画也都有表现。位于园内西部山坡上，坐北朝南，面阔一间，约14尺（约4.5米），无前廊，进深七檩，约15尺（约4.8米）。后（北）墙面南供山神，前置供桌。大式硬山顶，正脊安吻兽。

4. 东南坨面水亭，也称东南坨面北亭子。各种文献均有记载，各本《热河志》及避暑山庄全景图（一）狮子园部分也都有表现。[画1、2、3、4] 所谓东南坨，是指东南部之半岛。亭西隔木桥与"环翠"大亭相对，虽名为亭，实为一座三间小敞庭，通面阔约27尺（约8.6米），进深五檩，约15尺（约4.8米），歇山屋顶。

5. 南岸敞厅。各文献均无记载，只在避暑山庄全景图（一）狮子园部分表现得很清楚。[画4] 位于龙王庙东侧，是溪流南岸的一处点景建筑。面阔三间，进深五檩，形式尺度与东南坨亭子相同。

6. 乐山书院东方亭。嘉庆元年内务府陈设册中有记载，[文4-2]避暑山庄全景图（一）狮子园部分也有表现。[画4]位于乐山书院之东山岭上，其形式与避暑山庄内"四面云山""南山积雪""北枕双峰"相同。因位于山顶，空间开阔，所以尺度较大。面阔约14尺（约4.5米），外加擎檐柱一周，通面阔约20尺（约6.4米），单檐攒尖顶。

7. 山神庙西北方亭。嘉庆元年内务府陈设册有记载，[文4-2]避暑山庄全景图（一）狮子园部分也有表现。[画4]位于山神庙北之山顶，形制与乐山书院东方亭一致。

8. 龙王庙东北方亭。嘉庆元年内务府陈设册有记载，[文4-2]避暑山庄全景图（一）狮子园部分也有表现。[画4]位于西宫门内东北，与龙王庙隔溪相对，此亭是一座小型重檐方亭，面阔约14.5尺（约4.6米）。

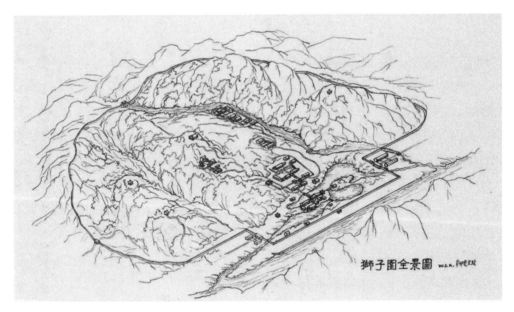

狮子园营造创意

中国历代帝王在营造皇都宫殿的同时，都有在京外兴建行宫或离宫的传统。皇都宫殿主要是起礼仪和象征皇权的作用，离宫则大多数是日常居住和处理政务的场所，所以往往是利用自然的或人工营造的山形、水脉、林木，构成园林景观，使居处轻松舒适，称为宫苑或苑囿，简称为苑。秦、汉、南北朝、隋、唐、宋、辽、金、元、都兴建过大量脍炙人口的宫苑，经过不断的实践，至明清，特别是清朝的康乾时期，皇家苑囿的品质达到高峰。其中最有代表性的是北京的圆明园和承德的热河行宫。但圆明园是在若干旧园基础之上陆续改造、扩建，最后在乾隆时期定型；而热河行宫则完全是平地营造，其设计创意具有"原创"性，时间也早于圆明园，从营造创意来说，热河行宫的狮子园有几点颇有意味。

一是功能创意。前文说过，狮子园选址有其天然地形地貌的原因，但在避暑山庄周边，与它相似的地形也不仅此一处，为何最终选在这里，究其原因，首先是功能创意。康熙一开始就把避暑山庄的功能定位为"皇宫"，而把狮子园定位为"离宫"，在康熙的意念中，它们的关系就如同北京的皇城宫殿和西北郊的畅春园一样。畅春园的前身是明代贵戚武清侯李伟的清华园，明末被毁，约在康熙二十九年（1690）利用其中70%之地兴造畅春园，为康熙帝平时居住和处理朝政的离宫，也是皇子们读书的地方。畅春园在京城西北方，面积约60公顷，皇城大内的面积，南北由天安门至地安门，东西由东皇城墙至南海西皇城墙，约560公顷。避暑山庄在康熙时约550多公顷，狮子园平面面积约47公顷，坡地面积约50公顷。在感觉上无论是绝对尺度或是相对尺度两者都很相似，所以开始营造狮子园时，并不是准备把它作为皇子的赐园，而是行宫苑囿。

二是空间创意。避暑山庄山地面积约422公顷，约占康熙时园的77%，最高程为150米，山地面积与高程线性比值（面积的平方根与高程比）约为13.7。狮子园面积47公顷，山地约占89%，约41.8公顷，最高程为60米，山地面积与高程线性比值为10.78。考虑到平均高程的误差，两者的比值都在11~14之间，在视觉感觉中，这是一个审美平衡的相似数值。

三是容量创意。避暑山庄建筑面积约10万~11万平方米，康熙时约为8万~9万平方米，容积率为1.6%左右；狮子园建筑总面积约7000平方米，容积率约为1.5%。两园建筑容积率基本一致，北京的香山静宜园、玉泉山静明园也大致相同，这大概是清代山地宫苑控制建筑量的经验数值。

四是建筑创意。山地造园，首先，在峰、脊布点，以控制全局，避暑山庄有"锤峰落照"殿和"南山积雪""北枕双峰""四面云山"诸亭；狮子园则有"妙高堂"殿和乐山书院东亭、山神庙北亭。其次，顺坡筑室，层层叠进，避暑山庄有"万壑松风""梨花伴月"等，狮子园则有"狮子园"至"群山环翠"和东北沟、法林寺景区。再次，建筑不以单体变化取胜，而重在群体组合，参差穿插，游廊连通，以形成丰富的画面。总之，山地造园的创意，以利用地形为主，在丘壑之间布置建筑，使自然与人工融为一体。正如乾隆在北京北海《塔山四面记》碑文所说："室之有高下，犹山之有曲折，水之有波澜。故水无波澜不致清，山无曲折不致灵，室无高下不致情。然室不能自为高下，故因山构屋者其趣恒佳。"山地造园而能有"情"，这是乾隆从多个山地宫苑中总结出又升华出的精辟美学见解，狮子园的创意，正是这个见解最初的实践。

附记：本文写作过程中，承蒙承德市文物局陈东先生提供部分资料，多次接受咨询，特此致谢。

2011 年大暑日

（原载王世仁《当代中国建筑史家十书·王世仁中国建筑史论选集》，辽宁美术出版社，2013 年版）

蓟丘别议

2013 年是金中都 860 周年，笔者撰文《金中都再认识》① 以为纪念。文中提出，古文献中的蓟"丘"，并不是后人解释的自然土丘高地，而是一处城邑的称谓，即中都的前身；又引《周礼·地官·小司徒》井、邑、丘的制度，推断唐辽蓟城的子城就是蓟丘原位。近检原文，尚有不少可论之处，因而再作此议。笔者所议，相对主流史学为另类，是为"别议"。

"丘"字四解

第一，是隆起的自然地貌。《说文》："丘，土之高也，非人所为也。"《尔雅》释丘："非人为之曰丘。"古书中有丘阜、丘冈等都是此类。

第二，是经过人工修整的土台。《诗经》中提到的"旄丘""宛丘""崇丘"，都是经过人工修整过的会盟土台，称为丘坛；修筑的坟堆则名丘垄、丘冢。

第三，是聚居之地。《广韵》："丘，聚也。"《孟子·尽心下》："得乎丘民，而为天子。"后世大多数以"丘"为名的城邑，最早都是人口聚居的地方，又称为井丘。

第四，是土地、城邑规划的一种尺度。《周礼·地官·小司徒》规定："九夫为井，四井为邑，四邑为丘。"1 夫为 100 步 × 100 步，1 步为 6 尺，1 井为 9 夫，1 井面积为 180 丈 × 180 丈，即 1 里 × 1 里，折合今制约为 350 米 × 350 米。1 邑为 4 井，面积为 700 米 × 700 米。1 丘为 4 邑，面积为 1400 米 × 1400 米，大约 200 公顷，在今天也是一个不小的居住区。

---

① 王世仁：《金中都再认识》，《北京文博文丛》2013 年第 2 辑。

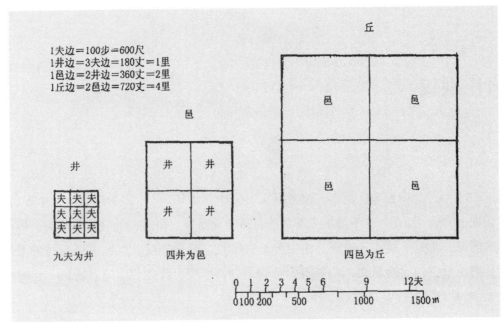

1夫边＝100步＝600尺
1井边＝3夫边＝180丈＝1里
1邑边＝2井边＝360丈＝2里
1丘边＝2邑边＝720丈＝4里

丘

邑

井

邑   邑

邑   邑

井   井

井   井

夫 夫 夫
夫 夫 夫
夫 夫 夫

九夫为井   四井为邑   四邑为丘

0 1 2 3 4 5 6   9   12夫
0 100 200   500   1000   1500 m

《周礼·地官》井丘图

古籍中关于蓟丘的记载

最早记载蓟丘之名的是《战国策·燕策》中的《乐毅报燕昭王书》。燕昭王二十八年（前284），乐毅奉命联合五国大军攻齐，陷齐都临淄，掠取珍宝重器，"珠玉财宝，车甲珍器尽收入燕，大吕陈于元英，故鼎反于歷室，齐器设于宁台。蓟丘之植，植于汶篁"。这个"蓟丘之植"应当是代表燕国土地的社主，社即土地，社主就是一株大树，把燕国的社主栽植到齐国的大门口，就象征着燕国征服了齐国。既然有大树，这个蓟丘有可能就是一处自然的山丘，或者它就是《史记·周本纪》中"因燕山蓟丘为名"的燕、蓟二国中蓟国的一处山丘。

在乐毅上书800年后，北魏郦道元所著《水经注》对蓟丘有了比较详细的记载。据王国维校《水经注笺》卷十三"湿水"载："湿水又东北迳蓟县故城南，……昔周武王封尧后于蓟，今城内西北隅，有蓟丘，因丘以名邑也。犹鲁之曲阜，齐之营丘矣。武王封召公之故国也。"[①]

这段记载中，从湿水（治水、永定河）与蓟城的关系来看，古代蓟城在今天北

---

① 王国维校，袁英光、刘寅生整理：《水经注校》，上海人民出版社，1984年，第447页。

京旧城区内是肯定的，这个"召公之故国"是燕并蓟后的燕国。但说蓟丘只是城中西北隅的一处高地，并由此而得国名，则和早于它500多年《史记》中记载的蓟丘不同。

蓟丘的演变①

蓟国是周武王灭商后册封的一个非姬姓小国。据《礼记·乐记》"武王克殷反商，未及下车，而封黄帝之后于蓟"，也就是周武王匆忙把一个自称为黄帝后裔的聚落册封为国，据《史记·周本纪》所载，是因其聚落有蓟丘而得名。这个蓟丘应当是一个树木茂盛的山丘，但不在蓟城中。

周初实行封建制，"普天之下，莫非王土"，国土皆属周王，然后划出一些土地给王公贵族立国建都。《周礼·地官》大司徒之职为"凡造都鄙，制其地而封沟之"；小司徒之职是把这些封地细化出井、邑、丘、甸、县、都的范围，其基本参数是"井"，1井长宽各为180丈，为1里，然后以4倍拓展，4井为1邑，4邑为1丘；封人之责是"为畿封而树之"，也就是在小司徒划出的地界周边用栅栏围封，后来演变为土墙。

蓟既受封为国，必然依照礼制规定划界建都。因为是一个异姓小国，从《水经注》记载的几十座以"丘"为名的"故城""故县"和考古勘测的古城中早期城址规模推断，其规模是1"丘"（16"井"），折今约1400米×1400米。

与蓟同时受封的燕国，其都城原在燕山西南大石河西侧，今北京市房山区董家林村，据考古出土的青铜礼器、宫室遗址可知，战国以前的燕都相当繁盛。其后"蓟微燕盛，乃并蓟居之，蓟名遂绝焉"（《史记·周本纪》）。但是迄今为止，具体在什么时间，是什么原因导致燕都迁至蓟城还没有结论，只知燕桓侯（前697—前691）时为避山戎侵扰，燕都迁至临易，过了20多年又迁回蓟城。

公元前316年，燕王哙"禅让"王位于子之，出现了内乱，又引发了齐国攻燕，进入燕都，杀燕王，毁宗庙，掠重器，都城遭到了极大破坏。这就是至今北京市区内还未发现战国时的青铜器，而只有少量瓦当的原因。大乱之后，燕昭王复国，蓟城虽仍是名义上的国都，但同时大力营造下都，所以直至亡国蓟城也没有恢复起来。

---

① 本文关于燕都的演变均引用曹子西主编《北京通史》第一卷，中国书店，1994年。

《水经注》蓟丘解惑

公元前222年，秦灭燕国。秦始皇每破诸侯，必掠其珍宝礼器，又拆其宫室，仿造于咸阳北阪上，燕国宫室尽毁。三十二年（前215）东巡，下令全国堕坏城郭，燕都首当其冲，春秋战国时的蓟、燕都城一片凋零，随后改为广阳郡蓟县。西汉初年以黄老学说治国，无为而治，严禁大兴土木。昭帝以后蓟城有两次大规模的建设。一次是汉武帝封刘旦为燕王（前117—前80），在其封国都城即蓟城修筑城墙城楼，建造豪华宫殿；另一次是十六国前燕慕容儁在元玺二年（353）由龙城迁都于蓟，在城内兴建了宫殿太庙，又为其爱骑"赭白"铸铜像立于蓟城东掖门，后世称为铜马门。"掖庭"为后宫之称谓，东掖门应当是皇城的东门。这个"掖庭"（皇城）也就是唐辽时期的子城。

前秦灭前燕，占领蓟城，后又被后燕所占，两次换主，城市遭到破坏自不待言。至北魏统一北方，郦道元考察《水经》时，又过去了大约150年，他见到的正是一座凋敝衰落的"故城"。《水经注》载，在故城的西北隅有蓟丘，犹如鲁的曲阜，齐的营丘，"因丘以名邑也"。但是曲阜因城中有高地而名"阜"，营丘在齐可能也是城中有高地，但同书记载辽东还有一座营丘城，为齐人"侨分所在"，只不过是对故乡的认同，不见得也有丘。

笔者推测，蓟"丘"最初如《史记·周本纪》所载，是一个山林高地，是蓟民祖居之处，后逐步在其附近形成聚居的"丘"，周初册封后，划出一"丘"之地建造都城，名为"蓟丘"。燕国强大，并蓟后扩大蓟丘为燕都，仍以原城为宫殿区域。战国时诸侯竞相建造高台宫殿，汉刘旦、十六国前燕曾设为都，战乱破坏之后，高台颓毁而成土丘，到北魏时郦道元看到的就是这样的一堆荒丘。

笔者的这一推测还有待考古发掘支持。1956年5月28日，清华大学建筑系赵正之教授带领助手考察元大都遗存，在广安门外南700米处发现新开辟南北走向的马路（今西二环路西侧，西距护城河堤约50米）冲破了南北并列的三座夯土高台，台长宽各约60米，台上有约2米厚的"浮土"（近代填土），下为高出路面约1.5米的夯土层。这层之下又有厚约1米的夯土层（尚未见底），其中发现了瓦砾、绳纹碎砖和半块饕餮纹瓦当。据苏秉琦教授鉴定，年代最早的接近西周。此处应当是蓟城、燕都某些宫殿的遗址。它上面1.5米厚的夯土则是辽金宫殿遗址，是在多次被毁的宫殿基础上建造的。可惜这么重大的发现只在1957年7月《文物参考资料》（《文物》杂志前身）"文物工作报道"栏目中以《北京广安门外发现战国和战国以前的遗迹》

为题做了简单的报道，以后再无下文，遗址也被掩埋在新的西二环路下面。

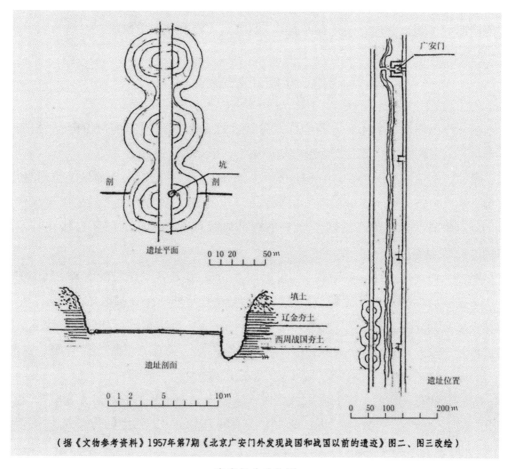

（据《文物参考资料》1957年第7期《北京广安门外发现战国和战国以前的遗迹》图二、图三改绘）

广安门外遗址图

《水经注》记载蓟丘的位置在"城内西北隅"，这个"城"指的是燕国迁都之蓟——一直到秦、汉、晋、北魏延续下来的蓟县。说蓟丘在城内西北，其位置大约在今白云观一带，但是几十年来考古工作者在这里苦苦寻找，终无所获。如果《水经注》没有记错，北魏时蓟县城内西北隅的这个"丘"就是唐代建造了天长观（明清白云观前身）的地方。但是也有记错的可能。《水经注》从成书至宋代雕版印刷，中间500余年辗转传抄，以后又多次翻刻，正如1980年吴泽先生为王国维《水经注校》出版所写的前言，"在不同抄本、刊本传刻中间，有错行、错页、错段，至于文字上的衍夺讹错，则为数更多"。在书中所述的地理方向中，明清学者就校出不少不同之处。为城西与城东互异，（卷一"河水"）；南与东互异（卷一"涿水"）；东北与东互异（卷十五"伊水"）；东南与东西互异（卷十六"榖水"）；北与南互异（卷二十一"汝水");东南与南互异(卷二十二"溵水");西北与南北互异(卷三十八"湘水");北与东北互异(卷三十九"耒水")。可见,在不断传抄翻刻的过程中,将西南误写(刻)成西北也是有可能的,尽管后人没有校核出来。

蓟丘为唐辽子城原址

蓟丘作为周初一个标准化的都邑,在以后的变化中留下了明显的印记,根据以下理由,笔者判断,它最后成为唐幽州蓟城、辽南京的子城。

第一,一座城邑形成后,除非有极大的天灾人祸,一般都会在原址上更新沿用,并留下一些痕迹。蓟城在成为燕都以后,扩大了范围,从考古出土的战国至汉代陶井的分布来看,后世唐辽蓟城大体上仍然是战国燕都的城位,蓟丘自然在其范围以内。

第二,在《水经注》的记载中,北魏时大约有80处名"丘"的地名,其中明确记为某县故城的如重丘县故城、黎丘故城、灵丘县故城、斥丘县故城,或乡、亭的如梁丘乡、闾丘乡、楚丘亭、阳丘亭大约70处;有一些重名的,如营丘、雍丘、瑕丘、陶丘、蔡丘等;还有一些沿用至今的,如任丘、灵丘、章丘、商丘等。据此,蓟丘也是一处"故县"。

第三,唐辽子城的范围,据宋人路振《乘轺录》记载,"子城幅员五里",指的是长、宽各2.5里,"幅员"共5里。宋代1里为180丈,每丈约为今3.1米,2.5里约1400米,与周制1丘的面积契合。

第四,《辽史·地理志》载,"皇城(子城)东北隅有燕角楼",燕角后代讹音为烟阁、县阁、线阁,即今南线阁、北线阁街与广安门大街相交处。由此向西、南各2.5里,就是西周蓟城和唐辽子城。

第五,金中都西墙在20世纪40年代尚有遗存,标绘于侯仁之主编《北京历史地图集》"1947年北平市郊四区图"中。金中都西墙由辽南京西扩,在规划定位上应当是一个整丈里数。辽南京西墙也是子城西墙向西约1100米为金中都西墙,正是2里整数。

由此可以判断,西周时按1丘之制建蓟城;战国时扩大蓟城为燕都,蓟丘处于燕都西南隅;由此直到唐辽,城名为蓟,范围未变,蓟丘成为子城;直至金贞元元年(1153)扩建中都,辽城包括其中的子城都湮没在中都新城之中。

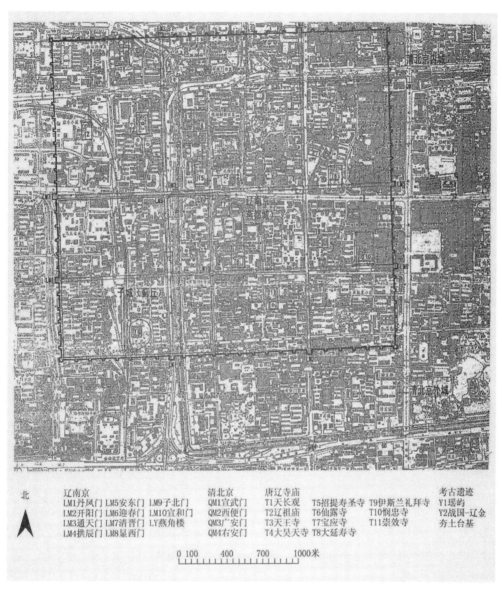

北

辽南京				清北京	唐辽寺庙			考古遗迹
LM1丹凤门	LM5安东门	LM9子北门		QM1宣武门	T1天长观	T5招提寿圣寺	T9伊斯兰礼拜寺	Y1瑶屿
LM2开阳门	LM6迎春门	LM10宣和门		QM2西便门	T2辽祖庙	T6仙露寺	T10悯忠寺	Y2战国-辽金
LM3通天门	LM7清晋门	LY燕角楼		QM3广安门	T3天王寺	T7宝应寺	T11崇效寺	夯土台基
LM4拱辰门	LM8显西门			QM4右安门	T4大昊天寺	T8大延寿寺		

0 100   400   700   1000米

辽南京城复原图

余　议

周代实行井田制，国土规划以"井"为计量单位，以及由此派生出夫、步、丈、里，但在具体执行时，几百个诸侯国的尺度不可能完全相同，多少都有一些出入，所以秦始皇统一全国后才把度量衡统一起来。在经过考古勘测的古城遗址中，有许多早期的城址和秦以前的尺度相同或相近。这是一个值得重视的现象，也是对本文论点的旁证。以下材料皆引自刘叙杰主编《中国古代建筑史》第一卷[①]，其中，古城的尺寸均为公开发表的考古材料，信息是可靠的。

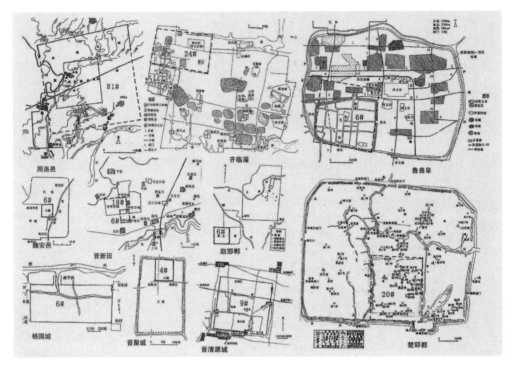

春秋战国古城遗迹图

1. 周洛邑。为西周东都和东周国都，原名洛邑。周成王命周公、召公在洛邑续建新都，名大邑。考古勘测，现存北墙长 2890 米，东西墙与北墙垂直，已不完整。2890 米折合周尺大约 9 里，如果是一座方城，则符合《考工记》"匠人营国，方九里"的制度。《考工记》本是春秋战国时齐国官书，因《周礼·冬官》佚缺，汉代将其补入以为"冬官"。《考工记》记王城每边 9 里，折合近代每尺约 18 厘米，略小于近人考证之 19 厘米左右，可能是周初王室用尺偏小。9 里为 9 井边长，王城面积大约共 81 井，似可说明周初以"井"为规划单位的事实。

2. 赵邯郸。原为卫地，后归晋，战国时赵敬侯在此立都。邯郸大城西南部有呈"品"字形 3 座小城，其西南部的小城南北 1390 米，东西 1354 米，考虑到城址年久漫颓及测量定线的误差，以 1390 米等边，它可能是建于卫国时期 16 井（1 丘）的一

---

① 刘叙杰主编：《中国古代建筑史》第一卷，中国建筑工业出版社，2003 年。

座城市。

玖
遗
址
考
据

3. 齐临淄。即初建时齐国国都营丘，是战国时期最繁华的城市之一，面积达 17 平方千米。其西北隅小城，南北 2200 米，东西 1400 米，其面积东西为 4 井边长，南北为 6 井边长，合计 24 井，可能是初期营丘的城邑。

4. 鲁曲阜。为鲁国都城，面积达 10 平方千米。城西南隅为明代曲阜县城，其南墙为西周墙址，长约 1400 米，其他三面为后代改筑，1400 米为 4 井之边长，如是方形，则其面积为 16 井即 1 丘，可能也是曲阜最初的城邑。

5. 晋新田。为晋国后期都城，其中白店故城时间最早，南北 1050 米，东西 750 米，面积为 6 井；其西北部神台古城南北 1250 米，东西 1700 米，面积为 18 井。

6. 魏安邑。为魏国前期都城，由大、中、小三城组成。小城南北 930 米，东西 855 米，面积约 6 井，中城由小城向西、南拓展，面积约 40 井。

7. 楚郢都。周楚国都城，大城面积约 16 平方千米（约 1600 井）。大城中部偏南为早期小城，其中有集中的宫殿遗址，城的东北角有城墙遗址，向西至古河道约 1260 米，依此为准，南至大城南墙约 1600 米，则小城为 20 井，可能是始封时建都的都邑。

8. 晋清源。为东周时晋地城址。呈正方形，每边长 962～998 米，折合约周制 3 里，面积 9 井，不足 1 丘。后人考证，天子城方 9 里，公 9 里，侯、伯 5 里，子、男 3 里。清源古城可能是一个低级贵族的城邑。

9. 晋聚城。春秋时晋国都邑，是一座规整的矩形城，有大、小二城，大城面积约 32 井。小城在大城正中，北倚大城北墙，大体呈方形，北墙长约 660 米，南墙 720 米，东墙 770 米，西墙 770 米，考虑到墙体漫颓及勘测定线的误差，其面积大约是 4 井。

10. 杨国城。为春秋时杨国城邑。平面呈横长方形，东西 1300 米，南北 580 米，面积为 6 井。

以上古城都是春秋战国时期遗存，在秦始皇统一全国度量衡以前，各国各地尺度都有一定差别，但也不会相差太大，上述古城遗址尺寸上的差别除了勘测取线位置的因素外，正是这种地方尺度差别的反映。不过从中获得的信息是，周初确实实行过九夫为井的井田制度，并且把它作为国土、都邑规划的基本参数。

（原载《北京规划建设》2016 年第 4 期）

乾隆南巡扬州建筑的新鲜事

乾隆十六年（1751）开始，国内政局稳定，国库内库充实，此后三四十年大肆营造挥霍，涌现出不少新鲜事物。其中，从乾隆十六年至四十九年（1784），33 年间 6 次南巡，扬州是必驻之地，当时南巡路上都有行宫，一般是改造寺庙或旧官署（如曹雪芹家的原江宁织造署），扬州行宫一在天宁寺，一在高旻寺。巡行路上有不少景观以备游赏，其中多是私家花园。扬州盐商凭借朝廷特许专营，垄断天下盐业，盐商们个个富甲一方，他们占据河湖山坡胜地营造园林景观。康熙南巡时有 8 处，乾隆时增至 18 处，这些园林景观也成为御驾游览之处。乾隆六十年（1795），有李斗其人以目睹，结合有关文献，写成《扬州画舫录》一书，附录《工段营造录》记录营造工程。大抵"增荣饰观，奢而张之"，难尽其书，本文以其中三件新鲜事记录如下。

挡子法

扬州八景有"华祝迎恩"，从高桥至迎恩亭，河两岸排列"挡子"，大约 10 里，由盐商分段包建。所谓"挡子"是全部人造景观，分大、中、小三号，后背用板墙蒲包固定，突出部分称"手卷山"，部分露出的山墙用花瓦装饰。手卷山下部用太湖山石收脚，其间种植树木，有松、柳、梧桐、红绣球、绿竹，"皆通景像生"。所谓"通景"，是郎世宁等洋人传入的一种装饰画，在天花顶棚画成藤萝架，有木架藤蔓花卉，极为逼真，在墙面画成门廊房舍，透视远景。挡子借用此法真假虚实结合成景。挡子收尾是竹木搭建的"彩楼"，其中有 5 座 3 间"香亭"，凸出在"挡子"前，三面飞檐，上铺用竹子仿造的各色琉璃瓦，最上檐用黄琉璃。一般的"彩楼"用"香瓜铜色竹瓦，或覆孔雀翎，或用棕毛，仰顶满糊细画，地面铺棕毯或各色绒毯"。室内分隔，用"落地罩、单地罩、五屏风、插屏、戏屏、宝座、书案、天香几……架上有各色博古器皿书籍"。"香棚"四面无墙，周围种竹，上覆"锦棚"，棚上垂各色像生花叶草虫……中用三层台、二层台、平台三机四杈，中实镶铁，每出一干，则生数节……上缀孩童……外扮文武戏文，运机而动。通景用音乐锣鼓……排列至迎恩亭。总之，"挡子法"就是一路大型临建，快速搭建，快速成景，不动土石工程，纯粹为皇帝观赏。承建的盐商，互相攀比，极尽豪华，连乾隆皇帝都觉得闹得慌，有诗云："夹岸排挡实厌闹。"

裹角法

《工段营造录》记："湖上地少屋多，遂有裹角之法。"说的是江南一带由于地少，房屋紧凑，都呈三面围合的内天井式。东西两厢房山面向外建成各式花样，或随坡跌落封山，称"马头样"，或砌成曲线兜形，称"观音兜"，成为南方建筑的特有形象。厢房和正房不像北方官式建筑两两分开，各自出檐或翘角，各自排水，而是正、厢房连成一体，屋顶互相搭插，"屋多则角众，地少则角犄，于是以法裹之"，顾名思义就是把众多屋檐"裹"在一起，这样就出现了两条斜沟，沟下有斜梁，名"窝角梁"和"由戗"，天沟、窝角与正脊内部构造就叫作"裹角法"。

西洋拨浪

《工段营造录》载有"亮铁槽活"的工种，主要是制作铁门钹、门环、门轴（称"鹅项"）合页、挺钩等，其中有一种"拨浪"曾引起一些误解，有认为"拨浪"是英文 plan 的音译，但 plan 中文译为"计划"，与"亮铁槽活"无关，应另有解释。查《牛津－杜登英汉图解词典》金（属加工）工 140（239 页），有 bolt 与汉译"拨浪"相近，译为"门闩"，图上表示是铁门锁舌。这是西洋传入的门锁结构。但清朝康乾时期来华供职洋人和他们带来的物件多用法文，很少英文。查英法文对应，英文 bolt，法文为 boulon，读音"布隆"，和"拨浪"音近。"亮铁槽活"中所载"有无楼子、西洋拨浪"为今人断句，"有无楼子"不成物件，应断为"有、无楼子西洋拨浪"。"楼子"应是"耧子"，这是一种开沟并播种的农具，上面有一个盛放种子的木匣，有一个插板用以控制种子出量，"有楼子"就是有可控开闭的门锁构造，大约与播种的可控木匣（耧）相似。"无楼子"就是无此构造，这样的解释就合理了。

（原载《北京晚报》2020 年 11 月 30 日）

拾 附 录

斜阳寂寞映山明

□ 陈志华

20 世纪 90 年代末起，中国建筑界的学术气氛越来越低落。几本期刊里，学术论文的篇幅逐渐减少，主编者重新订下编辑方针，以后只登设计方案和名作介绍。十几年来在学术上作出过重大贡献的《建筑师》丛刊，也变得半死不活，出版似断似续，快要被人忘记了。据说建筑学术著作缺少读者，出了书卖不动。于是唯利是图的出版者也就把学术成果冷落了，要出版吗？拿钱来！

"有识之士"告诉我，做建筑设计是不需要学术支撑的，只要多看图片就可以了。这话当然千真万确，中国的喻皓和雷发达，欧洲的费地和伊克迪诺，肯定没有看过当今我们图书馆里那么多的藏书。早在 19 世纪初，市场经济对欧洲的建筑创作起了支配作用之后，建筑师就只以图片为职业技能的主要来源了，所以产生了一句话："图片是建筑师的语言。"这个道理已经影响到了年轻学生，所以有一位很优秀的女孩子对我说：我看书只看图，从来不看字。建筑学术的退潮大约也使不少人终于明白，20 世纪 80 和 90 年代热热闹闹引进来的一些西方理论，其实有很大一部分不过是泡沫甚至垃圾。例如东方的"大乘小乘""利休灰""禅""奥"，西方的"符号学""场所精神""解构主义"，有的是用玄妙的所谓"哲理"伪饰起来的常识，有的竟纯粹是商业性的炒作。渐渐地，一些曾经对建筑的学术工作有过浓厚兴趣的人倒了胃口，寒了心，不如下海去也。

就在学术工作不景气，学术工作者冷落寂寞的时候，认真的人能够发现，建筑学术界却出现了一些很有新意的、功力很深的著作，扩大了学术领域，深化了学术认识。不过，这些著作大多出自 60 岁以上的人，其中就有王世仁先生，最近中国建筑工业出版社出版了《王世仁建筑历史理论文集》。大 16 开本，561 页，双手捧着都沉甸甸的。沉的不仅是纸张，还是一位 70 岁的学者大半生的心血。

王世仁先生从大学一毕业便进入学术研究领域，先是在梁思成、刘敦桢两位老师指导下，做了十几年中国古代和近代建筑史方面的工作，后来又在李泽厚先生指导下做了 5 年建筑美学方面的工作。"文化大革命"期间，他又在桂林做了 10 年建筑设计。在研究建筑美学之前，他在承德做过几年古建筑保护和复原，从 1984 年起，便在北京全身心投入古建筑保护工作去了。既做过书斋式的学术研究，也做过建筑设计，现在的身份是既是一级注册建筑师，又是文物古迹保护专家。这种经历给了他的学术著作三个鲜明的特点：第一个是学术工作领域比较宽，在这本书里，就有建筑历史、建筑理论、文物建筑保护和杂论四大部分；第二个是重视理论，但不尚空谈，重视实践，但不忘理论探索；第三个是思路比较活泼，十八般武器，能用什么就用什么，不受套路的拘束。

王世仁先生说："建筑历史的研究领域其实非常广阔，……研究建筑历史，可以从断代的、类型的、地域的、技术的、艺术的、典章的、生活的、思想的许多角度下手，也可以使用实物勘测、案头考证、重点分析、一般调查种种方法。"他自己的建筑史研究，就是题材广泛，从不同角度下手，采用不同方法的。本书第一部分"建筑历史"里，"明堂形制初探"，纯粹是文献考证，"塔的人情味"则有很多的主观感觉体验，"天然图画"更偏重于探讨中国传统园林的设计理念，"雪泥鸿爪话宣南"则旨在叙述，"承德古建筑群的中华民族建筑审美观"讲的是建筑美学，"房山大南峪别墅初勘记"则是一份调查报告。但不论哪一篇都有丰富的史料，大量的引证和慎重的论证，即使写主观体验，也不是凭空而来，依然繁征博引，是在做学问。

"明堂形制初探"在时间中展开，先弄清"制度渊源"，再梳理从汉到清历朝明堂的发展。所引资料十分详备，考察的角度也很广泛，他从《考工记》下手，又大胆判断它文字的脱讹，继以考古资料，证明过去一些古书的错误。他不是史源学家，也不是考古学家，但他有足够的证据便敢于论断。在以下的认证中，他谈到审美、空间意义、心理状况，甚至谈到建筑的实用、经济和安全。他以现代的观念去探讨夏商周的建筑，但根据的是它们固有的普遍意义，并不显得勉强。在写到明堂构图形式的产生时，他从奴隶制社会的生活实践中引用了井田制，由井田制演化出来的里、邑、都、国制度，然后是由井田、都邑演化出来的市，最后说到周代出现的五材说给人的建筑意识的重大影响。"人们在五这个数字上大做文章，大感陶醉，无非是因为五是数列的中点。中就是对称，是稳定，是充实，是和谐，是直线运动、螺旋运动、简谐运动的依托。从空间构图来说，'井'字分隔是体现'五'的最明确、最完整又最有意味的最佳形式。"这些话写得有点"现代化"，有点"野"，但慢慢咀嚼也颇觉有理，于是便觉得痛快，这是阅读这一类文章中少有的。

王世仁先生说："建筑历史并不枯燥，可以作出很有趣味的美文美画。"他的作品可以作为例证。

在本书第一部分"建筑历史"中，王世仁先生已经迫不及待地跨进了第二部分"建筑理论"。这第二部分，写的主要是他偏爱的思辨型理论，"它并不针对甚至有意避开某些实际问题，而从历史现象中归纳、演绎、抽象出某些条理"。老实说，我一向害怕看抽象的思辨文章，常常要"下定决心，排除万难"才能读完一篇。但是读王世仁先生的理论，却不需要下定这种"不怕牺牲"的决心。他不卖弄高深的外国玄学，以刁钻古怪的名词术语吓人，也不炫耀不连贯的、不合逻辑的可能是作者本人并没有看懂的外国"语法"。他只平实地写来，叫人一看就能明白，而且有根有据，即使读者不能完全认可他的理论，也能从他的文章中获得知识，获得思想资源。例如他在《从怀旧中解脱》一文写了这么几句："……怀旧与创新是背道而驰的。在迫切需要摆脱落后，力争尽快赶上世界先进科学技术的今日中国，特别应当提倡的是创新而不是怀旧。但是，唯物史观和近代心理科学都证明，一切情感是客观存在的物质结构，是人的一种'本质力量'，对它的改造，必须经过自身的结构调整加以耗散，仅仅依靠外力的抑制冲击，结果只能适得其反。因此，我们在进行城市现代化的改造时，就必须承认这类怀旧情感的客观存在，重视它在创造新的城市环境时的地位。"这道理写得多么浅显明白。

另有一篇《形式的哲学——试析建筑文化》，这题目就教我吓了一跳，生怕掉进玄奥无比的"众妙之门"里去。但细看之下，原来也是这样实在，立论清楚、推理分明、结论贴近实际。

王先生自己有一段话写他对思辨型理论的看法："只要辨得深，说得对，就可以启迪实际工作者（例如建筑师）的心智，把他们的思维带入自由王国，把实际工作（例如建筑设计）做得更好。"我相信他的话。他用两个括号强调理论对建筑师和建设设计的关系，我也心领神会，因为我和他有同样的忧虑。

第三部分《文物建设保护》是他多年实际工作的心得体会和对国际上有关情况的研究报告。这部分的 10 篇文章，内容很扎实，但我认为，它们主要的意义更在于，作为一个实际工作者，他一刻也没有放松学术性的探索。文物建筑保护，当今在世界上是个大热门，这个热门的持久性是很少有的历史现象。已经热了一个半世纪，看来还要热下去，只要世人对历史还存兴趣，文物建筑保护热就不会冷却。但是，不论是理论方面，还是实践方法方面，都多多少少还有分歧，也还有一些没有认真研究过的原则问题。因此，这方面的实际工作者，必须具有学术性探索的精神。对也罢，错也罢，凡认真的探索都能推动学术的进步。

王世仁先生之所以能在建筑学术上取得这许多成就，除了他勤奋、踏实和不倦的探索之外，更重要的是他在整个学术生涯中保持着脊梁骨的挺直的状态。我要用最大的热情，向学术界推荐他文集中最后第二篇文章，为它喝彩叫好。这篇文章的题目叫作《挺直脊梁做学问》。它是为一位朋友的著作写的序，但是竟没有被采用。它不被采用，正说明了它所针砭的学术界的一些问题的广泛存在，它击中了痛处。这是一篇占两页半的文章，我且引其中一小段给读者看看：

"还有一种是无必要地引洋著。有些本是常识性的话，也要引证某洋人著作才显得有分量；有些在外国只是一家之言或影响并不很大的说法，也要被引证为自己论述的前提；有些对外国人的思维模式有隔阂，把本来很简单的道理反而弄得玄虚莫测；更有些由于对洋著原书理解或翻译中的错讹，完全曲解了原来的意思；最突出的是，我们一些著作引述外国著作不是用其材料，而是引其论断，好像用了外国人的话才能证明自己正确深刻博学。每当读到这类著作，我总感到现在引述西方洋著和以前生硬地搬用马列词句同出一辙，是弯着本该挺直的脊梁在说话。"

回顾一下 20 世纪 80 和 90 年代以及直到眼前，我们建筑界许多文章家不正是弯着脊梁说话吗？外国人说过的，便是对的，正是这二十几年泛滥在我们建筑学界的心态。我们要开放，要广纳世界上一切对我们有用有利的东西，但大主意要我们自己拿。我们要和世界接轨，但要站直了去接，不要以为连洋屁都是香的。不要像抽风一样，一会儿全盘向东倒，一会儿又全盘向西倒。看看王世仁先生的这篇文章，一定会得到不少好处的。

这样一本好书，还要人赞助出版费才得以出版，作者还要自销 1000 本，唉！

作者单位：清华大学建筑学院

(原载《建筑学报》2002 年第 7 期)

学术传薪火　妙手著文章
——读《王世仁建筑历史理论文集》

□ 曾昭奋

在已经很少读书的时候，接到王世仁先生惠赠的这本皇皇巨著，顾不了眼疾作梗，断断续续慢慢读过，从作者所展示的深广历史画卷和精辟的理论阐述中，确实获益匪浅。

王先生半个世纪前就读清华建筑系，幸得梁思成先生指引，毕业后，本想穷此一生献身于中国建筑历史与理论研究工作，不想"文化大革命"前夕，他所在的建筑史研究单位，即被彻底砸烂，他也被"革"出北京。10 年之后，1976 年，他从南方来到承德，承德避暑山庄的艺术光辉得以重新张扬，有王先生的一份功劳。随后，经过报名、考试，他又回到北京，回到自己的老本行。《文集》中的 44 篇文章，有41 篇是他返回北京之后写成的，我读《王世仁建筑历史理论文集》后有几点感慨。

①避暑山庄研究，是作者坚持多年的课题之一。凡读过"避暑山庄"的人，都会知道王世仁先生。原有对建筑历史的把握与涵养，加上身在现场（遗址发掘、复原设计、整修重建）的有利条件，使他对避暑山庄从过去到现在，从总体到局部，都有了全面的真切的了解，能见人之所未见；也使他人对避暑山庄，继而对中国园林/建筑的理论探索与阐发，能言人之所未言，有更大的说服力。

随着作者的指引，我们看到了广阔的空间和深远的历史，宫殿园林—山庄气象—外八庙，纵横 20 平方千米的场景，多种建筑形式的自由组合与变化，人工园林与山林景观的对比与和谐，各民族建筑文化的交流与融会。苏州狮子林，镇江金山寺，嘉兴烟雨楼，宁波天一阁，南京报恩寺塔，泰山碧霞元君祠，绍兴兰亭，杭州放鹤亭……皇帝对建筑/园林精品的"横征暴敛"、贪得无厌的欲望，到了匠师们的手中，却成了艺术的再创造，成了对文化的弘扬与推进。较之今日之长官意志，在建筑师、景观设计师那里演成满街满城的克隆批发，粗制滥造，实在要高明得多。这也是一种鉴古知今，有所启发吧！

正是匠师们的艺术再创造，使山庄和外八庙成为"雄奇秀丽""宏伟壮观"的空前杰作。它们"既简单又复杂，既规整又自由，千篇一律而又千变万化，曲折迷离而又秩序井然"，在"选地造景""组织空间""群体造型"三方面，积累了宝贵的经验，堪称"运用建筑科学的艺术，又是创造建筑艺术的科学"。（《文集》483页）置身于这个艺术加科学的殿堂里，作者把避暑山庄的研究，推向了一个新的阶段。

但是，作者并没有在承德止步。他从承德回望北京，也从承德遥望更辽远的丛山林莽，凝视着北方大地。第一次向读者展示了从京西三山五园、皇城三海——到京师500里外的避暑山庄——再到千里之外、面积10000平方千米的木兰围场的壮丽画卷。清康熙皇帝为了武装北巡、军事围猎活动和嬉游度假之需，在短期内完成了避暑山庄、木兰围场和沿途20座行宫园林的规划、建设工程。它们与皇城皇宫一起，表现着庙堂的辉煌与严谨，山庄园林的绚丽与文明，围猎场面的壮阔与奔放。封建帝王的张狂心态，泱泱大国的土地山川，成就了一个伟大的建筑/园林/大地景观系列。如此的艺术创造，如此的万千气象，在全球可能是绝无仅有。这是站在景山万寿山玉泉山顶上均无缘窥见的雄奇风光。皇帝虽赶不上"日行八万里"的时代，却也真的玩出了威风，玩出了气魄。从学术上提示这一历史场景，也正显示着作者的宽阔胸襟和学者情怀。今日之规划师、建筑师、景观建筑师们，跟随作者神游，在对此作欣赏、赞叹、理解或批判时，不也可领略此创作的启示吗？

②《文集》中一篇《雪泥鸿爪话宣南》（《文集》第111—139页），记录了一件具有永久学术价值和文化功德的工作。"宣南"泛指北京宣武门外、今宣武区行政所辖地域。1995至1996年，作者在几位热心的同行和清华大学、北京建筑工程学院建筑系师生的协助下，完成了宣南地区面积18.5平方千米范围的现状和旧建筑的普查工作。他们"寻访遗迹，绘图拍照、爬梳史籍，考证求实"，测绘百余处，成图数百幅，并出版了《宣南鸿雪图志》一书。吴良镛院士称赞它是"一部可读性很强的历史文献，又是一部可供决策参考的研究报告"。（见吴良镛为《图志》所作序）

与皇城建筑的壮丽辉煌和内城街区的条理井然相比，"宣南"按照普通市民的生活方式演绎了另一种建筑模式和城市模式。它既保有自己的传统，服务于自己的子民，又融合了外地的、外国的形式和风格，欢迎各方人士栖居于此；既是浓浓的京味文化，又反映了一种中西合璧、南北交流的近代风格和"宣南"特色。先农坛、法源寺、牛街清真寺、琉璃厂、天桥，在京师占有独特地位，公园、新市区、火车站、教堂、银行，为市民生活添加了现代色彩。全京城的会馆、客店、戏园、茶馆（妓院），几乎过半都云集于此。密集的胡同人家，占京城会馆总数70%的400所会馆，留下了几代名人文人的故居和雪泥鸿爪。龚自珍、曾国藩、林则徐、康有为、梁启超、谭嗣同、王渔洋、孔尚任、朱彝尊、顾炎武、吴伟业、纪晓岚、张之洞、邵飘萍、林琴南、李大钊、陈独秀、周树人、梅兰芳、杨小楼、谭鑫培、王瑶卿、萧长华、荀慧生……故城旧房在一片片地消逝，人物的音景也渐自湮没。经过作者和同人们的努力，已经搜求记录在案，真是一次十分辛苦又十分及时的文化抢救工作。把人物的故事和建筑遗迹对应在一起，更增加了人文的血脉和人情的苍凉，其意义更大大超过了建筑和城市本身的发展与演进。在北京，在全国，有多少街区，多少城市，值得记录，值得抢救，岂独以"宣南"为然。只是"愿意做这种傻事的，已经是越来越少了"，陈志华教授读《图志》之后说。

2001 年，来自全球各地的 76 个潮州人代表团，在北京人民大会堂举行"第十一届国际潮团年会"。鄙人是潮州人，恭逢其盛。那时我正好在翻阅这大部头《图志》。在宣南，现在尚可指认的潮州会馆，还剩下五六处。一个远离京都的滨海府县，多少人士曾经历尽艰辛谋求发展、升官，但他们似乎都没有留下多少业绩。他们只得离乡背井，漂泊于五大洲。残留在北京的潮州会馆，已经寻觅不到与后代的任何联系。人口迁移，文明交融，会馆兴衰。长期以来，北京是一座吸引人的城市，但它又不是一座多数人可以留下的城市——这已是题外话了。

③《文集》中有更多的篇章，是着重于中国传统建筑/园林设计思想的阐发和中国建筑/园林美学的探索。它们或提纲挈领或分析入微，或气势磅礴或委婉动人，或审视历史或直击现实，有作者的学术修养和实践经验垫底，这些阐发和探索，终能显出其特色和深度。

对中国建筑/园林艺术的发展历程，作者进行了大时间跨度大空间跨度的思考与概括。作者认为，中国建筑/园林艺术发展的三个高峰，出现在秦、宋、清三个朝代。"二千年中相距时间几乎相等的三个艺术高峰，正是三个经济、政治上具有代表性的朝代，它们也是继战国、中唐、明中叶三个思想非常活跃的时期以后出现的。"在宋代，"由山居别业而城市山林，由因山就涧而人造丘壑，由开发自然山水而叠山凿池，由利用山重水复的自然环境而建造曲折高低的建筑空间"。（第88页）大量的实践，也推动了理论的发展，到了清初，大兴文字狱的结果，"富有浪漫气息的文艺思想被窒息了，艺术创作走向两个方面"，一是为皇帝服务，包括建筑/园林创作在内，"形成了一套程式化极严格，形式美极讲究，技术性极规范的创作方法"。二是市井文化的发展，地方建筑和私家园林空前兴盛。（第95页）在对不同时代建筑/园林进行具体分析的基础上，作者对"中国传统建筑美学"和"中国古典园林美学"进行了新的开掘与探索。作者认为，"中国传统建筑包括造园艺术的审美内容，主要表现在三个方面，即环境气氛给人以意境感受，造型风格给人以形象知觉，象征含义给人联想认识……它们全面体现了传统建筑（和园林）的美学思想"。（第102页）

对建筑形式的探求，是《文集》中多次出现的主题。作者指出，在 20 世纪，是梁思成先生第一个提出了"建筑形式问题"，并"把它当作建筑创作的主要问题之一"。（第 289 页）梁先生说过："中国建筑既是延续了两千余年的工程技术，本身已造成一个艺术系统，许多建筑物便是我们文化的表现。"梁先生所揭示的中国建筑的伟大成就及其特征，着重的是它的形式，也即民族形式。王先生写道，"民族形式不是一个坏东西"，它具体体现在"建筑传统"、"民族特色"和"民族风格"中，是建筑本身的固有内容；不断地探索传统民族形式，勇敢地创作新的民族形式，将是一个长期的任务。他说，应该给"民族的形式"这个口号恢复名誉。（第 290 页）

在这部《文集》中，当作者阐述他的理论和思想时，是多层次、多角度、多侧面的，是反复而具体的。它们不是集中于一部专著一个专题中，也不局限于一时一地一物。大量的实地考察和分析，随时涌现的真知灼见，都分散在特定的一篇篇论文中。读者正可从不同的场景、不同的角度和深度加以理解。我们只要了解了作者的研究工作的特色和学术心路历程，我们的阅读就可以比读一时一书有更多的收获，更生动、丰富，更有回旋引申的余地。

时光已经流逝，遗迹不断湮没，有了阅读《文集》的过程，我们也许更能理解作者语重心长所表达了的"有待开发"的劝告和期望。

④王先生做学问，常以梁思成先生的榜样自励，并从导师那里不断汲取着智慧与力量，对建筑历史与理论的研究矢志不渝。然而，由梁先生所开创的中国建筑历史与理论研究，并没有越来越兴旺。在清华园建筑学术圈内，近年来，由于有台湾同胞和日本友人的经济支持，中国古村落和近代城市建筑的调查研究都已取得了可喜的成绩。但是，上档次、上水平的历史及理论研究成果并不多见。在如今校园内，更多见到的是一些急功近利，"服务于经济建设主战场"的动作。北大要培养"百万富翁"，清华要出"千万富翁"，差可竞相比美，而其风益盛。放眼整个京城，"我们已经看到，为了体现所谓'古都风貌'，不少街道上出现了生硬的仿古店面，它们几乎全是浓妆艳抹，背离了原来北京朴实亲切的气质；而新建区内，则抄袭模仿西方'现代'形式的建筑更是千奇百怪，与北京的文化气质相去甚远"。（第 449 页）从实践层面上反映了历史、理论研究的沉寂与乏力。1961 年毕业于清华建筑系的考古和建筑史学者曹汛教授曾慨叹道："建筑史已经是一个破落的冷滩。"（《建筑百家言》第 186 页，中国建筑出版社，1998）事实上，连清华建筑学院这个久负盛名的建筑历史和理论研究重镇，它的一部分建筑史课程，也得请东南大学的教授来兼课。学术与教学的交流，诚属美事，但教研力量的捉襟见肘，却不能成为美谈。

正当我慢慢展读《宣南鸿雪图志》和《王世仁建筑历史理论文集》这两本巨著

的时候，清华建筑历史与理论研究方面的 3 位名师：梁思成先生的同乡、弟子，一生追随梁先生从事中国建筑史研究，成绩斐然的莫宗江教授（1916—2000），辅助梁先生主持建筑系，赖特门生，现代建筑理论和中国建筑近代史研究的主将汪坦教授（1916—2001），梁先生的得力助手，协助梁先生整理中国建筑史籍，建筑史和古建筑专家徐伯安教授（1932—2002）相继谢世，颇让人感到再难见建筑历史与理论的昔日阵容！

近代中国，20 世纪 30 年代前后，曾是一个文化思想活跃时期，梁思成先生等所开创的中国建筑史/建筑思想研究，也差不多是活跃于那个时代，并延展至 50 年代初期，留下了一代文风，一批成果，一堂佳话。今天，读王世仁的论著，尚可领略到似乎已经淡去了的"清华之风"和"先生之风"。作为梁先生的学生，王世仁先生理直气壮，"挺直脊梁做学问"（第 511 页），作出了气势，作出了成绩。学术薪火，代有传人，妙笔文章，殊堪欣慰！

（原载《华中建筑》2002 年第 6 期）

探索建筑文化的力作

——《王世仁中国建筑史论选集》读后

□ 故宫博物院　晋宏逵

　　一个多月之前，王世仁先生送给我一部新出版的《当代中国建筑史家十书——王世仁中国建筑史论选集》。拜读几篇，发现虽是旧作，但大部分在本次出版时又作修订。于是下班之后，每晚捧读，陆陆续续，读过了全书。虽然并非研读，仍感到收获颇丰。所以不揣暗昧，把这部书介绍给大家，相信致力于建筑史学和文物保护的同人们都能从书中获得启发。

　　选集共收录王先生的 31 篇论文，其中发表于 20 世纪 80 年代和之前的 11 篇，发表于 90 年代的 6 篇，进入 21 世纪以来的达 14 篇，这三个阶段论文的主题各有侧重。选集把它们编成四个板块，分别是：建筑历史专题、北京建筑钩沉、地域建筑文化和审美经验探索。我读后感觉，论文也可以从另一角度归纳为三类：第一类，对中国建筑文化的发掘及对中国建筑审美和建筑美学的探索，这是选集中最具有理论研究色彩的一部分，我感到其中一些思想贯穿了整部选集，构成了王先生学术思想基础。第二类，对古代建筑、文物建筑直至历史街区、城市及其历史遗迹的研判、记录，对它们蕴含的价值进行解读。第三类是对应该加以保护的木结构建筑遗址遗迹进行复原研究。

　　王先生关于建筑文化和建筑美学的论文，最集中地发表于第一个阶段，论文提出了一系列重要的命题。《中国建筑文化的机体构成与运动》和《中华民族的智慧与传统建筑的生命》两篇论文讨论中国建筑文化，篇幅都不大，但是提纲挈领地建立了中国建筑文化的"模型"，初步论述了建筑文化运动的规律。他认为，如果把建筑作为一种文化机体来观察，建筑最外层是物质层面，是物化生产的直接体现；中间层面是"心物结合"的部分，是规定文化机体类型的权威力量。核心层面是心理机制或本质力量部分，它又包括两大部分，一是价值观，思维模式等直观的判断方式，二是审美经验和审美趣味。建筑文化的这三个层面，分别显示了建筑的时代性、社会性和民族性。研究、评介和推进建筑文化，要分别从建筑工程学、建筑社会学和建筑心理学三个领域着眼。而中国传统建筑，"其文化的构架是，以天人共构的宇宙观为纲目，以情理相依的伦理观为内容，以刚柔相济的审美观为形式，以工艺合一的创作观为方法"。（《中华民族的智慧与传统建筑的生命》）

王先生多篇关于建筑审美和建筑美学的论文，则很生动具体地阐明了上述建筑文化的三个层面，论证了他所提出的中国传统建筑的文化构架。换言之，他对于建筑审美和建筑美学的论述，是他对建筑文化认识的深化和具体化。《中国建筑的审美价值与功能要素》和《中国传统建筑审美三层次》是需要对照阅读的姐妹篇，如果说它们是抽象的理论论述的话，那么《理性与浪漫的交织——中国传统建筑美学基础刍议》（以下简称《交织》）则用中国传统建筑屋顶的形态、中国园林、中国的佛陀建筑和乾隆风格等四个中国建筑特有的现象，"探索产生建筑民族形式的内在特征和它的美学基础，即民族审美心理在建筑中的表现形式"。作者提出"构成艺术形象的基本概念是程式与规格，即严密的等级制度和数学模式"；而在此理性精神的世界里，人们又对人性做进一步探索，发挥特定的浪漫情调，阐述特定的伦理解释。这就是情理相依，是理性与浪漫的交织。这篇论文像是王先生关于中国建筑审美的总论，其他论文更像是分论，——深入探索《交织》一文提到的中国建筑特征和建筑现象所折射的建筑文化：《天然图画——中国古典园林的审美进化过程》以"中国园林事实上成了东西方古典建筑艺术共同的最后高峰"的判断出发，描述中国园林发展的历史。请注意，这里所论述并非是"造园史"，而是造园活动中审美思想的发展历史。在"圆明园和避暑山庄的意义"一节中，王先生说，"中国传统建筑包括造园艺术的审美内容，主要表现在三方面：环境气氛给人以意境感受，造型风格给人以形象知觉，象征含义给人以联想认识"。两个园林在这三方面都得到充分发挥。在象征含义方面，使美的形式体现出寰宇一统和对历史传统文化的全面继承。《承德外八庙的多民族建筑形式》《佛国宇宙的空间模式》《塔的人情味》等论文揭示了中国佛陀建筑的特殊形式和人性化的审美要素，读来引人入胜，饶有趣味。如他说，外八庙的总体布局"是在传统平面的基础上，立体轮廓发挥了上述藏族寺院的特征，即对主体建筑采用加大体量、提高基座的手法，尽量使其形象突出"。"都纲法式：汉、藏、蒙建筑手法相互融会，相得益彰，名为模仿，实际上是创造出了新的建筑风格"。"曼荼罗：十字对称、中心突出的形象，用以表现宗教内容。"而且从建筑形态的描述进一步推演到，"佛、道、儒都有各自的说教，但是它们互相补充、吸收，尤其是通过建筑加以融会的这个现象，却从一个侧面反映了我国多民族统一国家文化交流的悠久历史"。

我们还看到，王先生在探索建筑美学的过程中，提出了"象征含义是天人同构宇宙观的进一步深化，甚至可以说中国古代所有建筑都包含有象征内容"。（见《中华民族的智慧与传统建筑的生命》）这是关于中国传统建筑特征的一个非常重要和有创见的命题。因此他把"重视表现建筑的性格和象征含义"列为中国古代建筑的艺术特征之一。（《中国建筑艺术》）对于众所周知的中国古代建筑运用模式制设计与建造的特点，王先生也赋予其人文的内容："对数的和谐关系的追求，构成了中国人审美标准的一部分主要内容。"这些论断，给我们认识、理解中国传统建筑的文化内容提供了新的角度与视野。

《建筑美学散论》，似乎对选集中这类论文做了一个小结。最具哲学意味的是，王先生认为，"建筑美学在相当长一段时间内不可能形成完整的科学理论"，说明这方面的研究工作具有广阔的空间。

对历史建筑及其遗迹进行记录和解读的论文中，最早的一篇发表于1963年，后来被刘敦桢先生主编的《中国古代建筑史》引用，可见其重要性。《明堂形制初探》和《北魏平城明堂形制考略》两篇讨论明堂形制的论文，应该是王先生开始于1963年的对长安大土门遗址复原研究的延续，和在新资料发现之后的进一步扩展；其中对"十字对称、中心突出"的特殊建筑形式的象征含义作了充分的发挥。论文内容更多地集中于北京的题材，梳理了北京建筑文化的源流，通过实例勾勒了其特色。王先生主张，"我们不可能阻挡城市更新的步伐，与其扼腕叹息，不如去做一些实际的调查记录，尽可能多留下一些历史的信息，不至于让这座古都失去记忆"。（《遗痕七纪志皇都——北京市原东城区文化史迹综述》）在他笔下，北京城市历史文化的特征是皇都文化。

在《雪泥鸿爪话宣南——北京市原宣武区文化史迹综述》、《遗痕七纪志皇都》和《北京近代城市的发展变化》3篇论文中，王先生论证了北京历史文化的源流。其源头在燕、蓟；而蓟的范围，则在今天"北至宣武门、和平门一线，南至南横街一线，西至广安门外护城河偏西，东至虎坊桥一带"。自周、汉以降，至唐、辽、金，这一地段是一个地方中心，今天的白纸坊桥成为唐、辽、金三代重要门户的标志。从元大都城开始到明清北京城，北京城市文化的特征就是皇都文化。从清代末期开始的皇室洋风建筑、国门被迫打开之后东交民巷的国中之国开始，北京城市功能发生巨变，直至走向现代化。这是一个连续的历史过程。论文系统描述了作为文化载体的建筑及其遗迹的各组成部分，评估了它们的价值。

关于城市形态。《北京古城中轴线述略》认为中轴线的文化价值，包括政治价值、伦理价值、美学价值三个方面。记录了盛清时期北京中轴线的主要界面建筑14处，其中永定门、天桥、正阳桥及牌楼、棋盘街、南皇城、雁翅楼及地安门的历史建筑已经不存在（永定门、正阳门牌楼近年已经复建）。《宣南龙脉述略》关注正阳门以南西侧的一片斜街，认为它们可能源于隋唐，正式形成于元代，是一片有着特别的和非常重要的历史地理信息的街巷。

关于北京城的历史建筑及其遗迹。《遗痕七纪志皇都》和《雪泥鸿爪话宣南》两篇将它们分为十一大类作了综述。即一、城垣形制；二、皇城；三、宫殿；四、坛庙祠堂；五、衙署学校；六、宗教庙宇；七、府邸宅院；八、会馆；九、市井建筑；十、近代建筑；十一、现代标志。每一类都选择若干重点建筑及其遗迹进行介绍和点评。坛庙是古代中国特有的进行祭祀活动的场所。北京的坛庙既为皇家专有，又是国家礼制活动的场所，是古代文化的载体。《明清北京十七坛述略》专论了北京祭坛的沿革、布局、形制与建筑，记录了它们的历史与现状。北京作为明清的都城，要接待来自外国和少数民族地区的使臣，会同馆就是这种国家礼宾馆，也是皇都机制的重要组成部分。《北京明清会同馆考略》考证了明清两代多处会同馆建筑的沿革和地理位置，把建置几经变化而今天已无遗迹的原址标注在现代地图上。会馆是北京明清时期大量出现的民间建筑，集中存在于原崇文区和宣武区。戏楼或戏场是会馆中最有特色的建筑类型。《北京会馆与戏场杂考》考证了会馆与戏场的起源和发展。在建筑形制上，将会馆分为祠庙型、礼仪型和居住型三类。清代戏场则一直存在两种形制，一是由戏楼和周围房屋围合的形式，二是室内戏场，皇家和民间均是如此。在这类文章中，王先生特别善于应用历史地理学的工作方法，把历史地图和文献记载进行比较，最终确认那些如雪泥鸿爪般散布在京城的遗迹点，标上今天的地图，复原它们的历史空间。

天宁寺塔创建于辽代，是北京市著名古迹，历史文献著录颇丰。建筑学家梁思成、林徽因两位先生也专门做过调查，写过文章。1991 年北京市文物局对这座辽代古塔进行了维修，发现一块小石碑，彻底解决了塔的建筑年代等相关问题。《北京天宁寺塔三题》是在这个基础上写成的。第一题考证塔与寺的历史，纠正了历史记载的误传。第二题讨论塔的造型的文化意义和艺术法则。第三题研究塔的宗教意义，认为天宁寺塔应该定名为"华藏密檐塔"。从这篇文章可以欣赏到作为建筑学家的王先生所拥有的深厚文史学功力。

《清朝江宁织造署、局与〈红楼梦〉贾府原型关系》一文虽然讨论的是原江宁、今南京的建筑遗址，但是因为与红楼梦中描述的贾府有关，因此也与北京的王府建筑产生了联系。尤其重要的是王先生在讨论织造府建筑时发现，康熙时期的建筑空间格局与建筑形式表现出"北方特点"，与同治四年以后重建的建筑有明显的区别。他推断，"以永乐时期兴建的北京宫廷建筑为主要代表，又延续而成为清代的北方官式建筑式样，其实是自明代初年（14世纪中）在江淮及江南一带形成的，其中由官方规定成为'则例'的，正是这些地方建筑的通用法则"。无论这个看法是否为"首发"，都是一个非常重要的论断。

将《北京房山金陵几处遗址原状推测》、《北京清代恭王府正殿原状推测》、《北京正阳桥及牌楼述略》和《房山大南峪别墅初勘记》等4篇文章归纳为一个类别，是因为它们都对历史上曾经完整，而今天仅余遗址或遗迹的古迹的原状进行了科学的推测。与对明堂的复原推测不同，这些文章的复原对象都是标准化制度化的木结构建筑。

有趣的是，王先生把复原推测的原则和方法，表达得极为简单直接："简而言之就是有根有据。"根就是遗存，要注意排除假象干扰。据就是旁证。但这只是"会家不难"之语，其实复原是一种艰苦的研究工作，有着严谨的程序和科学的方法。以恭王府正殿为例，它遭火毁于20世纪20年代。复建前只存在"轮廓不清的台基残址"和考古学得到的数据。复原第一步进行了详尽的历史学研究，重点是清代官员府邸与王府制度的研究，以及建筑物主人的经历，从而对建筑遗存的性质与历史年代进行准确判断。第二步根据清代官式建筑的标准尺度，对照遗址与考古报告，对正殿各部位尺寸关系作出权衡，选定标准。第三步，对建筑式样进行推测，包括屋顶、墙身、装修、栏杆等细节。最后根据推测绘制建筑图，表现建筑物的艺术与空间形象。

我国是文化传统不曾中断、连绵发展的文明古国，第三次全国文物普查登记了不可移动文物点达766000余处，相当数量的遗址记录了历史曾经的辉煌。中国《文物保护法》总体上不支持对建筑遗址进行复建。但是从学术角度进行复原推测却具有非常重要的意义。王先生认为，首先是"展示"的价值，让人们直观了解建筑的形制结构。其次是"建筑史"的价值，尤其是对于存世甚少、有一定法式制度的元代以前的木结构建筑，更是如此。再次是"历史学"的价值，对于借以了解当时的礼制制度、建筑规制，都是重要的形象例证，连接了一部分缺失的历史链环。最后是"文化学"的意义，通过复原推测的过程，了解当时的设计理念和美学倾向。所以复原推测的结果虽然只是给历史建筑的真实原貌提供了一种可能性，但它是严谨、科学的研究工作。王先生的研究具有示范作用。

最后，我建议读者关注王先生为选集撰写的《前记》。他旗帜鲜明地提出，建筑史学的基本属性是社会人文科学。但是几十年来，这一性质还远没有形成学界共识，在学科建设上也远没有得到应有的重视。因此这位年届八秩的老学者通过自己的学术实践，始终不渝地开掘古建筑的社会文化意义，企盼自己的认识得到共鸣。"嘤其鸣矣，求其友声"，令人动容。

王先生在 20 世纪 80 年代初调到北京市文物局，我在他的领导下工作了 5 年。从那时起至今，我对他非常尊重，始终师事之。90 年代最后 5 年，我们又在国家文物局领导下，与几位国内外学者一起合作编写《中国文物古迹保护准则》，他是实际的执笔者。选集中 21 世纪以来的论文达 14 篇，正表现了他在建筑文化方面的不懈的探索，和令人钦佩的旺盛的学术创作精力。我祝愿他学术之树常青，并以此不文的读后，回应他对于建筑史学科的主张。

2013 年 6 月 30 日

（刊载于《北京文博》2013 年第 3 期）

写在《文物古建遗踪集萃》出版之际

□ 姜月泉

凝聚王世仁老先生才华和心血的文集，即将付梓面世。让广大喜爱中国建筑艺术的读者案头添加了一本探赜索隐且深浅得宜的佳作。文集内容涉猎广泛、纵横古今中外，文章行笔质而有文，凸显了王老在建筑艺术领域、遗产保护领域的博学笃行。

我与王老的相识相知，源于早年读过的《理性与浪漫的交织》。在这本书中，王老诠释了中国建筑美学。正是这本书使我的建筑审美概念朦胧形成，更成为其后我负责北京有关古建筑修缮工程时的理论基础，指导了我的工作方向，并使我所参与的北京古建筑修缮项目取得了显著的成果。王老曾是我当年历代帝王庙修缮工程、西城的部分文物修缮如八道湾鲁迅故居和一些仿古项目及遵义楼迁建工程的建设、城隍庙（金融街）修缮与布展项目等工作时的主要顾问。这使得我有了更进一步的学习机会，从而提高了修缮工作的水平。

记得在历代帝王庙修缮碑亭时，碑亭的柱子腐烂严重，腐烂部分高度较高，超过了柱高的一半。原设计由最大限度保存原物的角度出发规定保留完好部分，意在落实保存历史信息这一修缮工作非常重要的原则，为研究者分析研究的条件；另一些意见则认为柱子的腐烂高度较高，超过"规范"允许的程度，安全性得不到完全保障，突出强调安全，拟予更换。两方争执不下，工作陷入了的困境。最终是王老大胆地提出了"超规范的墩接"技术，并经过全面分析采取辅助措施，在各方配合一致努力下，非常完美地解决了问题，在最大限度保留原物的前提使碑亭下柱子得以安全地保存下来，为后来的研究和鉴赏者依然能品味古人的智慧和时光的痕迹。在王老指导下，工程队伍的工作水平也得到了提高，且受益匪浅，所学在以后更多的工作中得以应用。

回首故事，再读文集。在文集中，王老凭着扎实的专业知识，将艰涩难懂的建筑知识转化为大众能理解的百姓文化。有对前大师优秀著作的论述，有对中国古建筑知识的鉴赏，有对国外建筑的描述，有对美学的感悟，有对古文化价值归属的认知，也有对上位者的建议。洋洋洒洒，通篇倾注着作者对中国建筑的挚爱和对保护的思考。那些披肝沥胆的建言，更是饱含情怀，体现出"士"之风骨！文集中所提到的问题，有些目前已得答案，有些则是提出了对古建筑研究保护的新课题。我坚信，随着时间的推移，将会不断以科学的方式解决这些问题。有了这样的信心，我们就能够坚定地在实现中国古建筑文化复兴之路上百折不挠，让理想变为现实！

中国建筑艺术源远流长，风格多样形式丰富，且兼容并蓄对外来元素有所吸纳。王老《文物古迹遗踪集萃》再次以由远至近的视角，与大家分享了那些精美绝伦的构建、深邃的思想文化和历史。

作为读者，如果在您的阅读体验中，能够有这样一本书，它其中的某个篇章内容，不仅能触动您的心灵，更能引领您在观赏众多景物时的思考，那这书您一定要常常翻阅。而这部文集对我来说正是这样一本书。

2021 年 8 月

（作者为北京市建设教育协会文物古建园林分会常务副会长，原北京历代帝王庙（修缮）主任、原北京华融基础设施投资有限责任公司副总经理）

谆谆教诲　拳拳叮嘱

——王世仁老先生关怀古建分会工作纪实

□ 张卫星

在收集、整理、编辑、出版王世仁老先生的著作《文物古建遗踪集萃》过程中，我们汲取了大量的知识和养分，可谓受益匪浅。作为北京市建设教育协会文物古建园林分会（以下简称古建分会）从筹备到正式成立的工作人员，亲历了王世仁老先生对古建分会的殷殷关切、谆谆教诲和拳拳叮嘱，其场景如画面般，浮现于眼前。

中国古代建筑是世界上延续历史悠久、风格鲜明的一个独特体系，是一笔宝贵的中华建筑文化遗产。北京是中国四大古都之一，是世界著名的历史文化名城，有着3000多年的建城史和800多年的建都史，在中国最后三个封建王朝成为世界最宏伟的都市。时至今日，尽管北京的古都景观在城市改造中受到一定的破坏，但仍为全国文物古建规模最大、数量最多的城市。这里皇家宫殿苑囿、国家祭祀坛庙、帝王陵寝、衙署学堂、寺庙道观、王公府邸、官绅文人旧宅、商贾巨富和百姓家居、城池遗存等各类功能和形式的建筑并存；或金碧辉煌，或庄严肃穆，或极尽奢华，或简朴雅致……体现了北京古建筑的丰富多彩和固有特色。

保护北京历史文物建筑遗产，传承传统古建筑的工艺技术，是我们在城市发展中传承中华文脉的重要历史使命。经北京市建设教育协会发起，热心于古建筑保护、传承和发展的部分著名专家、学者、研究设计单位、高等院校和职业院校、古建施工单位、知名工匠积极响应，于2018年6月6日隆重召开了北京市建设教育协会古建分会（后更名为"文物古建园林分会"）成立大会。集合众多致力于弘扬中国传统建筑文化的有识之士，群策群力，以培养优秀传统建筑文化的人才为己任、保护弘扬传统建筑文化为使命，为推广弘扬中国传统建筑文化而不懈努力。

古建分会设立了专家委员会，专家主要由国家文物局古建专家、故宫博物院著名专家；北京市文物局专家；北京市著名工匠大师、研究学者；清华大学、北京工业大学、北京建筑大学等教授组成。

北京市建设教育协会是由北京市住房和城乡建设委员会主管的致力于首都建设行业人才队伍和职业教育工作的社团组织，于1982年在时任北京市副市长张百发同志的提议下成立，是北京市建设行业成立最早的协会之一，几十年来，北京市建设教育协会为首都建设行业人才培训了数十万人次。

古建分会在筹备过程中，经筹备小组领导和专家一致推荐聘请德高望重的王世仁老先生担任古建分会的名誉会长。带着这项"艰巨的任务"，怀着惴惴不安的心情，担心我们这座"小庙"，请不来这尊"大神"，我陪同筹备小组的领导姜月泉先生赴家中拜访王世仁老先生。在说明来意，汇报完《北京市建设教育协会古建分会筹备方案》及有关批复文件后，老先生愉快地接受了担任古建分会名誉会长的邀请并欣然挥笔写下了"传承优秀技艺，弘扬工匠精神"的嘱托，让我真正体验了大家风范。

拜访王世仁老先生

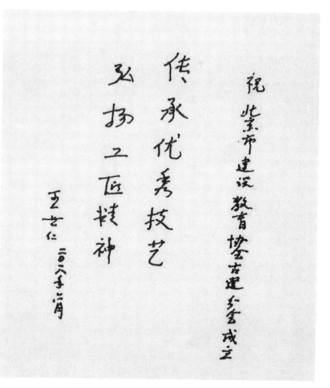

王世仁老先生的题词

筹备小组成员合影

著名书法家苏万顺先生书写了王世仁老先生的题词

北京市建设教育协会古建分会成立大会暨
北京市建设教育协会古建分会第一次会员代表大会合影

　　古建分会的成立，在行业和社会上产生了热烈的反响，有关媒体及时进行了报道。

北京卫视《北京您早》报道一

北京卫视《北京您早》报道二

北京卫视《首都经济报道》播报消息

《首都建设报》刊登消息

古建分会成立以后，在北京市建设教育协会的领导下，在北京市住建委及有关区住建委、北京市文物局有关部门的指导下，在分会专家委员会、理事会、监事会及各会员单位的支持下，遵循本分会章程，本着"弘扬和传承中华传统文化，做好古建行业人才培养"的宗旨，认真履行分会职责，积极发挥桥梁纽带作用，为政府、企业、会员提供服务，不忘成立初心，积极开展各项工作。

第一，认真学习政策，把握正确方向，提高政治站位。分会认真学习习近平总书记视察北京时所做的重要指示及中央对北京城市总体规划的批复意见，以高度的历史责任感投入北京历史文化名城的保护工作中去。政府主管部门的工作代表着党和政府对于行业管理的重点和方向，及时了解、学习、研究他们的工作信息，发挥分会的服务职能，提供适时准确的服务是我们的工作重点。我们不但学习和领会住建部、国家文物局及各级建设主管部门及文物主管部门关于行业管理方面的文件、标准、规范、规程；学习和研究国家职业教育改革实施方案等国务院、国家教委及主管部门关于职业资格、职业技能教育的文件；而且还认真学习了关于民办教育文件如《民办教育促进法》修订、北京市人民政府《关于鼓励社会力量兴办教育促进民办教育健康发展的实施意见》等及北京市建设教育协会的文件。

第二，夯实管理基础，加强组织建设。分会成立初期以建章建制为首要工作；以党建为引领；以发展会员，增聘专家，扩大影响为抓手；以理事会和专家委员会为依托；在理事会上，从分会的组织建设、政策学习、教育培训、拜访学习、专家座谈、会员活动以及今后工作的设想。大家在议题讨论时积极踊跃，献计献策，对如何扩大宣传，加强沟通，尽快得到政府、社会及权威机构的认可，抓住新政策带来的市场机遇，把古建文化传承与企业对接，根据企业需求，做好岗位内训或教育培训等方面给出了很好意见和建议，希望认真分析当前政策形势的有利因素，探讨古建人才培养方式方法，依托政府部门、教育协会、古建专家以及企业的支持，推进古建人才教育培训工作。

我们深知在分会的发展道路上取得的每一点进步和成绩，都离不开专家们的关注、信任、支持和参与。因此，我们利用元旦、春节及中秋、国庆等"双节"进行了座谈、交流活动，每次座谈会，专家们畅所欲言，积极探讨分会的当今与未来，为古建人才培养指明了思路和方向，专家们根据自身的工作经验对分会的工作重点及长远发展提出了建议：如当前国家对古建筑保护和传承非常重视，面临失传的危机，古建行业人才培养迫在眉睫，任重道远；确定培训人群和方向，工匠、设计人员、管理人员及在岗的其他人员，都需要古建专业知识的更新和继续教育。要分轻重缓急，要有策划，逐步推进；探讨如何建立适应需求的师资队伍，如何选用实用的教材，充分发挥企业的作用，通过企业提供当代实践经验强、优秀的人才出任授课，进一步完善师资队伍构架；依靠古建分会会员，搭建古建培训市场，以会养会，提高造血功能；做好市场准入，密切关注政府部门的政策导向，注重对外宣传、媒体介入、提高社会影响力等建议，充分发挥了专家委员会的引领和支撑作用。为丰富专家队伍，使分会更加快速、健康发展，从多层次、专业性的角度考虑，又新聘请了11位专家，新专家的加入使得古建分会专家团队更加专业、全面、更具影响力。

古建分会秘书处在市建设教育协会和理事会领导下，在各位专家的指导下，在广大会员的支持下，不忘成立初心，立足于为会员单位、企业和政府部门服务的宗旨，加强政策文件和业务知识的学习，不断提高服务水平，积极开展分会工作。秘书处严守组织原则，保持与上级的沟通，遇重大事项，及时请示汇报，得到上级领导的支持。秘书处严格按照年度工作计划每月召开"月度秘书处工作会议"，总结当月工作开展情况，部署下月工作计划，在开展培训讲座、专家座谈会、理事会及会员大会等大型活动前均召开筹备会议，按活动议程，认真布置落实到位，确保活动的顺利进行，且每次活动后都有总结和工作简报。

为提高工作效率，方便沟通与交流，秘书处搭建了企业、理事、专家、学员、培训师资及秘书处工作微信群；设立了古建分会的微信公众号，每周发布一次行业信息，将政府主管部门的政策、活动、通知，行业重大活动，政府招标采购信息及时分享给大家；微信群及公众号的建立带来的不仅是工作方便，更主要的是大家充分利用微信群平台来传播中国传统文化知识和行业最前沿资讯，共同推动传统建筑技艺传承与发展。

第三，开阔培训视野，以人才培养为服务主线。积极稳妥地开展管理岗位人员培训，由分会组织编写、通过专家评审和企业代表评审，完成了《古建施工员培训考核大纲》《古建质量员培训考核大纲》《古建监理员培训考核大纲》《古建材料员培训考核大纲》《古建资料员培训考核大纲》等"古建五大员"大纲、教材、师资、题库的工作；完成了编制《古建预算员考核大纲》及《古代建筑预算从业人员职业技能培训考核方案》并成功举办了"古建预算员"培训班；顺利进行了"文物古建工程经济类从业人员"培训工作。同时，我们也探讨开展文物保护工程从业资格的考前培训；高度关注古建筑工人职业技能的培训工作。

第四，我们分会面向行业和社会举办了大量的公益讲座。为贯彻中共中央办公厅、国务院办公厅关于加强文物保护相关文件精神，弘扬传统优秀文化，传承城市历史文脉，积极宣传对古建筑的保护和修护的社会经济意义和历史意义，普及中国古代建筑及文物保护基本知识，做好古建筑保护工作的开展，推动古建行业人才培养。根据市建筑业联合会"枢纽型"社会组织的要求，以政府购买服务的形式承接了"弘扬中华古建文化，传承城市历史文脉，做好古建筑保护工作系列讲座"工作。第一期分会专家边兰春教授进行了"推进历史文化名城保护，展现北京大国首都风范"的讲座；分会韩扬会长进行了"略说中国古代建筑"的讲座。第二期分会专家李永旺老师进行了"实践感悟 40 载，传承古建技艺"的讲座；分会专家王淑华老师进行了"关于加强文物保护利用改革的若干意见，传承中国优秀传统文化，文物保护基本知识"的讲座。

2020 年是不平凡的一年，受新冠肺炎疫情的影响，社会各行各业都经历了严峻考验和挑战，在此背景下，我们古建分会没有被疫情困住脚步，在逆境中努力前行。由分会组织，分会专家马炳坚老师主讲的"北京老城保护房屋修缮技术导则（2019版）"宣贯改为线上公益讲座，在"住房和城乡建设领域在线课堂"分三期播出，获得圆满成功。

在北京市总工会组织开展的首都职工教育培训示范点的创建和申报工作中，我会在 398 家申报单位中脱颖而出，榜上有名，荣获"首都职工教育培训示范点"称号。分会圆满完成了 2020 年首都职工教育培训示范点特色项目"古建文化 历久弥新"的系列讲座，其中首讲主题"中国古代建筑掠影——兼说传承"（韩扬老师），参观北京古代建筑博物馆；第二期主题"北京老城风貌保护与四合院恢复性修缮"

（马炳坚老师），参观东城区秦老胡同、雨儿胡同施工修缮项目；第三期主题一"北京长城文化带与长城国家文化公园建设"和"文物建筑开放利用案例解析"（分会专家汤羽扬老师），主题二"北京中轴线的申报世界遗产工作与老城保护"（分会专家吕舟老师）；第四期主题一"古建筑工程管理及案例"和"工匠精神"（王淑华老师），主题二"清官式建筑彩画概述""京城民居建筑油饰彩画概说"和"古建彩画保护中的科技手段"（分会专家高业京老师）；第五期主题一"历代帝王庙的祭祀文化"（于森老师），主题二"文物保护工程监督管理"（焦占红老师）；第六期主题"紫禁城600年"和"故宫文化创新"（分会专家张克贵老师），参观北京故宫博物院。

第五，树立服务意识，积极为政府和会员服务。几年来，为服务会员，发挥分会的职能作用，组织了多次会员活动。为开阔视野，增强对古建筑的保护意识，组织部分会员单位及古建爱好者，参加了2018年9月15日在北京工业大学召开的"古城墙、长城保护学术研讨会"；从了解古建历史与现代生活出发，参加了市总工会

北京市总工会授予的
"首都职工教育培训示范点"

组织的"职工文创培训班"。在此培训班中我分会韩扬会长和王淑华专家分别作了"古代建筑与现代生活""古建历史与北京文化"的讲座；2019年6月，在分会成立一周年之际，为感谢和回馈会员，举办了"中国古建筑文化的传承与创新"专题讲座活动，分会会员近50余人参加了此次活动，内容之一是"北京老城风貌保护与四合院恢复性修建"，由著名古建筑专家马炳坚老师授课；内容之二是"这些年，我们做过的国礼——浅谈国礼创作与产品设计"，由北京工美集团首席设计师冯超老师授课。两位老师的精彩授课，得到了与会人员的一致好评，感谢古建分会提供了这么好的学习机会。2019年7月，我分会面向会员单位及社会开展了"庆祝中华人民共和国成立70周年征文活动"。作品结合实际情况，描写本单位的发展历程、宝贵经验和现代化建设中所取得的辉煌成就，展现北京文物古建工程建设者在新中国的建设过程中的亲身经历和光荣历史，讴歌新时代城市建设者敢于拼搏、奋发有为的良

北京市总工会网站公示的"2020首都职工教育培训示范点名单"

好精神面貌。新冠肺炎肆虐之际，我们组织会员举办了"共克时艰 记录瞬间"摄影比赛。为响应国务院减税降费号召，疏解疫情给各单位造成的困难，减轻会员负担，经分会会长办公会提议，理事会通过，作出对分会2020年度单位会员、个人会员的会费实施减免的决定。为了解历代帝王庙的历史文化，重温中华治统一脉相传的历史，欣赏历代帝王庙的精美古建筑，感受中华文化的精髓魅力。2021年5月12日组织会员参观北京历代帝王庙博物馆，邀请北京历代帝王庙管理处副主任于淼进行讲解。

第六，为进一步拓展古建分会的各项工作，更好地为行业、企业及会员单位服务，与政府相关部门主动对接，寻求政策支持，加快分会发展。本着虚心学习请教的态度，我们多次拜访市文物局文保处和法制处的有关领导和市住建委有关部门。他们认为分会的成立是为政府与企业间的沟通交流搭建良好的平台，要建立长效沟通机制，全力支持分会的建设与发展。座谈期间，就行业协会如何发挥桥梁纽带作用，宣传政府部门有关政策的落实，上传企业诉求等问题进行了探讨。2019年4月，受北京市住建委执业资格注册中心的委托，就关于开展古建工人岗位技能培训进行了情况摸底工作，我们向6家单位发放了调查问卷，征集了现有古建工人岗位技能培训的现状及意见建议并将上报注册中心。2019年8月14日，我们参加了在市建设教育协会召开的"探讨古建人才培养"专题座谈会。东城区住建委和原市住建委房屋安全处的领导同志出席了座谈，主要是针对古建修缮人才队伍的培训、考核和管理等问题，与古建分会正在进行的工作对接，做进一步探讨、交流，尽快开展下一步工作。2019年10月9日，分会向东城区住建委报出《东城区住建委购买服务项目方案》。主要内容：一是举办东城区老城风貌保护与房屋修缮为主题的公益讲座；二是东城区老城风貌保护与房屋修缮工程项目施工现场岗前培训。2019年10月、11月间，我们先后根据市住建委老城处的需要，分别向市住建委老城处和东城区住建委提交了《关于搭建北京市老城保护与修复信息服务平台的构思》及《关于搭建老城保护与修复信息服务平台的构思》，主要就建设教育协会和古建分会的职能，行业的基本情况，企业信息、人员信息、分包商信息、供应商信息管理服务，职业资格人员、岗位人员、技术工人、岗前培训等服务，总包单位、分包单位、供应单位及各类人员的准入提出了建议。2020年5月我们向东城区政协委员提交了《关于文物古建工程专业技术管理人员岗位培训的建议》。2020年7月14日，住房和城乡建设部办公厅发布关于《建设工程企业资质标准框架（征求意见稿）》公开征求意见的通知，分会起草了《关于将"古建筑工程专业承包"并入"建筑工程施工总承包"的不同意见》，并上报住房和城乡建设部办公厅。2020年11月30日住房和城乡建设部发布《建设工程企业资质管理制度改革方案》，为"古建筑工程专业承包"的保留起到了积极的作用。2020年9月2日，市建设教育协会及古建分会领导参加由市住房城乡建设委老城保护与修复处召开的会议，研究《东城区历史文化街区老城恢复性修建建筑队伍准入管理暂行办法》研讨会。2020年9月根据北京市住房和城乡建设发展研究中心《关于协助提供行业发展有关情况的函》及协会要求，积极向《调研工作信息（情况反映）》提供分会活动信息及建议。2020年12月8日受邀参加东城区"精致东城"建设实施意见、标准和指标体系的专家论证会，对进一步提升"精致东城"建设实施意见及配套文件的专业性、理论性、科学性、可操作性进行评审，提出了《评审意见》。2021年4月9日分会应东城区住建委要求，提交了《关于东城区历史文化街区老城恢复性修建、保护性修缮工程从业人员培训方案的建议》。

第七，古建分会广泛开展合作，求得各方支持。分会多次拜访清华大学、北京建筑大学、北京工业大学、北京交通运输职业学院（原房地产职工大学），积极寻求与院校的合作；为了解古建行业现状、企业需求等情况，更好地为企业服务，走访企业学习是分会的必修课。先后前往中北华宇建筑工程公司，参观了该公司的安全培训体验基地、办公场所及党建活动中心；参观了中国古建营造技艺实训基地；参观了北京房地集团古建工作室，详细了解了房地集团古建传承的发展历程；拜访了北京兴中兴建筑设计事务所、北京市古建工程公司和北京城建亚泰建设集团有限公司。每到一处参观结束后，我们都进行了务实的交流、座谈，通过近距离的学习借鉴，受到很大的启发和激励，就"如何开展古建人才培养"方面，收获了许多好的建议。大家共同表示，今后在弘扬古建文化、开展古建人才培养方面，全力支持分会的工作，进一步加强合作，共创未来。另外，积极开展与其他协会的合作，在学习研究、消化吸收的基础上，寻求合作共赢之路。努力参与工匠技艺、工人技能大赛及相关活动，增加参与度，提高知名度，如2020年11月古建分会秘书处成员前往香港商会参观学习，并协助沟通香港商会地产组一行参观故宫博物院学习考察活动。

　　总之，古建分会的主要活动和工作，都会定期或不定期地向分会名誉会长王世仁老先生进行汇报，获取指导意见。2019年12月9日，北京市建设教育协会文物古建园林分会第一届第二次会员大会在北京职工服务中心三层报告厅召开。王世仁老先生不顾高龄，冒着严寒，亲临大会并致辞，他说今天非常高兴并向大会的召开表示热烈的祝贺，他讲道："这一年多的时间，姜月泉常务副会长带着秘书处的同志多次上门看望我，介绍了分会自成立以来所做的工作。从古建预算员的培训到文物古建工程经济类人员的培训，从古建岗位'五大员'培训考核方案的制订到为政府有关部门提出建议，开展了多次公益讲座，为会员和企业做了一些实际工作，取得了一定的社会影响，践行了分会成立的初心，对此，我甚感欣慰。"王老先生反复强

王世仁先生（图中坐者）与参加会议的专家、会员合影

调："讲礼制，守规矩，是中国建筑文化最核心的内涵，希望大家在今后的工作中把握住这个核心。"最后，他预祝大会取得圆满成功。

正如古建分会韩扬会长在第一届第二次会员大会上所作的主题报告"启航与使命"，分会肩负着使命，在北京市建设教育协会、分会专家委员会、分会理事会的带领下，扬帆起航，众人划桨开大船，行稳以致远。

（作者系北京市建设教育协会文物古建园林分会秘书长）

后　记

　　这部《文物古建遗踪集萃》由王世仁先生自选篇章。辑入了先生在以往不同时期发表的文章，也有一些未曾发表的文稿。这些文章涉及建筑史研究、古建筑审美、文物古迹保护和历史文化名城保护及其思考、中外文物古迹考察杂记、关联学术的人事记叙评说、个人求学工作经历等方方面面内容。书中还选入了对先生著作的3篇评论。

　　王世仁先生的这些文章中，分别包含了多角度、多层次阐述的理论和思考；包含了由理念、思考、实践验证而来的真知灼见；包含了充满责任感的建言献策。可以说，这样的一部著述，从多个侧面，立体地记载、反映了先生求学、研究、理念思辨、实践的学术经历和部分学术成果；或也可以说，是从作者自述的角度展现了先生的部分学术生涯和成果。读者或还可以从中读出先生不唯上、不唯洋、不唯本本、独立思考的学术精神和治学风格。

　　辑入书中3篇评述先生著作的文章，有助于读者从不同视角解读、认知先生的学术观点和成果。

　　北京市建设教育协会文物古建园林分会成立以来，不断得到王世仁先生的支持、指导。出于推进社会大众和协会会员对于建筑文化遗产保护事业认知的需要，出于推进建筑遗产保护理念学习的需要，出于建设事业中文化传承的需要，并出于对先生的感谢之情，分会积极促成了这部书的编辑出版。

在这部书的编辑过程中，分会的姜月泉、张立和、张卫星、宋柏、张雁丽、苏梦婕等诸位同人付出了辛勤劳动；编委会的成员提出了宝贵的意见和建议；编委单位给予了各方面的大力支持。

谨以此记致敬作者！并感谢各方面人士、单位对本书编辑和出版的支持！

北京市建设教育协会文物古建园林分会会长　韩扬
2021 年 9 月

编者注：韩扬，研究员、中国古迹遗址保护协会（ICOMOS CHINA）理事、中国文物学会传统建筑园林委员会副会长、国家文物局专家、北京市古代建筑研究所原所长。